Claudia Schittek · Die Sprach- und Erkenntnisformen der Rätsel

Claudia Schittek

Die Sprach- und Erkenntnisformen der Rätsel

M&P
VERLAG FÜR WISSENSCHAFT
UND FORSCHUNG

CIP-Titelaufnahme der Deutschen Bibliothek

Schittek, Claudia:
Die Sprach- und Erkenntnisformen der Rätsel / Claudia Schittek. –
Stuttgart: M und P, Verl. für Wiss. und Forschung, 1991
(M&P) Schriftenreihe für Wissenschaft und Forschung)
Zugl.: Berlin, Freie Univ., Diss., 1990
ISBN 978-3-476-45007-4

ISBN 978-3-476-45007-4
ISBN 978-3-476-04165-4 (eBook)
DOI 10.1007/978-3-476-04165-4

"**M & P** Verlag für Wissenschaft und Forschung
ein Verlag der J. B. Metzlerschen Verlagsbuchhandlung und
Carl Ernst Poeschel Verlag GmbH in Stuttgart"

Ursprünglich erschienen bei J. B. Metzlersche Verlagsbuchhandlung und Carl Ernst Poeschel Verlag GmbH in Stuttgart 1991

Inhaltsverzeichnis

Die Sprach- und Erkenntisformen der Rätsel

Vorbemerkung

Diese Arbeit ist entstanden aus einer längeren und umwegereichen Beschäftigung mit dem Thema der Rätsel. Am Anfang stand etwas, was am Ende nicht aufgehoben ist, was aber wohl auch nicht aufgehoben werden kann; auf anderem Niveau drückt Johan Huizinga in der Vorrede zu seinem "Homo ludens" davon etwas aus, wenn er schreibt: "Während ich mein Buch der Öffentlichkeit übergebe, beschleicht mich die Furcht, daß viele es trotz all der Arbeit, die darin steckt, für eine unzureichend belegte Improvisation ansehen könnten. Es ist aber nun einmal das Los eines Autors, der Kulturprobleme behandeln will, sich zuweilen auf manch ein Gebiet wagen zu müssen, das er nicht genügend beherrscht. Alle Wissenslücken erst noch auszufüllen, war für mich ausgeschlossen, und mit dem Einstehen für ein jedes Detail durch ein Zitat habe ich es mir leicht gemacht. Es hieß für mich: jetzt schreiben oder gar nicht schreiben. Schreiben über etwas, was mir am Herzen lag. Also habe ich geschrieben."[1]

Auch bei meiner Arbeit an den Rätseln waren die beiden Empfindungen, die Huizinga hier beschreibt, ständige Begleiter: das Gefühl des "nicht genügend Beherrschens" auf der einen Seite und das andere, dennoch den Versuch "wagen zu müssen", weil das Thema einen nicht losläßt, weil es eines war, was "mir am Herzen lag".

I. Einleitung

A. Der Gegenstand und sein Umfeld

Es soll in dieser Arbeit um eine sprachliche Form gehen, die es bereits seit Hunderten von Jahren gibt, die sich aber einer tieferreichenden Untersuchung ihrer Inhalte und Funktionen, vor allem aber ihres Gehalts bisher weitgehend widersetzt hat: um die Rätsel. Dabei stellen sich gleich zwei grundsätzliche Schwierigkeiten: einerseits, über Formen sprechen zu sollen, die sich typologisch nicht leicht festlegen lassen und zunächst einmal nur sehr unscharf als "Rätsel" bezeichnet sind und die sich andererseits in verschiedener Hinsicht dagegen sperren, Gegenstände akademisch-wissenschaftlicher Bearbeitung zu sein. Sie lassen sich, vor aller genaueren Bestimmung, wesentlich dadurch charakterisieren, daß sie G e g e n figuren sind gegen die wissenschaftliche Rationalität, gegen deren Geschichte, Gesetze, Zwänge. Rätsel

sind, so könnte vorab als Hypothese formuliert werden, Formen einer Erkenntis, die weder wissenschaftlich noch religiös noch ästhetisch-künstlerisch ist und dennoch - und zwar prononciert - Erkenntnis zu sein beansprucht.
Von welcher Art diese Erkenntis ist oder sein kann, welcher Impuls sie antreibt und welcher Formen sie sich bedient, in welchem Rahmen sie funktioniert und was sie leistet, sind Fragen, denen diese Arbeit nachgehen möchte.

Was aber die Rätsel sind, muß vorab, wenn auch in einer vorläufigen Weise, bestimmt werden. Unter den Rätseln sollen in diesem Zusammenhang sprachliche Formen verstanden werden, die traditionell mündlich ausgebildet und weitergegeben wurden, in denen ein Gegenstand der menschlichen Erfahrung in einer eigentümlichen Weise beschrieben, verschlüsselt wird und einem Einzelnen oder einer Gruppe zum Raten, zum Entschlüsseln aufgegeben wird.
Diese Rätsel weisen, bei einer großen Vielfältigkeit der äußeren Formen, wiederkehrende und bestimmende Gemeinsamkeiten in ihrer Bauweise auf, ebenso wie die Gegenstände, die zu erraten sind, weitgehend innerhalb eines festlegbaren Spektrums bleiben. Wesentlicher aber noch scheint zu sein, daß der Impuls, aus dem heraus die Rätsel entstanden und benutzt worden sind, bis in die Gegenwart hinein lebendig geblieben ist. Das wird spürbar in dem besonderen Reiz - oder dem Widerstand -, den die Rätsel, die zum Raten aufgegeben werden, beim Befragten auslösen. Bis heute finden wir, daß die Rätsel - beispielsweise ein so bekanntes wie "Hat sieben Häut', beißt alle Leut." - sofort und richtig empfunden werden als Fragen, die mit einer deutlichen Dringlichkeit eine Antwort fordern und dabei doch weder dem Bereich der üblichen Wissensfragen angehören noch bloßes Spiel, Scherz, Unterhaltung sind.
Die Rätsel sind hier Gegenstand des Interesses als besondere sprachliche Formen, innerhalb deren Menschen sich mit Erfahrung auseinandersetzen und miteinander über Erfahrung verständigen können und so einer Erkenntnis teilhaftig werden können, die ihnen anders nicht angstfrei zugänglich ist.

Anstoß zu dieser Arbeit war eine Beobachtung: stellt man einer Reihe von verschiedenen Personen Rätsel, so lassen sich, schematisierend, drei sehr unterschiedliche Weisen der Reaktion beobachten: einmal gibt es Personen, die nach einem kurzen Nachdenken, oft einem Nach-Sagen der Rätselfrage, einem nicht sichtlich geregelten Nachspüren, eine richtige Antwort zu geben vermögen, wohingegen es auf der anderen Seite Menschen gibt, die eine Menge Kraft und Konzentration aufbieten, Vermutungen äußern, Zusatzfragen stellen, den Wortlaut der Fragestellung zu klären versuchen, und dennoch der Antwort nicht näherkommen, ja, nicht einmal eigentlich die Frage richtig verstehen; eine dritte Gruppe schließlich läßt sich ausmachen, deren Reaktion bereits vor der Alternative einer richtigen oder falschen Antwort gleichsam wie gebannt verharrt: sie wehren sich gegen das Befragtwerden, gegen den Gestus des einen, der befragt und dabei doch bereits weiß, der also nicht fragt, weil er wirklich etwas erfahren will, was er nicht weiß, sondern der fragt, um den anderen spüren zu lassen, daß eben der eine weiß und der andere nicht weiß. Dagegen sträubt sich in nicht wenigen etwas zutiefst und beharrlich. Hieran knüpfte sich die Frage, ob diese sich häufig wiederholende Beobachtung, an der sich naheliegende äußerliche Erklärungen ganz abglitten, vielleicht einerseits mit einer besonderen Beschaffenheit unseres Denkens und Erkennens und andererseits mit spezifischen Formen des Denkens und Erkennens der Rätsel zu tun haben könnte.

B. Herleitung des Gegenstands

Das Denken der Rätsel und die abendländische Rationalität

Rätselsprache und normales Sprechen

Rätsel nennt man gewöhnlich das, was man nicht versteht, Phänomene, Zusammenhänge, Äußerungen, für die man keine Erklärung weiß, deren Sinn einem unzugänglich bleibt, die sich mit unserem Erkenntnisvermögen nicht durchdringen lassen. In einem engeren Sinn sind Rätsel diejenigen einfachen, gebundenen, volkstümlichen Sprachformen, die sich programmatisch dagegen sperren, klar zu reden und umstandslos und direkt erkannt zu werden; genauer, die ihren Sinn vieldeutig oder verhüllt in gebundener Rede aufzulösen - und das heißt: zu erkennen - aufgeben. Von dieser Spannung sind sie wesentlich bestimmt: sich nicht zu erkennen zu geben, sich zu verbergen und zu verstellen und andererseits Erkenntis zu suchen, zu fordern, zu transportieren. Davon ist ihre Form gespannt, die nur wenig Veränderungen duldet. Obwohl die Rätsel, wie Märchen und Fabeln etwa, der mündlichen Tradition angehören und damit, so denkt man, sich in einem Fluß beständiger Umformung befinden, besitzen sie ein höheres Maß an Fixiertheit, an Institutionalisiertheit.

Das ist vor anderem in ihrer besonderen Funktion begründet. Rätsel gibt es wohl in allen Kulturen der Erde, sie sind überliefert aus Zeiten, in denen die Schrift unbekannt oder Privileg war. Aber während vergleichbare Formen wie Heldenlieder, Epen und rituelle Formeln aus dem gewöhnlichen Gebrauch verschwunden sind, haben sich die Rätsel erhalten und leben weiter. Das hat seinen Grund womöglich darin, daß es in den Rätseln nicht darum geht, Kunde zu geben vom Ruhm und Schicksal Einzelner oder ganzer Sippen, auch nicht um den Ausdruck von Glaubensgehalten bestimmter historischer und sozialer Gemeinschaften. Was die Rätsel hat überleben lassen, ist ihre Erkenntnisfunktion, ihr Vermögen, gelebte menschliche Erfahrung auszudrücken, weiterzugeben, zu klären und Erkenntnis aus ihr zu schöpfen, einen Rat aus ihr zu gewinnen. Das rückt sie in die Nähe der anderen angeführten Formen wie Heldenlieder, Epen oder Märchen - auch diese suchen auf ihre Weise und neben anderem Erkenntnis -, aber es rückt sie ebenso von diesen Formen ab: für die Rätsel ist die Erkenntnisfunktion die bestimmende, die alle übrigen möglichen Funktionen relativiert. Überall, wo Rätsel gebraucht werden, geht es um Erkenntis - und um diese geht es dem Menschen, seit er der Sprache mächtig ist, wo und wie immer er lebt. Von diesem Impuls des Menschen nach Erkenntnis beziehen die Rätsel über die Jahrhunderte hinweg ihre Kraft, sich zu erhalten, lebendig zu bleiben, reizvoll, provozierend, verwirrend.

Diese besondere und hervorragende Funktion der Rätsel bestimmt ihre sprachliche Form. Rätsel sind anders als normales Sprechen. Sie sind Sprachformen, in denen sich Wahrnehmungen und Erfahrungen, Fragen und Unsicherheiten ausdrücken und mitteilen lassen, in denen Erkenntnis gewonnen werden kann auf noch unsicherem Terrain, verhüllt, tastend, gemeinsam mit anderen sich eines Fragilen oder auch eines Bedrohlichen versichernd. Die Rätsel sind die einzigen Formen der Sprache, die nicht der Verpflichtung zum Klarreden unterliegen: sie dürfen etwas sagen, was unverständlich und dunkel ist und sind dennoch sprachlich und gesellschaftlich geduldet und anerkannt.

Die Sprache der Rätsel ist anders als die normale Sprache, weil sie nicht kommunikativ ist wie diese: die Rätsel wollen sich nicht verständlich machen, wollen nicht klar und deutlich sagen, was sie meinen, wollen nicht unmißverständlich, nicht eindeutig sein. Normales Sprechen dagegen will sich verständlich machen; ihm ist es darum zu tun, eine Information zu übermitteln und sie möglichst getreu zu übermitteln, wobei das Maß dieser Treue das Mitsichselbstgleichsein des Gesagten ist. Rätsel dagegen transportieren keine Informationen. Sie sind getragen von E r f a h r u n g und was sie übermitteln wollen, ist etwas, das sie noch gar nicht besitzen; Mitsichselbstgleichheit wäre für die Rätsel Sinnlosigkeit. Mit anderen Worten bedeutet das, daß für die Rätsel das Gebot der Identität nicht gilt, das ansonsten das bestimmende Gebot abendländischer Vernunft und Sprache ist. Rätsel sind Formen nichtidentischen Denkens und Sprechens, die dennoch nicht nur nicht verrückt, sondern Formen von Erkenntnis zu sein behaupten.

Noch einmal: was die Rätsel sagen, "stimmt" nicht, ist widersprüchlich, unmöglich. Wie sie selbst in ihrer Form mit sich nicht identisch sind, spielen sie mit der Identität dessen, was sie meinen. Positiv wie negativ steht Identität im Zentrum der Rätsel: was sie treibt, ist das Streben nach Erkenntnis der Identität der Dinge und eben diese Identität der Dinge ist es, an der sie sich reiben, die sie aufbrechen, zum Tanzen bringen wollen - oder auch nur zum Sprechen.

Der Begriff der Identität gehört zu den Grundlagen der abendländischen Rationalität: ohne die Gewißheit, daß ein Gegenstand, Begriff oder Sachverhalt in allen Kontexten und unabhängig von allen Denkoperationen immer ein und derselbe ist, wäre das Denken und die Logik ohne Fundament. Von der Notwendigkeit eines solchen Fundaments aus, von der tiefen und verwirrenden Angst vor einem Zustand ohne ein solches Fundament schreibt sich die überragende Bedeutung des Satzes von der Identität für das abendländische Denken her. Dieser Satz besagt, daß A gleich A und nur gleich A ist, daß also A nicht auch gleich Nicht-A oder gleich B sein kann. Identität bedeutet mithin Alternative: daß eine Sache nur entweder A und nur A oder aber B und nur B sein kann - tertium non datur[2]. Sehr eindrucksvoll hat Immanuel Kant in der Transzendentalen Deduktion (A) seiner "Kritik der reinen Vernunft" die Notwendigkeit des Satzes von der Identität für das Denken dargestellt. Er schreibt:

"Würde der Zinnober bald rot, bald schwarz, bald leicht, bald schwer sein, ein Mensch bald in diese, bald in jene tierische Gestalt verändert werden, am längsten Tag bald das Land mit Früchten, bald mit Eis und Schnee bedeckt sein, so könnte meine empirische Einbildungskraft nicht einmal Gelegenheit bekommen, bei der Vorstellung der roten Farbe den schweren Zinnober in die Gedanken zu bekommen, oder würde ein gewisses Wort bald diesem, bald jenem Dinge beigeleget, oder auch eben dasselbe Ding bald so, bald anders benannt, ohne daß hierin eine gewisse Regel, der die Erscheinungen schon von selbst unterworfen sind, herrschete, so könnte keine empirische Synthesis der Reproduktion statt finden."

Im Bemühen, die Notwendigkeit einer "gewissen Regel, der die Erscheinungen schon von selbst unterworfen sind" darzutun, verraten die Worte Kants, welch zauberischer Sog, ähnlich dem, den der Gesang der Sirenen für Odysseus darstellte, von der Vorstellung ausgeht, es gäbe diese Regel nicht: das Changieren der Erscheinungen, das freie Fluktuieren der Bestimmungen, einmal als Gedanke und Bild zugelassen, setzen eine Bewegung ins Unendliche frei, bei der es kein Halten mehr gibt. Die Welt der Gegenstände ist davon ebenso betroffen wie die Ordnung der Zeit, die Gestalt und Identität des Menschen, die Bedeutung der Worte. Und wie immer beunruhigend und bedrohlich eine solche Vorstellung Kant erscheinen mag - und was er fürchtet, ist das Durcheinander im Kopf, daß man einfach etwas "in die

Gedanken bekommen" würde, was man da nicht haben möchte, weil es einen aus dem Konzept, aus dem Begriff, womöglich um den Verstand brächte -, so hat sie doch auch für ihn etwas Unwiderstehliches.

Die abendländische Rationalität widersteht jedoch dem Sog der Nichtidentität und verstopft sich die Ohren gegen deren Zauber; sie macht sich taub gegen das, was ihre Ordnung irritieren muß und unterwirft die Erscheinungen den Regeln. Damit bewahrt sie sich Überblick und Vernunft, auch die Herrschaft über die "Erscheinungen", aber sie muß fortan meiden, was sie ausgegrenzt hat. Das ausgeschlossene Dritte verfolgt, als Möglichkeit der Regression wie als eine der Versöhnung und des Neuen und schließlich wohl auch als die Möglichkeit der Auflösung im Wahnsinn, das Denken unter dem Gesetz der Identität. Wie der volkstümliche Aberglaube mancherorts verlangt, daß in wichtigen neuen Bauwerken etwas Lebendiges vergraben und den Mächten des Dunkels geopfert werde, so liegen in den Fundamenten der abendländischen Rationalität der Gedanke und die Bilder der Nichtidentität vergraben, "schon von selbst unterworfen", geopfert. Gerade da setzen die Rätsel an - als Formen eines Denkens und Erkennens, das sich diesem Zwang nicht zu unterwerfen bereit ist, das dieses Opfer nicht bringt. Dafür jedoch ist es selbst von der Nichtidentität gezeichnet: die Rätsel reden nicht mehr "clare et distincte", sondern dunkel, wirr, unsinniges Zeug. Sie lassen zu, was das logische Denken aus sich verbannt hat - Nichtidentifiziertes und Nichtidentisches -, sie unterwerfen die Erscheinungen nicht vorab den Regeln. Identität steht in ihnen zur Verhandlung.

Daß dem so ist, wird deutlich, wenn man die Rätsel genauer betrachtet. Ein bevorzugtes formales Mittel der Rätsel ist das Paradox, diejenige Sprach- und Denkform also, die von einem Gegenstand, mit Kants Wort einer "Erscheinung" sagt, er bzw. sie sei A und z u g l e i c h Nicht-A oder aber, er sei zwar A, könne jedoch nicht wie A, habe nicht die konstitutiven Qualitäten von A. So, um hier nur ein einziges Beispiel anzuführen, in dem Rätsel "Ich rede ohne Zunge, und schreie ohne Lunge,/ und nehme teil an Freud und Schmerz, und habe doch kein Herz." Zur Beschreibung des zu erratenden Gegenstandes bedient sich dieses Rätsel einzig des Mittels des Paradoxons: dreifach nebeneinandergereiht, ohne das Geringste an sprachlichem oder bildhaftem Beiwerk, was mildernd, versöhnend, entschärfend hinzuträte, läßt dieses Rätsel den Gegenstand selbst zu Wort kommen und dieses Wort ist dreifache Behauptung der Möglichkeit des Unmöglichen. Ohne hier weiter auf dieses Rätsel einzugehen, macht selbst ein so rascher Blick auf das Beispiel deutlich, daß sich der Gegenstand, den das Rätsel meint, durch seine unmögliche, unsinnige, eben paradoxe Darstellung nicht nur nicht auflöst, wie er es für das normale benennende Sprechen tun würde, sondern sich als etwas Neues, Besonderes und Bedeutsames allererst bildet, aus den paradox gespannten Teilen zu einem gespannten, bestimmten Ganzen zusammentritt. Ebenso wird sichtbar, wie sehr in einem vorwissenschaftlichen und einfachen, alltäglichen Sinn das Paradox für die Sprache und das Denken der Rätsel typisch ist und wie speziell die Formel: "Ich tue etwas und habe doch nicht das, was unabdingbar notwendig ist, um das zu tun", die Formel, verkürzt, A und Nicht-A sind eins und haben daran keinen Schaden, konstitutiv ist für das, was gemeinhin als "rätselhaft" verstanden wird.

"Rätselhaft" ist es aber auch schon, wenn eine Sache nicht beim Namen genannt, d.h. nicht der konventionellen begrifflichen Identifikation unterworfen wird. Das aber kennzeichnet gerade die Sprache und das Denken der Rätsel, d.h. bei ihnen ist ein Tisch kein Tisch und ein Stuhl kein Stuhl. Sie sagen dagegen, was das normale Sprechen nicht sagt, nämlich, was mit dem Gegenstand los ist, in welchem inneren oder äußeren Zusammenhang er steht, was ihm widerfährt oder widerfahren ist. Die Rätsel erzählen eine Geschichte, halten eine Erfahrung fest; Erkenntnis entspringt in ihnen aus einem Erzählten, einem Umweg, einer Geschichte in Paradoxa. Weil den Rätseln nichts vorab gewiß ist, sie über kein System der Erfassung, der Identifikation und Bezeichnung der Erfahrungen verfügen - die Bezeichnung ist ja erst das, was aus dem Prozeß als Resultat entspringen, als eine Antwort den Prozeß nicht beenden, sondern erfüllen soll -, ist ihnen alles Zusammenhang, widersprüchliche und vielgestaltige Verwicklung des Lebendigen, Konflikt, Prozeß. Die Gegenstände der Erfahrung, die Dinge, die außerhalb der Sprache der Rätsel der Zurichtung durch die Vernunft unterworfen sind, um quasi automatisch zu den gesellschaftlich verabredeten Begriffen und Benennungen hinzuassoziiert werden zu können und umgekehrt, werden zu Daten innerhalb einer Information, zu ausdehnungslosen Punkten, während sie in den Rätseln als Strudel erscheinen, an denen sich das Subjekt zu messen hat. In den Rätseln löst sich die zwanghafte und nur scheinbar automatische Verknüpfung von Gegenstand und Benennung, das Wort fällt ab von der Sache, gibt diese frei - und es quillt all das hervor, was Kant so wortreich und eindrucksvoll als Bedrohliches abgewiesen hatte. Was ein Punkt war, dehnt sich zu erfahrener und erfahrbarer Zeit.
Für das Verhältnis der Rätsel zum kommunikativen, normalen Sprechen gilt in Bezug auf die Zeit ein seltsames und aufschlußreiches Paradox: diejenige Sprachform, die den Moment fixiert und ihn, als mit sich identischen und damit zeitlosen, auf Dauer stellt, die Information, verliert sich in der Zeit, die sie aus sich eliminiert; sie verliert im nächsten Moment ihre Gültigkeit. Die Sprachform dagegen, die sich auf

Zeitliches richtet, Veränderliches, nicht mit sich Gleiches notiert, die Rätselsprache, ist von einer zuweilen fast rituellen Dauerhaftigkeit. Erfahrung aufzufassen und zu transportieren vermag aber nur die Sprache, die noch eine Geschichte erzählen kann und nicht nur isolierte, leblose Punkte erfaßt.

C. Interesse der Arbeit:
Gibt es mehr als e i n e Rationalität?

Daß das abendländische, logische Denken seinen Sinn hat und auf ordentlich gefügtem Grunde ruht - ungeachtet dessen, was in jenem Grund mitvergraben liegt und welcher Opfer und Eingriffe es seine Stabilität verdankt -, steht außer Frage. In Frage jedoch steht, ob es außer dieser Rationalität eine andere gibt, die Anspruch erheben darf, ebenfalls Vernunft zu sein, d.h. hier, nicht in den Bereich des Religiösen, Künstlerischen oder bloß Irrationalen gehört. In Frage steht, ob das, was die Rätsel tun, als ein Denken bezeichnet werden kann, ob die Wege, die die Rätsel gehen, eine eigene Vernunft darstellen und ob die Antworten, die die Rätsel finden, Erkenntnis sind.

Interesse dieser Arbeit ist es nicht, in den Formen der Rätsel das Heil gegen die begriffliche Rationalität zu suchen, in einem Archaischeren, Organischeren, Bunteren einen Trost gegen die Frustration eines Denkens, das sich und andere nicht glücklich zu machen vermochte. Es geht vielmehr darum zu untersuchen, ob in den Formen der Rätsel zumindest Elemente einer anderen Vernunft zu finden sind, einer Vernunft, die sich den Erscheinungen der Welt und den Erfahrungen der Menschen nicht mit der Heckenschere des Identitätsprinzips nähert: alles, was übersteht, wird abgeschnitten. Die begriffliche Rationalität könnte an einem solchen anderen und doch in sich konsistenten Denken ein Memento haben, ein Korrektiv.

Rätsel stellen, explizit oder implizit, Fragen, die gelöst sein wollen, die eine Antwort verlangen. Sie sind Formen einer Suche nach Erkenntnis, nach Klärung von Erfahrung. Rational sind diese Formen dann zu nennen, wenn sie geeignet sind, die Gegenstände und Erfahrungen zu treffen, nach deren Erkenntnis sie suchen, wenn sie es vermögen, sich diesen Gegenständen anzumessen. Mit anderen Worten: es ist entscheidend, ob im Prozeß der Erkenntnis der Gegenstand der Erkenntnis den Verfahrensnotwendigkeiten des Erkenntnisprozesses angemessen, d.h. diesem Prozeß unterworfen wird, oder ob sich vielmehr der Prozeß der Erkenntnis seinem

Objekt anzumessen sucht und aus dem Gegenstand der Erkenntnis ein Gegenüber der Erfahrung wird, ein erhelltes und eigenständiges Neues.

D. Schwierigkeiten der Bearbeitung

Die Rätsel sind für eine wissenschaftliche Untersuchung nicht Gegenstände wie andere, wie etwa bestimmte literarhistorische Zeugnisse, beispielsweise altnordische Zaubersprüche, oder besondere Formen traditionellen mündlichen Redens wie etwa die Sprichwörter. Wenn auch die Rätsel mit beiden angeführten Beispielen Berührungspunkte besitzen, so ist doch das Unterscheidende, das Trennende bestimmender. Die Rätsel sind besondere und schwierige Formen nicht so sehr für den unmittelbaren Gebrauch - man kann die Rätsel stellen, sie lösen, sich daran freuen oder ärgern; schwierig und besonders, d.h. wesentlich von den anderen, zunächst vergleichbar erscheinenden Formen unterschieden werden sie erst, wenn man ü b e r sie zu reden beginnt. Dies gilt erst recht, wenn man ihnen in der wissenschaftlichen Bearbeitungsweise gerade jene begriffliche Zwangsjacke überzustreifen sucht, die nicht zu wollen, nicht zu brauchen, eine grundlegende Bestimmung der Rätsel ausmacht. Die Rätsel haben über Jahrhunderte und Jahrtausende Bestand und Kraft behalten, weil sie eigenständige Formen eines eigenständigen Denkens und Sprechens waren, Formen, die mit der abendländischen Rationalität nicht zu konkurrieren brauchten, weil sie, obwohl nie so gesellschaftsfähig wie diese, ihr überlegen waren. Über die Rätsel kann nicht von außen verfügt werden, schon gar nicht durch ein wissenschaftliches Verfahren. Dem entgleiten sie einfach, es geht an ihnen vorbei. Der Versuch, dennoch über die Rätsel zu reden - und nicht wiederum selbst in Rätseln - verlangt darum, daß die Form der Rede ihrem besonderen Gegenstand gerecht zu werden sucht, d.h. sich ihm so weit als möglich anmißt, ohne sich ihm gleich zu machen, und sich nicht bescheidwisserisch und verfügend über ihn stellt, sondern behutsam, bescheiden und sorgfältig nachzuzeichnen und aufzuspüren sucht, was das Andere ausmacht - und es als Anderes beläßt.

II. Hauptteil

A. Die Rätsel in Geschichte und Gegenwart. Forschung und Methode.

1. Die Rätsel als Sprachformen der mündlichen und schriftlichen Tradition

Die Anfänge der Rätsel liegen im Dunkel. Rätsel finden sich in den Kulturen Europas wie in denen Asiens und Afrikas und aus der Vielzahl und Verschiedenartigkeit der vorhandenen Zeugnisse kann man schließen, daß es wohl kaum ein Volk gegeben haben mag, das die Form des Rätsels nicht gekannt hat. Dabei ist, was uns heute an Rätselmaterial zugänglich ist, sicher nur ein geringer Teil dessen, was es an Rätseln auf der Erde gibt und gegeben hat. Denn die Rätsel sind Formen, die der mündlichen Tradition zugehören und nur im mündlichen, direkten Gebrauch ihren Sinn und ihre Funktion ganz erfüllen. Wenn sie dennoch aufgeschrieben wurden, so geschah das, um sie zu sammeln, zu dokumentieren, sie vor dem Vergessenwerden zu bewahren.

Ob aufgrund der uns eher zugänglichen Zeugnisse und damit im Grunde nur zufällig oder ob aufgrund objektiver Gegebenheiten, festzustellen ist, daß sich die Rätsel in besonderer Fülle, Reinheit und Bedeutung bei den indogermanischen Völkern finden, bei den Persern, Indern, Slawen, Hellenen, Römern, Germanen und bei den Juden. Die Rätsel stehen, sowohl von ihren Ursprüngen und ihrem Gebrauch her wie auch aufgrund ihres besonderen Gehaltes in einer sehr engen Beziehung zum Mythos. Ihre Entstehung reicht in Zeiten zurück, über die hier nur spekuliert werden kann und über die auch die vorhandenen wissenschaftlichen Untersuchungen nur Unscharfes zu sagen vermögen. Festgehalten werden soll, daß für die Entstehung der Rätsel bei den indogermanischen Völkern von Wolfgang Schultz in Pauly/Wissowa's "Realencyclopädie der classischen Altertumswissenschaft" Zeiten angesetzt werden, die "noch vor die Zeit des Auseinanderwanderns der Einzelvölker" zurückreichen[3]. Dieses Auseinanderwandern muß nach 1400 v. Chr. stattgefunden haben, da es Funde gibt, die belegen, daß die Inder um diese Zeit zumindest noch in Kleinasien ansässig waren. Diese Tatsache erklärt vielleicht auch am ehesten, warum so viele formale und inhaltliche Übereinstimmungen in den Rätselüberlieferungen der verschiedenen Völker anzutreffen sind und macht es unnötig, in die bekannten Streitigkeiten über die Ursprünge der Ähnlichkeiten im mündlichen Erzählgut, wie sie aus den Diskussionen um die Märchenmotive bekannt ist, einzutreten.

Für fundierte Aussagen über die ältesten noch vorhandenen Rätselzeugnisse bedürfte es anderer Voraussetzungen als den in dieser Arbeit gegebenen. Das Interesse ist hier jedoch auch nicht ein historisch-philologisches, sondern, wie oben versucht wurde darzulegen, eines, das den Denk- und Sprachformen der Rätsel gilt. Darum werden im Späteren nur gelegentliche Verweise auf besondere Elemente dieser frühesten Rätselzeugnisse gemacht werden; ansonsten muß auf Spezialuntersuchungen etwa aus dem Bereich der Indogermanistik oder Iranistik bzw. auf Überblicksdarstellungen wie den sehr umfänglichen, beispielreichen und auch mit weiterführenden bibliographischen Angaben ausgestatteten, bereits genannten Artikel von Wolfgang Schultz verwiesen werden.

Die frühesten Rätsel waren, soweit darüber heute Aussagen möglich sind, kultische Formeln, die, für uns noch nachweisbar und sogar u. U. nachlesbar, in den heiligen Schriften des Hinduismus, den Veden, aufgezeichnet waren. Daß der Name der ältesten heiligen Schriften der Inder "Veda", übersetzt "Wissen", lautet, wirft ein Licht auf die Rolle, die den Rätseln innerhalb der Geschichte der menschlichen Suche nach Erkenntnis zukommt. Beispiele aus den Sanskriträtseln der Rigveda, aus einer Zeit um etwa 1000 vor Christus, sowie aus der jüdisch-arabischen Tradition finden sich, außerhalb von Spezialuntersuchungen, in Archer Taylors Geschichte des literarischen Rätsels vor 1600[4] und im Aufsatz von Walter Porzig über "Das Rätsel im Rigveda"[5]. Diese Rätsel sind zwar unserem Verständnis in ihrer ganzen Bedeutung in der Regel kaum zugänglich, dennoch aber bemerkt man sowohl bei den verrätselten Gegenständen wie bei den verschiedenen einzelnen Formeln der Verrätselung und den allgemeineren Strukturen einer Rätselsprache Ähnlichkeiten zu den uns heute noch vertrauten Rätseln.

a) Rätselsammlungen seit der Spätantike

Ohne diesen Hintergrund der Rätselweisheit der arischen und semitischen Völker wegwischen zu können oder zu wollen, so ist doch für die europäische Rätseltradition ein gleichsam pragmatischer Anfang zu setzen im griechischen Mythos von Ödipus und dem Rätsel der Sphinx. Wie diese, stirbt auch der griechische Seher Kalchas vor Ärger, als er im Rätselwettstreit gegen Mopsos unterliegt und auch von Homer wird überliefert, daß der Grund für seinen Tod ein Rätsel war, das er nicht zu lösen vermochte. Bei Homer beginnt denn auch die griechische Rätseldichtung, die über Hesiod, Pindar, Heraklit reicht, durch den Bericht über Orakel in die Historien des Herodot gelangt und schließlich einen solchen Umfang annimmt, daß Konrat Ziegler im "Kleinen Pauly" von einem "Weiterwuchern" spricht [6].

Für die lateinische Überlieferung, und damit für diejenige, die die europäische Kultur am direktesten geprägt hat, ist ein Anfang zu setzen bei der Rätselsammlung des Symphosius.
Diese Sammlung, die vom Ende des 5. nachchristlichen Jahrhundert stammen soll, enthält hundert, jeweils dreizeilige und in Hexametern gefaßte Rätsel, die den Grundstock der im Mittelalter und bis heute lebendigen Rätselüberlieferung bilden. Aber auch diese Sammlung zerfällt bei einer genaueren Analyse in verschiedene Entlehnungen, Einzelstränge von Überlieferungen und den Wüstensand Nordafrikas, in dem sich die Identität des Symphosius und seiner Quellen verliert [7].
Bezeichend ist, daß schon zu diesem frühen Zeitpunkt, einem "Punkt", der sich seinerseits über mehr als ein Jahrtausend dehnt, wenn man von Homer zu Symphosius einen Bogen spannt, Rätsel aus dem Bereich des Kultischen, des Mythos, der Dichtung, der Philosophie und der nicht zur höheren Literatur gehörenden Unterhaltung überliefert sind, d.h. daß die Rätsel schon hier ein irritierend wechselndes Dasein führen, wobei Konrat Ziegler das Überwiegen der ernsthaften Rätseltradition im Gegensatz zu der unernsten, scherzhaften einfach dadurch erklärt, daß sich "um deren (d.h. der letzteren) Konservierung im späten Altertum niemand bemüht hat"[8].
Ungeachtet der wissenschaftlich anzweifelbaren Identität der Sammlung des Symphosius, kommt ihr für die gesamte spätere europäische Rätselüberlieferung eine zentrale Bedeutung zu. Immer wieder wurden Rätsel aus dieser Sammlung weitergegeben, variiert, wurden zu dem, was sie womöglich zu einem Teil einmal waren, Volksgut.

b) Rätselsammlungen im Zusammenhang mit der Christianisierung Zentraleuropas

Die in lateinischer Sprache verfaßten hundert Rätsel des Symphosius fanden Verbreitung einerseits durch die "Historia Appolonii regis Tyri", einen lateinischen Prosaroman, dessen älteste Version bereits aus dem 3.(!) Jahrhundert stammt und der im Mittelalter und in der Renaissance zu den beliebtesten antiken Romanen gehörte[9] und in dessen zahlreichen und unterschiedlichen Fassungen immer unterschiedliche Rätsel aus der Sammlung des Symphosius Aufnahme fanden. Neben diesem Verbreitungsstrang der weltlichen Literatur kamen die Rätsel im Gefolge der Christianisierung über England und dessen lateinisch-schreibende geistliche Dichter auf das europäische Festland.
Als wichtigste Figur ist hier der Bischof Aldhelm von Malmesbury (639-709) zu nennen, den Ernst Robert Curtius als den "Begründer" der lateinisch-angelsächsi-

schen Kultur bezeichnet. Sein Rätselbuch, "Aenigmatum liber", lehnte sich eng an das des Symphosius an, so weit sogar, daß auch er hundert Rätsel in seinem Buch versammelte. Der zugleich lehrhafte und unterhaltsame, auch leicht allegorisch zu nutzende Charakter der Rätsel mag der Grund gewesen sein, warum in der Folge gerade die gebildeten Geistlichen sich oft und gern der Rätsel bedienten und Sammlungen von überlieferungswürdigen Texten herstellten oder selbst in Anlehnung an überlieferte Formen eigene Rätsel dichteten[10]. Neben Aldhelm sind Tatwine von Canterbury und Bonifatius zu nennen sowie Beda Venerabilis (672-735), ein gelehrter northumbrischer Mönch, der sich der Übertragung der antiken Rhetorik auf den Bibeltext widmete. Unter seinem Namen liefen noch im Mittelalter zahlreiche Rätsel um, die eine Mischung aus biblischen Rätselfragen und Bruchstücken aus Symphosius und Aldhelm darstellten. Durch den jungen angelsächsischen Gelehrten Alkuin gelangte Bedas Erbe an den Hof Karls des Großen, wo Alkuin seit 782 die Palastschule leitete. Ebenfalls im 8. Jahrhundert entstand vor dem Hintergrund der anglo-lateinischen Rätseldichtung das sogenannte "Exeter Book" mit seinen 93 Rätseln, die von ihrem Inhalt her zumeist volkstümlich, in ihren Formen und ihrer Sprache jedoch von gelehrtem Charakter sind und gleichfalls Beziehungen zu Symphosius und Aldhelm aufweisen. Zu den Rätseln des Exeter Books sowie zu den zuvor genannten Personen, ihren Werken, Beziehungen und ihrer Bedeutung sind die Einzeluntersuchungen sehr zahlreich. Hier soll nur darauf hingewiesen werden, um anzudeuten, in welchem Überlieferungsrahmen die Rätsel bis zu uns gekommen sind.

c) Die Rätsel in der germanischen Überlieferung

Neben dem dargestellten, mit der lateinischen Sprache verknüpften Überlieferungsstrang von der Spätantike bis ins Mittelalter stellt sich die Frage nach den Rätseln in der nichtlateinischen, der germanischen, nordischen Tradition. Gustav Ehrismann beantwortet diese Frage dahingehend, daß "die altsächsische und althochdeutsche Literatur das Rätsel als literarische Gattung nicht besitzen"[11]. Wenn auch tatsächlich alle Zeugnisse in dieser Richtung fehlen - selbst die Versuche, das einzige andeutungsweise stabreimende Rätsel aus den lateinischen Reichenauer Rätseln aufgrund eben dieses Stabreims als ein ursprünglich deutsches Rätsel zu erweisen, bleiben eher mühsam als überzeugend[12] -, so ist es doch eigenartig, daß gleichzeitig in der Sprache der Nordgermanen und der Deutschen das Wort "Rätsel" vielfältig bezeugt ist. Das Grimmsche Wörterbuch nennt von einem althochdeutschen "ratan" eine Vielzahl von Ableitungen aus dem alemannischen, bairischen und hochfränkischen Sprachraum wie "ratissa", "ratussa", "ratisca", die sich bis ins Mittelhochdeutsche und Neuhochdeutsche fortsetzten, wo sie dann in der Lutherschen Schreibweise als "retzel" oder auch "rätzel" in der Schriftsprache allgemein werden.[13]

Für den Bereich der altnordischen Literatur fällt, so Andreas Heusler, auf, daß sie "nicht eine reichere Fundgrube für Rätsel ist. Die geschichtlichen Prosaerzählungen, die uns das gesellige Leben von so vielen Seiten kennen lehren und uns Zank- und Spottverse wie auch Sprichwörter in so reicher Fülle zuführen, sie erwähnen nirgends, dass zur Unterhaltung Rätsel aufgegeben wurden; sie teilen nirgends ein einzelnes Rätsel in gebundener oder ungebundener Rede mit."[14] Zwei Ausnahmen sind allerdings zu machen, und das sind einmal die Rätsel der Hervarar-Saga, die sogenannten Heidreksrätsel bzw. in der Bezeichnung, wie sie in Island im 17. Jahrhundert üblich war, "Heidreks Rateklugheit", und zum zweiten die von der Struktur her ähnliche Fragekette im Wafthrudnis-Lied der Älteren Edda.
In diesem letzteren Lied befragt Odin, der sich den Namen Gagnrádr gibt, den allwissenden Riesen Wafthrudnir, nachdem er sich von diesem zuerst hat befragen lassen. Die Fragen kreisen um die Themenbereiche Tag und Nacht, die Grenzen zwischen dem Riesen- und dem Götterreich, die Erschaffung der Welt und der Gestirne, um die Ordnung der Zeit und die Ereignisse beim Weltuntergang. Die letzte Frage - und es ist dieselbe, die auch in der Hervarar-Saga die Folge der Rätsel abschließt und den Rätselwettstreit entscheidet[15] - ist für den Riesen unbeantwortbar und offenbart die Person des Fragestellers: Gagnrádr fragt nämlich nach den Worten Odins an den toten Balder.
In der Hervarar-Saga ist das Grundmuster des Frage- und Wissenswettstreit zweier Starker formal stärker in die Richtung der Rätsel ausgeprägt. Denn hier zwingt der König Heidrek, nachdem er zuvor eine Reihe engster Verwandter umgebracht und Reiche an sich gerissen hat, den Bauern Gestumblindi zu einem Rätselwettstreit auf Leben und Tod. Odin selbst aber übernimmt den Platz des Gestumblindi und besiegt den König Heidrek, indem er ihm die von niemandem als von Odin selbst lösbare Frage stellt.[16]
Auch diese inhaltlichen Strukturen der Rätsel in ihrer Überlieferung deutlich zu machen, erscheint sinnvoll, da sich hier Muster kristallisieren, die bis heute in den Rätseln und in ihrem Gebrauch lebendig sind. So ist der spürbare Refus nicht weniger Menschen heute gegen Rätsel bzw. dagegen, Rätsel gestellt zu bekommen, sicherlich damit in Verbindung zu bringen, daß die Rätsel in ihrer jahrhundertelangen Tradition immer auch den Zug hatten, daß sie - entweder sofort oder erst nach einer Weile - eine Frage stellten, die von dem Befragten nicht beantwortet werden k o n n t e und von deren Unbeantwortbarkeit der Fragende bestens wußte.

Eine breitere Wirkung aber hatten diese Rätsel aus der nordischen Tradition nicht, vor allem nicht im Sinn der mündlichen und volkstümlichen Benutzung und Weitergabe der Rätsel. Prägend war und blieb für den zentraleuropäischen Raum die lateinische Sprache, Kultur und Überlieferung und mit ihr die Rätsel dieses Traditionsstrangs, der durch die Beherrschung der Schriftkultur, der Schul- und Hochschulbildung und nicht zuletzt ja auch durch die Kirche praktisch der allein bestimmende wurde.

d) Die Rätsel im lateinischen Mittelalter

In den Jahrhunderten des lateinischen Mittelalters existierten eine große Zahl von Fragebüchlein, die im Umkreis der den Höfen und Klöstern angeschlossenen Schulen entstanden, zum Teil überliefertes Rätselgut aufnahmen oder umformten, wesentlich aber sich der Form des Frage- und Antwortspiels bedienten, um biblische oder gelehrt-theologische Inhalte abzufragen. Daß dabei auch scherzhafte Elemente zum Tragen kommen, tut der Tatsache keinen Abbruch, daß es sich bei diesen Texten um absichtsvolle Formen aus der Feder gebildeter Mönche handelt. Im Zusammenhang der Fragestellung dieser Arbeit, der es um die Denk- und Sprachformen der Rätsel als "einfacher", d.h. nicht gebildet-literarischer Formen geht, sind sie nur insofern von Bedeutung, als in der großen Menge und Vielfältigkeit dieser lateinischsprachigen Frageliteratur, in Disputationsbüchlein, "Joca Monacorum" und "Altercationes"[17] wie Treibgut zuweilen auch Elemente mitüberliefert wurden, die den didaktischen Absichten der Mönche gegenüber resistent waren oder die einfach als tradierte Formen weitertradiert wurden, die gefielen, unterhielten, anders waren: so neben bereits ausgeformten klassischen Rätseln einzelne Formen und Motive der Verrätselung - zum Beispiel komparativische Fragen wie "Was ist weißer als Schnee?" oder aporetische wie "Wer ist gestorben und ist nicht geboren?" oder das Motiv des "Leiden des Flachses"[18].
Die biblischen und religiösen Frage- und Antwortspiele der frühmittelalterlichen lateinischen Mönchskultur blieben bis in die heute noch zugänglichen Rätselsammlungen lebendig, entweder direkt in ihrer ursprünglichen Gestalt wie in den Rätselbüchern von Karl Simrock beispielsweise oder nur in einzelnen formalen Elementen. Aber auch bereits zu ihrer Zeit haben sie sehr rasch den Weg aus den Kreisen der Lateinkundigen ins Volk gefunden und sich dort zu einer volkstümlichen Rätselsprache umgebildet, neugeformt. Es ist hier, wie für weite Bereiche in dem gesamten Feld der Rätsel, kaum mit Gewißheit zu entscheiden, was ursprünglich

volkstümlich, spontan entstanden, "naturpoetisch", und was ursprünglich bereits kunstvoll verfertigtes, gelehrtes Bildungsgut war.[19]
So finden sich auch für die mittelhochdeutsche Zeit Rätselzeugnisse aus dem eher volkstümlichen Bereich ebenso wie solche aus dem literarischen Bereich der Spruchdichter. Für beide Bereiche überschneiden sich Themen wie Formen. Der Sängerwettstreit auf der Wartburg enthält einen umfangreichen Rätselwettstreit zwischen dem Zauberer Klingsor, der die Rätselfragen stellt und Wolfram von Eschenbach, der sie löst und auch das Trougemundslied überliefert in der Form eines längeren und poetisch gestalteten Frage- und Antwortspiels eine große Menge Rätsel, die sich eng an die lateinischen Vorbilder der vorangegangenen Zeit anlehnen. Auch von den mittelhochdeutschen Spruchdichtern, Reinmar von Zweter beispielsweise, dem Hardegger oder dem Marner, sind Rätsel überliefert. Alle diese Texte entstammen den Federn gebildeter Männer, aber sie richteten sich bereits auch an eine breitere und nicht mehr auf die Höfe begrenzte Öffentlichkeit und konnten dort mit Verständnis, d.h. wohl auch mit einer bereits vorhandenen einfachen, volktümlichen Rätselkultur rechnen.[20] Interessant jedoch, vor allem auch im Zusammenhang dieser Arbeit, erscheint, daß die Bedeutung der deutschen Rätsel des Mittelalters nicht so sehr in ihren verschiedenen Inhalten, ja nicht einmal wirklich in ihnen selbst lag als vielmehr in der Rolle, die ihnen als Instrument zukam: sie waren Formen einer gesellschaftlichen Auseinandersetzung, geschliffene, präfigurierte sprachliche Kampfformen, der Fechtkunst vielleicht zu vergleichen, Möglichkeiten, sich vor einer Öffentlichkeit hervorzutun, zu profilieren, womöglich in ihr aufzusteigen. Das wird unterstützt durch die Tatsache, daß viele der Rätsel dieses Zeitraums bereits in Wettstreit-Rahmenerzählungen überliefert sind wie im Fall des Wartburgkrieges oder des Trougemundslieds oder daß nur die rivalisierende Konstellation zweier Spruchdichter festgehalten ist wie im Fall von Singuf und Rumeland oder von Frauenlob und Barthel Regenbogen. Ein weiteres, vielleicht triftigeres Indiz ist die Beschaffenheit der betreffenden Rätsel selber: sie haben alle etwas Schematisches, variieren einige wenige Grundmodelle, zeigen wenig Witz und Phantasie; es treten Buchstabenrätsel auf, Worträtsel, in denen einzelne Elemente, Buchstaben oder Silben, ersetzt oder umgestellt werden müssen oder als Einzelne verrätselt sind. Auch Volker Schupp hält in seinem Überblick über die deutschen Rätsel des Mittelalters abschließend fest, daß "das Rätsel ... gattungshafter Ausdruck und wie Sticheleien oder literarische Fehden Kampfinstrument in einer Konkurrenzsituation (ist). Der wenig angesehenen Gruppe der Spruchdichter bot sich eine gewisse Chance zum sozialen Aufstieg" und es wurde möglich, "das Rätsel in den Dienst des Herrn zu stellen durch durchsichtig-schmeichelnde Verrätselung seines Namens oder in den der Politik"[21].

Schon hier muß aber gesagt werden, daß das Material an Rätselzeugnissen unterschiedlichster Art bereits für die lateinischen und mehr dann noch für die deutschen Rätsel des Mittelalters derart umfangreich und vielfältig ist, daß es im Rahmen dieser Arbeit kaum angemessen skizziert werden kann. Wie das für die bereits ganz knapp umrissenen Zeiträume gilt, so gilt es noch mehr - denn je näher an unsere Zeit heranrückend, umso reichhaltiger sind die überlieferten Texte schon aufgrund der objektiven Gegebenheiten - für die folgenden Perioden, den Humanismus, den Barock und die folgenden Jahrhunderte bis heute. Für diese ganze Zeit gilt, daß die literarische, und das heißt hier zunächst einmal nur die an Autorennamen geknüpfte Rätseltradition sich vielgestaltig ausprägt, während von der anonymen und mündlich weitergegebenen, der Volksrätseltradition nur verschwindend wenig auf dem Papier festgehalten ist. Für eine angemessenere Darstellung der Tradition der Form des Rätsels kann daher nur hingewiesen werden auf die "Geschichte des Rätsels" von J. B. Friedreich [22], die verschiedenen Arbeiten von Robert Petsch, die Monographie von Mathilde Hain und das bereits angeführte ausführliche Nachwort von Volker Schupp zu seinem "Deutschen Rätselbuch", das ebenso wie die Arbeit von Mathilde Hain ausführliche Angaben zu speziellerer und auch allgemeiner weiterführender Literatur enthält. Trotz der Fülle der wissenschaftlichen Einzeluntersuchungen und auch allgemeinerer Darstellungen zum Thema Rätsel fehlt doch eine neuere, sowohl genaue wie umfassende Darstellung der Geschichte des Rätsels. Daß daran vielleicht auch das Thema mit seiner Verzweigtheit und Verzwicktheit und seinem Facettenreichtum schuld sein mag, vielleicht noch in mehr als nur pragmatischem Sinn, darauf mag ein Hinweis sein, daß die breitangelegte "Geschichte der neulateinischen Literatur Deutschlands" von G. Ellinger, die in drei Bänden in Berlin 1929 bis 1933 erschien, vor dem vorgesehenen Band über die Rätsel abbricht[23] - wenngleich es für einen solchen Abbruch, 1933, vielleicht auch weitaus schwererwiegende äußere Gründe gegeben haben mag.

Im Zusammenhang dieser Arbeit geht es jedoch um die Rätsel, die, wie auch immer umstritten und umstreitbar, doch entweder von ihrer Genesis oder von ihrer Geltung, will sagen ihrer Wirkung und Verbreitung her, als Volksrätsel betrachtet werden können. Dazu ist bereits einiges gesagt worden und am Ende dieses Kapitels wird noch einmal eigens darauf eingegangen werden. An dieser Stelle ist die Frage von Kunst- oder Volksrätsel nur darum von Belang, weil innerhalb des Meers von Rätseltexten diejenigen Sammlungen hervorgehoben werden sollen, denen hier die Aufmerksamkeit gelten soll.

Im Umkreis der Zeit des lateinischen und deutschen Mittelalters sind das zwei Sammlungen - beides Sammlungen, über deren Struktur und Einzelprobleme noch zu handeln sein wird -, die hier ihren chronologischen Ort haben. Es ist zum einen die aus dem 9. Jahrhundert stammende Reichenauer Handschrift mit ihren sechs lateinischen Rätseln, unter denen sich das Rätsel vom Vogel federlos findet[24] und zum anderen, gleichsam vom anderen Ende des Traditionsstranges dieses Zeitraums her, das Straßburger Rätselbuch, das sich in seinem Untertitel als "die erste zu Strassburg ums Jahr 1505 gedruckte deutsche Räthselsammlung" präsentiert.
In dieser letzteren Sammlung, die in ihrer von A. F. Butsch neu herausgegebenen Gestalt von 1876 nur ganze 38 Seiten umfaßt, wovon wiederum nur 31 Seiten Rätsel enthalten, finden sich eine Zahl schöner, prägnanter volkstümlicher Rätsel in deutscher Sprache und ebenso etliche aus der klassischen Tradition übernommene Rätsel in einer nur ins Deutsche gebrachten Form. Dem Straßburger Rätselbuch kommt auch äußerlich eine zentrale Bedeutung zu, da es in einer Humanistenstadt wie Straßburg den ersten Druck einer volkssprachlichen Rätselsammlung darstellt und eine Verbindung schafft zwischen der Tradition des Mittelalters und der des Humanismus und damit der gesamten Folgezeit.

Als dem ersten nun allgemein verständlichen Rätselbüchlein wurde dem Straßburger Rätselbuch auch gleich die Feindschaft der christlichen Ordnungshüter zuteil: es wurde bezeichnet als ein "'Lügenbüchlin' des Teufels, das er 'ein Radtbüchlein' nennt, 'welches er mit allerley unflat/ grober unzucht/ schamparer grober wort und reden/ greulich beschmiert und besudelt hat'"[25]. Gegen den zu befürchtenden Einfluß dieses Rätselbuchs wurden Gegen-Rätselbücher geschrieben, die allerdings mehr den Charakter von Katechismen hatten, wie schon ihre Titel verraten: "Christliche Radtbüchlin für die Kinder" oder "Christlicher Zeitvertreiber oder geistliches Rätselbuch". Dennoch war das Straßburger Rätselbuch nur das erste und auch bedeutendste einer ganzen Reihe volkstümlicher Rätselbüchlein, die "als billige kleine ... Hefte ... der Unterhaltung breiterer Volksschichten dienen sollten."[26]
Die meisten dieser Rätselbüchlein des 16. und 17. Jahrhunderts sind allerdings, wohl weil nicht nur die Rätsel, sondern die Heftchen selbst ihre Auflösung fanden, nicht mehr existent, sondern lediglich durch Hinweise und Beschreibungen von Romantikern wie Josef Görres oder Ludwig Uhland bekannt.
Über das Straßburger Rätselbuch soll jedoch an dieser Stelle noch nicht weiter gehandelt werden, da ihm später im Zusammenhang mit der Darstellung der Textgrundlagen eigener Raum bestimmt ist.

e) Die Rätsel im Humanismus

Um die Mitte des 15. Jahrhunderts beeinflussen gleich zwei Ereignisse die Ausprägung und Entwicklung der Rätselkultur: es sind das einmal die Bewegung des deutschen Humanismus und zum anderen die Erfindung des Buchdrucks. Der Humanismus brachte mit seiner Hinwendung zur Antike auch eine neue Beschäftigung mit der klassischen Rätselüberlieferung. Vermittelt vor allem durch die Schulbücher, die neben dem Sprichwort besonders die Rätsel gerne im Unterricht gebrauchten, kam es zu einer weiten Verbreitung der antiken Rätsel und auch der Rätsel aus den Sammlungen des Symphosius und Aldhelms. Mathilde Hain erwähnt in diesem Zusammenhang insbesondere die "Elementa Rhetoricae" des Joachim Camerarius von 1545 und unterstreicht, daß "man ... die Vermittlerrolle des Schulbuchs nicht hoch genug einschätzen kann", da "auf diesem Wege antike Rätselthemen und -formen in breitere Volksschichten gelangten und dort zu einer Symbiose von literarischem und volkstümlichem Rätsel führten".[27] Eine Übersicht über die Rätseldichtung und -überlieferung der Humanisten liefert die "Aenigmatographia" des Nikolaus Reusner aus dem Jahr 1599. Hier wird sichtbar, wie innerhalb der sich vergrößernden Zahl vorhandener, d.h. sowohl überlieferter als auch nach- oder neugedichteter Rätsel auch die Zahl der Rätsel mit deutlich volkstümlichem Charakter zunimmt. Sinnfällig wird anhand der sich ausbreitenden Vielfalt an Formen, daß "der Latinisierung volkssprachlicher Formen ... die Regermanisierung lateinischer Fassungen nachfolgt".[28]

Den Bildungsrätseln des Humanismus haftet zu einem großen Teil der schale Geschmack des Schulmeisterlichen und der Stilübung an. Besonders die Wort-, Silben- und Buchstabenrätsel, Anagramme, Homonyme, Scharaden, Palindrome und ähnliche Formen nehmen einen wachsenden Raum ein. Die an griechischen und lateinischen Vorbildern sich orientierenden Logogryphen, d.h. ganz allgemein alle Wort- und Buchstabenrätsel, stellten eine ausgesprochene Mode im 16. und auch noch in den folgenden Jahrhunderten dar. In allen diesen Rätseln jedoch geht es um Bildungswissen, nicht um Erkennt-nis, ja, man kann den Gedanken wagen, daß die eigentliche Dürre dieser Rätsel aus ihrem meist sekundären Interesse an ihren Gegenständen und Themen herrührte. Primäres Interesse dagegen war die Abgrenzung von denen, die der lateinischen Sprache nicht mächtig waren und sich nicht so dunkel und unverständlich-umständlich ausdrücken konnten. Scharf und treffend hier die Worte von Volker Schupp: "Das neue, ständisch begriffene Menschentum der Humanisten konnte außer der Abgrenzung ihrer 'res publica letteraria' durch ihre lateinische oder griechische Sondersprache kein geeigneteres Vehikel zur Distanzierung von den 'plebei' finden als das Einverständnis über die Dunkelheit einer eigens dafür geschaffenen Gattung."[29]

f) Die Rätsel im Zeitalter des Barock und der Aufklärung

Für die folgenden Jahrhunderte gilt im wesentlichen, was oben für die Zeit des Humanismus dargelegt wurde: die Rätsel wurden eine unter verschiedenen Gattungsformen der literarischen, künstlerischen Sprache, eine Form, die besondere Freiheit für Spitzfindigkeiten, Ausgefallenheit, Witz und gestalterische Einfälle ließ und dabei doch ein Mindestregister an tradierten Kunstformen, Motiven, Wendungen, auch einzelnen Metaphern bereitstellte. So waren besonders im Barock die komplizierten Sprachrätsel wie Scharade (Silbenrätsel), Palindrom (Rücklaufrätsel), Anagramm und Logogryph (Wort- und Buchstabenrätsel) bzw. in der barocken, von Georg Philipp Harsdörffer stammenden Bezeichnung "Wortgriflein" oder "Letterkehr" (Buchstabenrätsel) äußerst beliebt und Mathilde Hain urteilt sogar, daß im Barock "das Rätsel in deutscher Sprache wieder eine neue Fülle und literarische Relevanz" erhält.[30] Das Rätsel als literarische Form wird Gegenstand poetologischer Reflexionen, so bei Julius Caesar Scaliger, Georg Philipp Harsdörffer oder Justus Georg Schottel. Darüberhinaus bietet es sich an als eine ideale Form für die Gestaltung des barocken Bedürfnisses nach galanter Freiheit - die obszönen Rätsel, d.h. die absichtlich irreführenden Rätsel mit harmloser Lösung gelangen gerade im 17. Jahrhundert zu größter Beliebtheit. Schließlich wird es die Form, die gleichsam von ihrer Natur her dazu bestimmt ist, von den barocken Sprachgesellschaften mit besonderer Aufmerksamkeit und Pflege bedacht zu werden. Die Beliebtheit dieser Form mag daran anschaulich werden, daß in einem schulischen Theaterstück von Christian Gryphius, dem Sohn von Andreas Gryphius, die Figur des Symphosius selbst auftritt und lateinische Rätsel spricht.[31] Aber auch Züge eines inneren und ganz untheoretischen Verstehens dessen, was an Geschehen innerhalb der Rätsel und des Rätselratens stattfindet, begegnen im Barock. So etwa lesen wir bei Harsdörffer, daß der, der ein Rätsel "wol aufgelöst" hat, von seiner "Einsamkeit entbunden" wird.[32] Vielleicht hat hier die Neigung des Barock zum Weithergeholten, Gesuchten, zu Manieriertheit und Allegorie eine Affinität zum Denken und Sprechen der Rätsel ermöglicht.
Für die Aufklärung konnten die Rätsel jedoch kaum Formen mit Anspruch auf Ernsthaftigkeit sein. Johann Christoph Gottsched bezeichnet sie denn auch als "mehrenteils läppisch"[33] und Christoph Martin Wieland hält "noch fast dreißig Jahre" nach Gottsched "'Logogriphen ... und andere dergleichen närrischen Erfindungen eines kranken Witzes'" für den Ausdruck des "'gotischen Geschmacks der mittleren Zeiten'"[34]; selbst Hegel stellt im ersten Band seiner "Ästhetik" fest, daß

das Rätsel "zum bloß gesellschaftlichen Witz und Spaß heruntergesunken" sei[35] - obwohl er hiermit implizit doch wenigstens eine vorherige, ernster zu nehmende Daseinsweise einräumt. Was die tatsächlich produzierten Rätsel dieser Zeit angeht, so bestätigen sie auf ihre Weise das Verdikt Hegels: sie sind im wesentlichen kaum mehr oder anderes als mittelmäßige Unterhaltungsdichtung oder, wenn sie ein wenig besser sind, geschliffenere Fassungen tradierter volkstümlicher Rätsel oder zumindest in volkstümlichem Ton gehalten. Bezeichnend sind hier beispielsweise die Rätsel von Gottfried August Bürger: "Verfertigt ist's vor langer Zeit,/ doch mehrenteils gemacht erst heut. / Höchst schätzbar ist es seinem Herrn,/ und dennoch hütet's niemand gern."[36] oder von Johann Peter Hebel: "Der arme Tropf/ hat keinen Kopf./ Das arme Weib/ hat keinen Leib./ Die arme Kleine/ hat keine Beine./ Sie ist ein langer Darm,/ doch schlingt sie einen Arm/ bedächtlich in den andern ein./ Was mag das für ein Weiblein sein?"[37]

g) Die Rätsel im 19. und 20. Jahrhundert

In der Praxis verschwinden die Rätsel etwas aus dem literarischen und kulturellen Leben, in welchem sie eine eher modische Existenz hatten, die sie nun verlieren mit dem Wandel des Geschmacks und der gesellschaftlichen Verhältnisse. Auch die bis heute bekannt gebliebenen Rätsel Schillers, die er in den letzten Jahren seines Lebens für seine Bearbeitung des Turandot-Stoffes, der ja um das Motiv des Rätselstellens kreist, geschrieben hat und die alle zwischen 1802 und 1804 entstanden sind, entbehren der Schärfe und Spannung, die die guten Volksrätsel auszeichnen. Es genügt, sich an die klangvollen, balladenhaft ausholenden Anfänge zu erinnern wie "Wie heißt das Ding, das wenige schätzen,/ doch ziert's des größten Kaisers Hand,..." oder "Kennst du das Bild auf zartem Grunde,/ es gibt sich selber Licht und Glanz./...." oder das berühmteste: "Von Perlen baut sich eine Brücke/ hoch über einen grauen See,/..." [38], um den Unterschied zu bemerken. Selbst die schließliche Dramenfassung des überlieferten Turandot-Stoffs, der in der Schillerschen Bearbeitung so große Beliebtheit errang, daß gesagt werden konnte, daß der Tag der Erstaufführung "als Geburtstag des deutschen Kunsträtsels zu vermerken" sei [39], konnte für die tatsächliche Bedeutung der Rätsel wenig ändern: als Formen von Literatur, als Kunstformen, waren sie, zumindest in der Neuzeit, nie wirklich wichtig und interessant. Und sie sind es auch nicht mehr geworden, nicht als die zweifellos geist- und kunstvollen Rätsel eines Friedrich Schleiermacher, nicht als die ungezählten Homonyme, Anagramme, Scharaden, Palindrome, Logogryphe und anderen Formen eines Theodor Körner, August v. Platen, Gustav Theodor Fechner oder Franz Brentano, und auch nicht mehr in den Rätseln gleichsam unserer Tage, des

20. Jahrhunderts, in den Rätseln Ernst Buschors oder G. H. Mostars beispielsweise und auch nicht in der großen und facettenreichen Flut von Kreuzworträtseln, Fernsehquizsendungen, Personenrätseln, geistreichen Anstrengungen und Unterhaltungen der vorletzten Seiten von aufwendigen Magazinbeilagen.

Als Volksgut dagegen wurden die Rätsel in der zweiten Hälfte des 19. Jahrhunderts noch einmal beachtet und gelangten, auch nicht nur in Deutschland, sondern ebenso in anderen europäischen Ländern, zu einiger Bedeutung. 1850 erschienen erstmals - und dann in verschiedenen Auflagen und mit der Breitenwirkung eines wirklichen 'Volksbuchs' - die beiden Bände des "Deutschen Räthselbuchs" von Karl Simrock, in denen noch einmal all das versammelt war, was an im Volk umlaufender mündlicher Rätselkultur aufzufinden war - gleichviel, ob im Volk entstanden oder nur dort weitergetragen. Und obwohl Simrock Germanist war, hatte er bei der Herausgabe der Rätsel, in der Nachfolge der Haltung eines Jakob Grimm gegenüber den von ihm und seinem Bruder aufgezeichneten Kinder- und Hausmärchen, keine verbessernden, korrigierenden Ansprüche: er hielt fest und dokumentierte, nach der Maxime, die sein Nachwort zur Ausgabe einleitet: "Gebt dem Volke, was des Volkes ist".[40]
In der zweiten Hälfte des Jahrhunderts folgten dann in verschiedenen Gegenden Deutschlands größere und kleinere regionale Rätselsammlungen, meist von Volksschullehrern oder Pfarrern initiiert und oft mit Hilfe von Fragebogenaktionen durchgeführt. Die bekannteste und bedeutendste ist vielleicht 1897 die große und vielbeachtete Sammlung mecklenburgischer Rätsel von Richard Wossidlo. Sie enthielt, "unter Einrechnung der mit a b c oder 1 2 3 u.s.w. bezeichneten selbständigen Fassungen, die in anderen Sammlungen mit fortlaufender Nummer gezählt sind, 2141 Nummern" von Rätseln[41] und dokumentierte säuberlich auch den Kreis der Informanten, deren Wohnort und sozialen Status. Wossidlos Sammlung, über die später noch zu reden sein wird, weil sie eine der wichtigen Textgrundlagen dieser Arbeit ist, stellte allerdings etwas wie einen Abschluß der lebendigen und unmittelbaren Beschäftigung mit den Rätseln als Formen volkstümlicher Überlieferung in Deutschland dar.
Exakt im selben Jahr wie Wossidlos große Sammlung erschien auch in Italien eine breitangelegte Sammlung von Volksrätseln. Sie wurde von Giuseppe Pitré zusammengetragen und herausgegeben, der als der Vater der italienischen Volkskunde bezeichnet werden kann - zunächst einmal nicht in einem akademisch-wissenschaftlichen Sinn, sondern in einem konkreten: als einfacher praktischer Arzt im sizilianischen Palermo hat er in vielen Jahren all das notiert und gesammelt, was er bei seinen Kontakten mit der Bevölkerung und seinen Hausbesuchen angetroffen und von

Freunden und Helfern mitgeteilt bekommen hat - Formen des Aberglaubens und der Volksmedizin, Lieder, Rätsel, Spiele, Reime, Zungenbrecher, die verschiedenen feststehenden Rufe der Straßenverkäufer, die jahreszeitlichen Sitten und Gebräuche. Dabei kam ein vielbändiges, von Material überfließendes Werk zustande, das "Archivio delle tradizioni popolari", zu dem auch die Sammlung von Rätseln gehört, die insgesamt 1200 unterschiedliche Rätsel enthält. Sie ähnelt der Wossidlo'schen Sammlung durch ihre Haltung: auch Pitré hat aufgeschrieben, interesselos und doch mit Liebe und Sorgfalt zusammengetragen, Varianten notiert, eigene Bemerkungen, Überlegungen, beinah spontane Reaktionen in den Fußnoten angefügt, nichts aussortiert, nichts hervorgehoben, keine Wertungen vorgenommen, keine Hierarchien hergestellt. Die Sammlung Pitrés stellt, neben der Wossidlos, die wichtigste neuere Textgrundlage für die Einzeluntersuchungern im zweiten Teil dieser Arbeit dar. Dort wird sie auch noch einmal eingehender dargestellt.

Spätestens nach dem Ende des Ersten Weltkriegs und der vielen tiefen, damit verbundenen Veränderungen in Europa ist es mit den Rätseln wohl im Grunde vorbei. Man kennt zwar noch gelegentlich einige der mündlich überlieferten volkstümlichen und alten Rätsel, man stellt sie auch noch hin und wieder, aber sie haben, wie die Märchen und überhaupt das Erzählen, nicht mehr ihre feste soziale Rolle und Funktion, sie bilden nicht mehr einen kollektiven Raum. Sie stellen nichts dar, auch nichts her, sie sind bestenfalls etwas, das zu erinnern, zu pflegen, weiterzugeben oder eben zu sammeln und zu studieren ist. Wert sind sie das zweifellos immer noch, aber sie sind peripher geworden. Daran ist nicht schuld, was an die Stelle getreten ist, d.h. nicht Kreuzworträtsel oder Fernsehquiz; beide neuen Formen weisen aber darauf hin, was an der Wurzel des Wandels stehen könnte: eine andere Struktur des sozialen Lebens und des Lebens des Einzelnen, auch eine andere Beschaffenheit des Wissens und des Verhältnisses der Menschen zu ihrem Wissen. Wer ein Kreuzworträtsel löst oder ein Fernsehquiz sieht, ist und bleibt ein isolierter Einzelner, auch wenn er, im Fall des Kreuzworträtsels, vielleicht gelegentlich ein Familienmitglied um Hilfe bittet oder, im Fall der Quizsendungen, sich per Telephon auch als Zuschauender direkt beteiligen kann. Die heutigen Rätsellöser sind allein, zwar in massenhafter Auflage, in Millionen Einschaltquoten, aber niemand hat einen anderen Menschen oder eine bunte Gruppe als lebendiges Gegenüber oder als Rahmen dessen, was er selbst tut. Auch ist das in den heutigen Formen erfragte Wissen eines, das keinen angeht, keinem weiterhilft, existentiell nichts bedeutet. Die traditionellen Rätsel dagegen waren gerade Formen eines ganz wesentlich s o z i a l e n, kollektiven Fragens und Antwortensuchens, Ausprobierens, Spielens, Vortastens. In geselligen Gruppen heute werden statt dessen Witze erzählt oder Scherzfragen gestellt, Ostfriesenfragen beispielsweise oder neuerdings Manta-Fahrer-Fragen, die wohl eine ferne Verwandtschaft mit den Rätseln zeigen - schon in den mittelalterlichen Rätselbüchlein finden sich lange Ketten von Scherzfragen vom Typ "Welche sind die schlechtesten Schützen?" und "Wann tun dem Hasen die Zähne weh?" -, die aber etwas anderes tun und wollen als die hier in Frage stehenden Rätsel. Wichtig ist dabei als unterscheidendes Element, daß die heutigen Rätselformen von der Erfahrung des anderen, des Befragten, nichts wissen wollen und auch eine eigene nicht haben, die sie weitergeben könnten. Dagegen scheint das, was vielleicht in den Rätsel einmal betrieben worden sein mag, übergegangen zu sein an avancierte Formen von Kunst: es ist in der "Ästhetischen Theorie" von Theodor W. Adorno, daß der Begriff des "Rätselcharakters" der Kunst mit dem von Wahrheit, von Erkenntnis und Erkenntnismächtigkeit in Beziehung gesetzt wird.

h) Volksrätsel und Kunsträtsel

Immer wieder stellte sich im letzten Kapitel das Problem: "Volksrätsel" oder "Kunsträtsel"?, und es stellte sich mit der Konnotation "echt" oder "unecht", "wahr" oder "ausgedacht".
Das Thema der Natur- bzw. Volks- oder Kunstpoesie ist alt und kann und soll in seiner Grundsätzlichkeit hier nicht ein weiteres Mal[42] erörtert werden. Es wird in dem Kapitel, das den Einzelanalysen ausgewählter Rätsel gewidmet ist, anhand des Rätsels vom Vogel federlos exemplarisch deutlich werden, wie vielfach verschränkt das Problem ist und daß es ein Thema ohne abschließende Antwort ist. Für die Rätsel erscheint diese Frage allerdings noch einmal zugespitzt: wo es schon für die Märchen kaum möglich ist, genaue Grenzen zu ziehen zwischen den Märchen, die einem namentlich bekannten Autor zuzuordnen und damit als Kunstmärchen zu deklarieren sind, und denen, die "sich selber gemacht" haben und einem Volksgeist oder der Natur, namenlosen und nicht benennbaren Quellen entstammen, ist das für die weit kürzeren, prägnanteren Rätsel noch ungleich schwerer. Ständig begegnet man bei einer chronologischen Durchsicht der Rätselüberlieferung, wie etwa der oben skizzierten, der Tatsache, daß Rätsel aus dem Bereich des Volkstümlichen in den der Gebildeten wechseln und von diesem in den Bereich des Volkstümlichen übergehen und es ist nicht mehr nachzuweisen, ob es sich um ein Zurückkehren oder um ein Absinken handelt. In der Rätselsammlung Giuseppe Pitrés finden sich einige interessante und evidente, auf den sizilianischen Raum und die Geschichte Siziliens bezogene Beispiele, die Pitré in seinen Fußnoten auch aufmerksam hervorhebt und kommentiert.

Darüber hinaus scheint diese Frage, wenn überhaupt, dann nur konkret beantwortbar. Denn, und das ist die Schwierigkeit bei diesem Thema, man kann über die Frage nicht hinweggehen - und das nicht so sehr der philologischen Sorgfaltspflicht wegen als einer historisch-moralischen, vielleicht sogar politischen Verpflichtung wegen.

Die Frage nach Volks- oder Kunsträtsel stellt sich nicht nur im Durchgang durch die Geschichte der Rätsel, sondern sie stellt sich erneut, und vielleicht sogar noch drängender, am einzelnen Rätsel. Ist ein Rätsel "gut", d.h. hier zunächst einmal, ist es prägnant, scharf, knapp, provozierend, klar und verwirrend ineins, dann kann man es in einem spontanen Empfinden nur schwer vermeiden, es als Volksrätsel aufzufassen und der Unterscheidung anheimzufallen: gut sind die Volksrätsel, schlecht sind die Kunsträtsel. Gerade so mag auch der Tenor des historischen Abrisses, der oben versucht wurde, klingen und die darin suggerierte Entgegensetzung ließe sich mit einer genügenden Zahl von Beispielen erhärten. Die Schwierigkeit liegt darin, daß dieses Schema der Entgegensetzung immer noch dem romantischen Schema der Debatte über Kunst- und Naturpoesie entspricht und dennoch verschärft und verzerrt ist durch das, was der deutschen Romantik nachfolgte: die deutsche Volkstümelei, Feindschaft gegen alles nicht Volkhafte, Volksfremde, gegen alles Fremde überhaupt und Haß auf den Geist. Bis heute ist es nicht möglich, darüber hinwegzugehen, daß sich gerade an die Formen der mündlich überlieferten, volkstümlichen Literatur das Epitheton des Echten, des "Bodenständigen, Leidenschaftsgehobenen, des Wunderbaren"[43] heftete, daß es gerade diese Formen waren, die mit der Herderschen Aura des "heiligen Geist(es), der im Volke wohnt" umgeben wurden - gegen die Formen der Kunst, die als "Gelehrtenpoesie", als "regelmäßig, verstandeskalt, landfremd"[44], als "versteint in den erkältendsten Allegorien"[45] bezeichnet wurden. Eben diese schematisierende Entgegensetzung taugte in unserem Jahrhundert dazu, als romantisierende Draperie einer Blut- und Boden-Ideologie benutzt zu werden, die eine ganze Kultur und schließlich Millionen Menschen vernichtete.

Alle Formen des Volkstümlichen entbehren in Deutschland der Natürlichkeit und Normalität, der Unschuld, die sie in anderen Ländern womöglich tatsächlich genießen [46]. Gerade im Zusammenhang eines Versuchs, das Denken der Rätsel zu verstehen als eine Tradition, die sich dem Prinzip der Alternative und das heißt auch den Schemata der Entgegensetzung wie den oben umrissenen widersetzt, besteht die Gefahr, der einen Seite der - außerhalb der Rätsel ja geltenden - Alternative zu verfallen: der Irrationalität, dem Raunen, dem Diffusen. Angesichts der Fragestellung nach Volks- oder Kunsträtsel ergibt sich daher das Dilemma, einerseits für den Traditionsstrang der "Volksrätsel" - mit all den objektiven, philologischen wie historischen Fragezeichen, die angemerkt worden sind bzw. es noch werden - optieren zu müssen, weil in ihm für die hier angestellten Betrachtungen schlicht tatsächlich die interessanten, sprechenden, wichtigen Texte zu finden sind, und andererseits, vor dem Hintergrund der Besetztheit des Begriffs des "Volkstümlichen" und seiner Indienstnahmen, nicht für das Einfachere, das Volkhafte als solches votieren zu wollen.

Theoretisch kann dieses Dilemma nur angesprochen, nicht gelöst, nicht einmal vermieden werden. Festzuhalten ist, daß strenge Trennungen für den Bereich sprachlicher Formen generell nur selten angenommen werden können und im Bereich der Rätsel kaum in einer reinen Form, weder für die Seite der Kunsträtsel noch für die der Volksrätsel, gelten können. In der Form des Zauberspruchs, der ohne Zweifel die Anfänge der Rätseltradition nachhaltig beeinflußt hat, treten beide Bereiche überdies aufs engste zusammen und machen die Frage nach einer klaren Trennung innerhalb dessen, was aus diesen Ursprüngen sich entwickelt hat, noch schwieriger. Hermann Bausinger stellt dazu fest, daß "die ältesten literarischen Belege überwiegend in den Bereich ausgefeilter Kunstübung oder aber in den pädagogischen Bezirk scherzhafter katechetischer Fragen führen; der abgründige Mythenernst bleibt ebenso im vagen Dämmerlicht wie das 'Volksrätsel'."[47] Und Adolf Jacoby bemerkt in seiner kurzen, aber äußerst materialreichen Abhandlung "Zum Rätsel vom Vogel federlos", daß es sich "gar nicht leugnen läßt, dass das Rätsel aus dem Zauberspruch entstanden ist" und "wohl sicher aus gelehrter Überlieferung stammt"[48]. Als Fazit erscheint mithin kaum anderes möglich als die Feststellung, 1., daß in jedem Fall Ungewißheit bestehen bleibt, 2., daß die gelehrten Einflüsse gerade für die Anfänge bestimmend sein dürften, und 3., daß es viele Rätsel gibt, die als Volksrätsel gebraucht und weitergegeben wurden und die, als ganze Rätsel oder in bestimmten einzelnen Elementen, eine Eigenständigkeit von ihren wie immer beschaffenenen Ursprüngen erlangt haben.

In der konkreten Durchführung der Überlegungen, vor konkreten Rätseln, kann deutlicher werden, was am "Volksrätsel" hier für gut und wichtig erachtet wird und was am Kunsträtsel dagegen letztlich schal, d.h. worauf die Unterscheidung hier zielt.

Der Gegensatz von Volks- und Kunsträtsel behält aber immer etwas Fiktives: in dem grenzenlosen und unfesten Terrain der Rätsel herrscht ein nicht zu übersehendes, nicht zu kontrollierendes Hin und Her von Stoffen und Formen, zumal die Rätsel in Zeiten zurückreichen, aus denen uns kaum Texte überliefert sind - sei es, weil sie verloren gegangen sind, sei es, weil sie nie existiert haben, in Zeiten mithin, in denen die Schriftlichkeit gegenüber der mündlichen Überlieferung kaum eine Rolle spielte, wenn sie denn überhaupt schon bestand. Wenn wir uns vor Augen führen, daß es noch heute und auch noch an den Rändern Europas Kulturen gibt, in denen das geschriebene Wort für die Weitergabe der Kultur keine Rolle spielt, in der es dagegen Geschichtenerzähler gibt, die in einer über mehrere Tage sich praktisch ununterbrochen hinziehenden Erzählung die Überlieferung der Gruppe oder des Volks weitergeben, dann erscheint die Frage nach Volks- oder Kunsträtsel fast als sekundär, als eine Unterscheidung der Kulturen des schriftgelehrten Abendlandes. Man kann festhalten, daß es in den uns zugänglichen Rätselsammlungen Volksrätsel gibt, die sehr wahrscheinlich von Gebildeten - gehören die nicht mehr zum Volk? ist das, was sie produzieren, Kunst? - gedichtet wurden und andererseits Kunsträtsel, die nichts anderes sind als in die Hochsprache übersetzte und polierte Volksrätsel. Darüber hinaus gibt es, zum Glück, Rätsel, an denen die Unterscheidungsversuche abgleiten, weil sie außerhalb der Einzäunungen stehen aufgrund ihrer ungeheuren und unerklärlichen Verbreitung und ihres hohen Alters - Räsel wie das vom Vogel Federlos oder die Rätsel von der Kuh. Und schließlich gibt es, nicht wenige zudem, "schlechte" Volksrätsel und andererseits authentische Kunsträtsel, die gute Rätsel sind. Es gilt also nicht: Volksrätsel gleich gutes Rätsel und umgekehrt. Wohl aber kann man behaupten und belegen, daß Kunsträtsel, die für "gut" empfunden werden, wesentliche Züge guter Volksrätsel tragen.

An zwei Beispielen soll dargelegt werden, was hier unter einem guten Rätsel verstanden werden soll, und dies vor dem Hintergrund der Frage nach Volks- und Kunsträtsel, noch nicht im Sinn etwa eines typologischen Bestimmungsversuchs. Beispiel eines guten Volksrätsels soll das folgende sein:

"Söss drägen eenen,
un de em dragen hebben,
drägen nich mit."

Dieses Rätsel aus der 1897 erschienenen umfangreichen Sammlung Richard Wossidlos heißt in hochdeutscher Übertragung:"Sechs tragen einen,/ und die ihn getragen haben,/ tragen nicht mit." Als ein Volksrätsel ist es zu betrachten zunächst einmal aufgrund der Quelle - Wossidlo stützte sich lediglich auf die erinnerten Rätsel direkter Informanten, wenn gleich natürlich auch diese Kenntnis von Kunsträtseln gehabt haben können, aber doch ein Überwiegen der mündlich überlieferten populären Tradition wahrscheinlich sein lassen -, des weiteren aufgrund seiner äußeren Beschaffenheit, der Kürze, Knappheit, der Einfachheit der Beobachtung und schließlich aufgrund bestimmter inhaltlicher Züge wie der Erbarmungslosigkeit, der Zuspitzung, der Ornamentlosigkeit und Nüchternheit, der Lapidarität. Das Rätsel ist sehr einfach gebaut. Es kreist um die verschiedenen Formen des Verbs "tragen" - tragen, getragen werden, mittragen - und um die einfache und klare Opposition der "Sechs" und des "Einen", der Sechs, die den Einen tragen und die ihn zwar getragen haben, aber ihn nicht tragen, ein verwirrendes und kaum denkbares Paradox auf der Ebene des Beteiligtseins und gleichzeitgen Nicht-Beteiligtseins. Diese Einfachheit trügt jedoch: das bestimmende Verb "tragen" markiert in seinen drei hier gebrauchten Formen die Spannung der Zeit, die im Rätsel herrscht, die zwischen der Gegenwartsformen an Anfang und Ende und der Vergangenheitsform in der Mittelzeile. Die numerische Opposition zwischen den sechs Trägern und dem einen Getragenen, wie sie sich auf den ersten Blick präsentiert, ist noch irgendwie mit vertrauten Bildern in Übereinstimmung zu bringen, wenngleich sie auch bereits etwas unausgewogen und mit einer diffusen Beimischung von Verzerrung oder Unmäßigkeit versehen ist. Das eigentlich Verwirrende jedoch - und es verwirrt besonders darum so, weil es sich so unmerklich einschleicht - ist die Spannung zwischen Aktivität und Passivität, die das Rätsel ganz ausdrücklich und zugleich doch in einer zweideutigen, leicht übersehbaren, leicht mißverstehbaren und verräterisch beiläufigen Weise benennt: die Spannung zwischen "tragen" und "getragen" werden oder haben. Das Rätsel bedient sich einer List, bzw. ist das, was als List oder sogar als ein Trick erscheinen kann, eine besondere Blickweise, wie sie den barocken Allegorikern oder Kindern eigen sein mag: alle Aufmerksamkeit auf einen einzigen, winzigen und im Ganzen vielleicht unerheblichen Punkt zu richten und an diesem Punkt eine Differenz wahrzunehmen, von ihm aus das Ganze ins Wanken zu bringen.

"Sechs tragen einen,/ und die ihn getragen haben,/ tragen nicht mit" - so der Text des Rätsels, das sich in einem ganz gewichtigen Sinn dreht um das "tragen" und "getragen haben". In der Differenz im Tempus liegt der Weg in das Rätsel hinein und zu seiner Lösung. Die tatsächliche Rätsellösung, wie sie bei Wossidlo überliefert ist, nämlich "die Füße", erscheint dagegen wie ein melancholisches Versatzstück, Objekt einer Betrachtung, die vom Gegenstand alle lebendigen Bezüge abfließen läßt und nur einen isolierten Aspekt übrigläßt - hier der des "Tragens" in seinen verschiedenen Ausprägungen.
Das Rätsel spricht von Sechsen, die Einen tragen - und jeder Hörer des Rätsels deutet sich, und dies ganz im Sinne und auch im Bild des Rätsels, die sechs dem einen ähnlich: sechs Männer tragen einen Mann. Diese Eingangszeile hat aber weniger deskriptive Funktion als die, Folie und Material der Verwirrung zu sein, das Gegenteil von Dekription. Denn was in der ersten Zeile noch stimmte, noch gängiger Wahrnehmung und Erfahrung entsprach, wird im folgenden verfremdet, umgekehrt: die ihn getragen haben, sind nämlich schon in der zweiten Zeile andere als in der

ersten und die zeitliche Kontinuität, die die Sprachform suggeriert, verdeckt nur den entscheidenden Riß, der ins Zentrum des Rätsels führt. Dieser Riß rührt von dem, was zwischen dem Präsens und dem Perfekt, dem "tragen" und dem "getragen haben", geschehen ist - und das ist der Tod. In der zweiten und dritten Zeile sind die "Träger" nicht mehr die, von denen zuvor die Rede war. Während das kennzeichnende Wort "tragen" bestehen bleibt, verändert sich die Bedeutung, verengt sich vom Ganzen auf ein Teil, auf das eine Teil im Ganzen, das trägt - die Füße. In der zweiten Zeile und dann auch in der dritten sind es die Füße dessen, der getragen wird, von denen die Rede ist. Die Füße sind die, die zuvor ihre ganze Bestimmung daran hatten, zu t r a g e n ; nun sind sie die Füße eines Verstorbenen, die mit dem übrigen Leichnam g e t r a g e n w e r d e n . Wo das Rätsel gerade damit arbeitete, den Leichenträgern, d.h. den ganzen Menschen der ersten Zeile, in den beiden Folgezeilen die Menschenträger, d.h. nur die Füße zu unterschieben, so fällt am Ende die Last der Bedeutung wieder auf die ersten, die ganzen Menschen, zurück. Denn an den Füßen stellt das Rätsel nur gleichsam im Modell, en miniature und, vor allem, eingängig, vielleicht sogar humorvoll, sicher aber weniger bedrohlich dasjenige dar, was für das Ganze, den Menschen, gilt. Die Füße sind gleichsam das "Ding" der Betrachtung, an dem sich der Rätselblick festsaugt, bis er durch das "Ding" hindurchsieht und es sich ihm auf einen Rest, ein Substrat, vielleicht nur einen einzigen wichtigen Zug reduziert. Im Fall dieses Rätsel ist das der Sprung von "tragen" zu "getragen": vermittelt durch die zeitliche Kontinuität, wie sie die Form "getragen haben" nahelegt, ist es der Umschlag von der Aktivität zur Passivität, der von "tragen" zu "getragen w e r d e n ", der von lebendig zu tot. Scharf und mitleidlos faßt das Rätsel den Tod ins Auge: er ist im Brennpunkt des Rätsels und er ist die wirkliche Lösung.

Was sich an Betrachtungen an dieses Rätselbild anschließen ließe, unterschlägt das Rätsel. Es fixiert eine Winzigkeit in einem Ensemble und fixiert sie so lange, bis sie das Ganze ausfüllt und sich auch von innen her zum Ganzen dehnt.
Für das Danach sorgt das Rätsel nicht mehr; Tröstungen hält es kaum bereit, keine wenigstens außerhalb seiner selbst. Aber es läßt den Gedanken zu, daß es außer der schreckenden Kontinuität des "tragen - getragen haben - getragen werden" im großen Fluß des Lebens immer beides zugleich gibt, Tragende und Getragene, Aktive und Passive, Lebende und Tote, und daß es vielleicht wichtig wäre, die Trennung selbst, die Entgegensetzung, eine Spur zu entmächtigen.
All dies vielleicht Komplizierte und Anspruchsvolle, zu Hohe und zu Tiefe, faßt das Rätsel in sich und doch tritt nichts davon ausdrücklich hervor. Schaut man es vom Ende eines solchen Interpretationsversuchs wie des oben durchgeführten noch ein-

mal an, so erscheint das Rätsel selbst verändert: seine Einfachheit bleibt, aber sie wirkt nicht mehr einfach natürlich, einfach unschuldig, erscheint nicht "platt" wie die Sprache. Sie ist eine gewonnene und zusammengesetzte, zweite Einfachheit einerseits, eine wirkliche und erfahrene, ganz unmittelbare andererseits. In der F o r m des Rätsel ist beides gegenwärtig: das karge Sprechen von Leuten, die schwer arbeiten und die Erfahrung des Todes als eines unaufhebbaren Widerspruchs. Der Widerspruch ist der, daß das, was lebendig ist, überhaupt tot sein kann, daß Leben nicht ewig ist. Die Erfahrung dieses Widerspruchs - er ist kein logischer mehr - findet in der einfachen, harten, scheinlosen und widersprüchlichen Form des Rätsels vielleicht eine der wenigen möglichen Formen ihres Ausdrucks. Darum ist das Rätsel gut.

Mit den Worten des Schweizer Lehrers Otto Sutermeister aus der Mitte des 19. Jahrhunderts: "... Sonderbar! das sind ja geradezu unmögliche Dinge, baare Widersprüche! ... so sagten wir uns beim ersten Anhören. Aber als wir die Lösung vernommen hatten und erfuhren, daß 1. bedeute .... - da 'ging uns ein Licht auf', da folgte auf das 'Sonderbare' ein heiterbefriedigtes: 'Und doch ist's wahr!' Und damit, nämlich mit diesen zwei Worten, hatten wir eigentlich selbst ausgesprochen, woran man im Grund das 'gute Räthsel' erkenne. Bei einem Räthsel soll uns in der That der Verstand auf ein paar Augenblicke 'stille stehn'."[49]
Was an dem exemparisch analysierten Rätsel, über die immer wieder bezweifelbaren philologischen Aussagen hinaus, Volksrätselcharakter ist, ist das Nichtgesuchte in seiner Form und in seinem Gegenstand, die Konkretion und Schmucklosigkeit, das Lapidare, das Schlagende, das bestimmende Element der Erfahrung, - etwas von dem, was Sutermeister mit dem den Verstand stillstehen lassenden Zug eines guten Rätsels zu benennen versucht hat.

Sucht man nun ein Kunsträtsel, das diesem Volksrätsel gegen-überzustellen wäre, so ist es schon schwierig, überhaupt ein Beispiel zu finden, das mehr ist als Sprachspielerei, Buchstaben- oder Silbenrätsel. Es ist eigenartig, wieviel Energie und Kunstfertigkeit oft in den Kunsträtseln steckt und wie uninteressant sie dabei sind, wie sie, zumal in der Häufung, etwas ausgesprochen Leeres haben. Wesentlich für die Unterscheidung vom Volksrätsel ist dabei, daß aus den Kunsträtseln im Grunde nichts entspringt. Es ist, als fehlte ihnen gleichsam ganz unten und ganz oben etwas: ganz unten eine wirkliche Erfahrung, ein Grund, dessentwegen sie den Mund auftun, ganz oben ein Element von Ausdruck, etwas Sprechendes, Nichtintentionales, Nichtgemachtes.

Ein Beispiel für ein "gutes" Kunsträtsel könnte das folgende von Friedrich Schleiermacher sein:

"Wir sind's gewiß in vielen Dingen,
im Tode sind wir's nimmermehr,
die sind's, die wir zu Grabe bringen,
und eben diese sind's nicht mehr.
Denn, weil wir leben, sind wir's eben
von Geist und Angesicht;
und, weil wir leben, sind wir's eben
zur Zeit noch nicht."[50]

Dieses Rätsel ist zwar auch auf einem Homonym aufgebaut - dem Wort 'verschieden' in seinen zwei Bedeutungen, einmal der des Adjektivs und zum anderen der des Partizips der Vergangenheit vom Verb 'verscheiden' -, ist aber dennoch witzig. Ständig spielt es mit einem besonderen Sein, in dem man sich zugleich befindet und nicht befindet, und treibt diesen Widerspruch in seiner zweiten Hälfte ins Extrem. Mit der gleichen Begründung "weil wir leben", ohne jede Veränderung einfach wiederholt, wird bewiesen, daß wir etwas s i n d und es zur gleichen Zeit gerade n i c h t s i n d.
Das Rätsel ist präzise, nicht redundant, es läßt von dem, was es zu raten aufgibt, nicht mehr als notwendig blicken und es ist ratbar. Es ist in der Form der Oktave gehalten, wie man sie auch in manchen Volksrätseln findet (bzw. die auch in einigen Volksrätseln übernommen wird) und ist damit gerade so lang, daß der Inhalt nicht gedehnt wirkt und man das Ganze noch ohne Mühe behalten und weitergeben kann. Das Rätsel besitzt eine eigentümliche Spannung, die in der zweiten Hälfte zunimmt und auf ihrem Höhepunkt abbricht. Da nämlich, wo der inhaltliche Widerspruch zu einem provozierenden Paradox wird, verkürzt sich die äußere Form des Rätsels, spitzt sich in einem ganz wörtlichen Sinn zu. Statt der sonst immer genau eingehaltenen Zeilenlänge - regelmäßig abwechselnd acht oder neun Silben mit je vier Hebungen - finden sich in der sechsten und achten Zeile des Rätsels nur mehr sechs bzw. vier Silben mit drei bzw. zwei Hebungen. Diese Verknappung erhöht die Spannung und den Reiz, weil das Rätsel auf diese Weise sich in sich selbst konzentriert, sich nicht dehnt in erklärenwollende Breite. Auch eine Spur Übermut und Ironie kommen in diesem Schluß zum Ausdruck, besonders in der kleinen Pause zwischen dem "zur Zeit" und dem "noch nicht", mit dem am Ende das Ganze noch einmal, in seinem allerletzten Wort, dem Zugriff entwischt.

Trotz dieser Qualitäten läßt das Rätsel den Rater ein wenig unbefriedigt zurück, weil er das Gefühl hat, sich mit einer sprachlichen Spitzfindigkeit herumgeschlagen zu haben. Die muß an sich selbst noch nichts Minderes sein gegenüber den Realitäten von Ei, Kuh oder Schneeflocke etwa; aber ohne sich eines Begriffs wie des "Minderen" zu bedienen, ist es vielleicht möglich, sehr unmittelbar zu unterscheiden zwischen enttäuschenden und nicht enttäuschenden Rätseln. Täuschung und Enttäuschung gehören untrennbar zu den Rätseln dazu, sie umschreiben das Spiel, das sie treiben; aber gute Rätsel erschöpfen sich nicht darin. Sie täuschen wohl über die Richtung, aber sie führen irgendwohin. Wenn sie ins Leere führen oder nur auf sich selbst zurück, wenn sie nichts eröffnen, keinen Blick, keine Einsicht, keine Berührung, dann sind sie enttäuschend und keine "guten" Rätsel. Der tiefere Grund der Enttäuschung angesichts der meisten Kunsträtsel mag der sein, daß gute, wirkliche Rätsel aus E r k e n n t n i s entspringen und zu Erkenntnis werden möchten, während die Kunsträtsel sich in einem Zur-Kenntnis-Nehmen erschöpfen. Dabei ist mit Erkenntnis hier die Auseinandersetzung mit Erfahrung, ihr Begreifen, ihr Erarbeiten und Aneignen, ihre Durchdringung gemeint.

Aus diesen Überlegungen sollte zweierlei deutlich werden: zum einen die Unterscheidung zwischen Volks- und Kunsträtsel - angesichts der Bodenlosigkeit der Frage nach den Ursprüngen diesmal von der Seite ihrer inneren, inhaltlichen Beschaffenheit und ihres Gehaltes her; zum anderen, unterschieden von diesem ersten Problem und doch sehr mit ihm verschränkt, die Frage nach dem Unterschied zwischen einem guten und einem schlechten Rätsel. Implizit ist damit bereits die Frage nach der gattungsmäßigen, typologischen Bestimmung der Rätsel gestellt. An dieser Stelle soll darauf aber noch nicht eingegangen werden, da es scheint, daß sie einerseits nach einer Darstellung der im engen Sinn wissenschaftlichen Behandlung der Rätsel sinnvoller und mit einer breiteren begrifflichen Grundlage durchgeführt werden kann, andererseits erst nach der konkreten Analyse von Rätseln fruchtbar sein kann (Cf.III. A. 2.).

2. Die Rätsel als Gegenstand der Forschung

Schon Aristoteles machte sich über die Rätsel Gedanken; er bestimmte sie als miteinander nicht zu vereinbarende Aussagen, die dennoch miteinander verknüpft und dabei immer auf Wirkliches bezogen seien und ordnete sie in seiner Rhetorik der metaphorischen Rede zu. In neuerer Zeit tritt das Interesse für die Rätsel, außerhalb der direkten Sammlungen von Rätseltexten, wie sie zuvor dargestellt wurden, in einem theoretischen Zusammenhang erstmals im Umkreis der geschichts- und sprachphilosophischen Überlegungen des frühen Sturm und Drang in Erscheinung. Besonders Herder mit seinen Abhandlungen "Über den Ursprung der Sprache" und "Vom Geist der Ebräischen Poesie", seiner Auffassung von der Sprache als einem "Gesang der Natur" und seiner Hinwendung zu den großen poetischen Überlieferungen der alten Welt, zu Homer, Pindar und der Bibel, war dabei von Bedeutung. Er versuchte, im Zusammenhang mit einigen altjüdischen Rätseln, die Rätsel so zu fassen: " ...Man siehet wohin ihr Blick gehet? Ähnlichkeiten der Dinge aufzufassen, und sie unter einen moralischen oder künstlerischen Gesichtspunkt zu vereinen. Alle Völker auf den ersten Stufen der Bildung sind Liebhaber von Rätseln; die Kinder sind es auch und aus demselben Grunde."[51] Allerdings ging es auch ihm nicht um die Rätsel als spezifische Formen der Sprache, sondern um die Universalgeschichte der Bildung der Menschheit unter dem Gesichtspunkt der Sprache als der sinnlichen Gestalt ihres Denkens und Erlebens. Die aus England nach Deutschland gelangende Volksliedbewegung legte mit der Veröffentlichung der "Fragments of Ancient Poetry, collected in the Highlands" (endgültige Fassung 1773) des Schotten Macpherson einen wichtigen Grundstein für die Beschäftigung mit den Texten der volkstümlichen Überlieferung und Poesie. Der Sagenstoff des Ossian war der wichtigste und folgenschwerste Bestandteil der Fragmente Macphersons, er wurde von Herder wie von Goethe ins Deutsche übertragen und stellte einen Einbruch in den bislang bekannten Stil der literarischen Sprache und des Empfindens dar.

a) Erste wissenschaftliche Auseinandersetzungen mit den Rätseln im 19. und frühen 20. Jahrhundert

Gegenstand einer im engeren Sinn wissenschaftlichen Behandlung wurden die Rätsel jedoch erst im folgenden Jahrhundert. Anfänge in solchen Fragen zu setzen, ist schwierig; dennoch läßt sich für die nun tatsächlich explizite und vielfältige Beschäftigung der Wissenschaften des 19. Jahrhunderts mit den Rätseln ein gewisser Anfangspunkt benennen in der Veröffentlichung der ältesten Texte der indischen Literatur, des Veda, durch Max Müller zwischen 1856 und 1869. Dieser komplexe und vielschichtige Korpus, der nach indischer Tradition aus vier Teilen besteht, dem Wissen von den Versen (Rgveda), dem Wissen von den Opfersprüchen (Samaveda) und zwei Büchern mit dem Wissen von den Zaubersprüchen (Atharvaveda und Atharvans), hat in einzelnen Teilen direkte Bedeutung für die Rätselkultur Europas.[52] Vor allem aber war er, neben der angelsächsischen Überlieferung des Ossian-Stoffes und damit der Tradition der nordischen Mythenwelt, - besonders im Kontext

des historischen und philologischen Interesses des 19. Jahrhunderts - Folie, Gegenstand und Anstoß einer vielfältigen wissenschaftlichen Tätigkeit von Seiten der historischen und vergleichenden Sprachwissenschaft, der Germanistik und Indogermanistik, der Religionsgeschichte und vergleichenden Mythenforschung, der Altertumskunde.
Den ersten wissenschaftlichen und spezifischen Versuch einer Auseinandersetzung mit den Rätseln unternahm 1855 der Germanist und Nachfolger Jacob Grimms an der Preussischen Akademie der Wissenschaften, Karl Müllenhoff in der für den Beginn der Rätselforschung wichtigen "Zeitschrift für Deutsche Mythologie und Sittenkunde. Begründet von Dr. J. W. Wolf, herausgegeben von Dr. W. Mannhardt" in Göttingen. Müllenhoff untersucht hier die philologischen Ursprünge und Verbindungen zwischen nordischen, englischen und deutschen Rätseln, unter Bezugnahme auf die Sammlung Simrocks sowie altenglische, isländische und altnordische Quellen.

An dieser ersten wissenschaftlichen Untersuchung wird jedoch bereits eine Problematik fast der gesamten weiteren wissenschaftlichen Beschäftigung mit den Rätseln deutlich. Volker Schupp formuliert das in seinem großen Nachwort zum "Deutschen Rätselbuch" so: "Von da an (d.i. vom Aufsatz von Müllenhoff an, C.S.) führte der Weg über eine Zunahme an wissenschaftlicher Akribie bei gleichzeitigem Zurücktreten der romantischen Theorie schließlich zu den großen Aufnahmen an Volksliteratur, die bis heute noch nicht abgeschlossen sind."[53] Damit umschreibt er das Problem durch drei Pole:

- zum einen ein Anwachsen der Akribie der Einzeluntersuchungen der unterschiedlichen Disziplinen, einem Phänomen, das Leopold Schmidt, mit etwas anderem Akzent, mit "einem wahren Wall an Spezialliteratur" vergleicht, der einzelne Themenbereiche der volkstümlichen Überlieferung regelrecht "ummauere" [54];
- zum anderen das Zurücktreten eines umfassenderen theoretischen Anspruchs im Sinn etwa einer Suche nach dem Erfassen des Gehalts und einer Interpretation der Formen, insgesamt ein - verglichen etwa mit den philosophischer geprägten, emphatischeren Ansätzen des Sturm und Drang oder der Romantik - positivistischeres Vorgehen;
- und schließlich als drittem einem Ausweichen aus diesem Dilemma, vielleicht auch schlicht ein Sichbescheiden in das überwiegend Deskriptive der Arbeiten der finnischen Schule und ihrer historisch-geographischen Bestandsaufnahmen und Katalogisierungen oder die eher ethnographisch-strukturalistisch orientierte amerikanische Folkloreforschung.

Bevor genauer in die Rätselforschung eingetreten werden soll, kann vorab in allgemeinerer Weise gesagt werden,- und dies ist wohl keine der von Hermann Bausinger kritisierten "bedauernden Äußerungen über die Dürftigkeit der bisherigen Forschungen" und angeblich "von der Forschung vernachlässigte Gebiete"[55] - daß auch in den Augen eines so ausgewiesenen Forschers wie Archer Taylor, des Autors der großen Rätselbibliographie von 1939 und Hauptes der amerikanischen Folkloreforschung, zumindest für den deutschen Sprachraum im speziellen Bereich der Rätselforschung keine wirklich wichtigen monographischen Werke vorhanden sind. Taylor bemerkt:"No work is being done in Germany on the riddle, however. Ever since Richard Wossidlo made an excellent collection of riddles in northern Germany ..., everyone else has been content to let it go at that."[56]
Die erste größere Darstellung der Rätsel erfolgte 1860 durch J. B. Friedreich in seiner "Geschichte des Rätsels". Sie konzentriert sich jedoch auf die literarischen und gebildeten Rätselformen wie Anagramme, Scharaden, Logogryphe und ähnliche, d.h. auf die reinen Sprachrätsel, und widmet den einfachen, mündlich überlieferten Rätsel nur wenige Bemerkungen.
Dagegen waren die beiden Arbeiten von Robert Petsch wirklich erste ausführliche und eingehende Beschreibungen der stilistischen Formen der Rätsel. Die 1899 erschienenen "Neue(n) Beiträge zur Kenntnis des Volksrätsels" beziehen sich auf die mecklenburgische Rätselsammlung Richard Wossidlos, stellen aber eine allgemein anwendbare Untersuchung der verschiedenen Arten und stilistischen Formen der Rätsel dar. Petsch gibt einen Überblick über die Entwicklung der Rätselüberlieferung in Deutschland vermittels der lateinischen Mönchskultur, in der sich vielfältig antike, gelehrte Wortbilder und volkstümliche Motive verschränkten. Rätsel in Prosaform waren dabei nur selten anzutreffen, vorwiegend handelte es sich um poetische, strophische Einkleidungen. Petsch nennt allgemein lateinische, nordische, angelsächsische und indische Quellen, die aber in den mittelalterlichen Scharfsinnigkeitsübungen und Gesprächen der Mönche zu einem Überlieferungsstrom zusammenschmolzen. Er stellt fest, daß es für Volksrätsel in deutscher Sprache vor dem 15. oder 16. Jahrhundert keine Belege gebe. Wichtig für die Beschäftigung mit den Rätseln war jedoch vor anderem die Unterscheidung, die Petsch einführte zwischen "unwirklichen" und "wirklichen" Volksrätseln. "Unwirkliche" Rätsel sind für ihn die eigentlich nicht ratbaren Rätsel wie Weisheits-, oft auch pure Wissensfragen, dann sie sogenannten Halslösungsrätsel, die in der Regel eingebettet sind in weitergehende Rätselmärchen oder -erzählungen nach dem Typ des deutschen "Ilo-Rätsels"[57] und schließlich Scherzfragen. "Wirkliche" Rätsel dagegen sind für ihn "Sachrätsel", in deren Kern er die mystische Belebung des Unbelebten wahrnimmt.

Diesen "wirklichen" Rätseln gilt sein Interesse und er extrapoliert aus der Untersuchung konkreter Rätselbeispiele ein generelles Schema der Struktur der Volksrätsel. Er unterscheidet insgesamt fünf konstitutive und doch nicht selten nur lose verbundene Elemente, innerhalb deren er trennt zwischen Rahmen- und Kernelementen: ein einleitendes Rahmenelement (I), ein benennendes Kernelement, das oft in verdrehten, sinnlosen Klangfiguren oder Unsinnswörtern besteht (II), ein beschreibendes Kernelement, das sich auf einen Gegenstand oder Vorgang als Ganzen richtet und ihn durch verschiedene Züge kennzeichnet (III), ein hemmendes Element, das das Wunderliche, Rätselhafte ausmacht (IV) und ein abschließendes Rahmenelement (V). Dabei räumt Petsch ein, daß ein diesem idealtypischen Schema in allen Teilen entsprechendes Volksrätsel in der Realität extrem selten vorkomme. Die Rahmenelemente - wie etwa "In meines Vaters Garten ..." als Einleiteformel oder "Wer dieses kann raten,/ der soll über Nacht bei mir schlafen"[58] als Abschluß - fehlen sehr häufig; Beispiele für die von Petsch gemeinten Kernelemente lassen sich finden etwa im bekannten Rätsel "Witschelwatschel geht über die Brücken,/trägt dem König sein Bett auf dem Rücken", wobei "Witschelwatschel" benennendes Element, "geht über die Brücken" beschreibendes und die ganze zweite Zeile hemmendes Element ist. "Hemmung" bedeutet für Petsch dabei alles, was eine verneinende, unmöglichmachende Aussage im Verhältnis zur vorhergegangenen darstellt.
Die Schematisierung von Petsch, die auf den ersten Blick etwas sinnvoll und hilfreich Strukturierendes hat, erweist sich jedoch bald als recht abstrakt, wenig produktiv und auch nicht spezifisch genug. So ist sie denn zwar oft zitiert, aber doch auch oft kritisiert worden, besonders eingehend von den beiden amerikanischen Forschern Robert A. Georges und Alan Dundes [59], die gegen Petschs allgemeine strukturierende Elemente eine genauere morphologische Untersuchung der beschreibenden Elemente der Rätsel setzen. Über ihren Ansatz wird genauer im Zusammenhang mit der amerikanischen Rätselforschung zu reden sein.
Die zweite Arbeit von Petsch, 1917 unter dem Titel "Das deutsche Volksrätsel" erschienen, stellt eine knappe und eher überblickshafte Zusammenfassung und Einengung des in der Dissertation von 1899 dargelegten Ansatzes auf den deutschsprachigen Raum dar und keine Neuerung. Gegen Ende seines Lebens, 1938, hat Petsch noch einmal einen Versuch zur umfassenden Systematik sämtlicher Formen der Volkspoesie unternommen [60]. In diesem Buch sind jedoch, um von der einfachsten sprachlichen Form bis zur komplexesten alles unter einem Dach unterzubringen, die begrifflichen Unterscheidungen nur noch so undeutlich, die Kategorien und Aspekte so unscharf und vermischt, daß der Versuch, vor allem im Verhältnis

zu den parallel entstehenden sehr differenzierten Beiträgen aus dem nichtdeutschen Raum, für die Rätselforschung keinen Fortschritt darstellte.
Ganz grundsätzlich ist für die Arbeiten von Petsch, und nicht bloß für die seinen, zu sagen, daß ein wesentlicher Grund dafür, daß ein Anknüpfen an sie heute fast unmöglich ist, in der Tatsache besteht, daß sie ohne Irritation vom "Verständnis unseres Volksrätselschatzes" und vom "heut bei uns lebenden Volksrätsel" sprechen - d. h. die der Volkskunde vor dem Ende des 1. Weltkriegs fast durchgehend eigene Annahme einer Identität des Volkes als Besitzendem und einer Identität des Volksguts als Besitz sie grundlegend prägt. Von hier tritt deutlich und drängend als Desiderat hervor, einen in einem geschichtlich reflektierten Sinn n e u e n Zugang zu den Formen der "Dichtung des Volkes", seiner "Weisheit" und seinen poetischen Formen zu finden.

Zwei Jahre nach den "Neuen Beiträgen zur Kenntnis des Volks-rätsels" von Robert Petsch erschien in der Zeitschrift des Vereins für Volkskunde[61] eine sehr umfangreiche Darstellung des Altgermanisten Andreas Heusler über "Die altnordischen Rätsel". Diese Abhandlung stellt, vergleichbar der fünfzig Jahre älteren von Karl Müllenhoff, nun für den Bereich der altnordischen Literatur aufs genaueste dar, wo und in welcher Gestalt Rätsel auftauchen, ihre Quellen, Überlieferungsvarianten, Parallelen und Anklänge in verwandten literarischen Texten in der eddischen Dichtung. Die Arbeit ist streng philologisch angelegt, dabei aber nicht eng: sie unterscheidet in der Behandlung der Rätsel "den Inhalt, ihre dichterische Ausgestaltung, ihre Verbindung zur Rätselreihe" [62], geht auf die innerhalb der altnordischen Sprache zu ziehenden Querverbindungen ein, bemüht sich auch darum, dem Kern der Rätsel näherzukommen, indem sie "beherrschende Motive" herausarbeitet wie "die Belebung des Leblosen"[63] oder bestimmte einzelne "Mittel der Beschreibung". Heusler bezieht sich oft explizit auf die kurz zuvor erschienene Arbeit Petschs und kommt am Ende seiner Untersuchung zu der Ansicht: "Überblicken wir die Gátur im ganzen, so stellen sie sich ohne Frage zu den allerbesten Erzeugnissen der Rätseldichtung. Sie haben einerseits mehr Fülle und Bewegung, stellen sich die poetische Aufgabe weit höher als die meisten Volksrätsel der letzten Jahrhunderte. Andererseits wahren sie doch einen echten Rätselstil, sie zerfliessen nicht zu epischer Breite und Weichheit: davor schützt sie schon das strophische Band. Sie behalten immer noch das Gepräge der Spruchdichtung, die zugespitzte Schärfe und straffe Gliederung."[64] Diese Begriffe, besonders "Fülle und Bewegung", "poetische Aufgabe", "zugespitzte Schärfe" und "straffe Gliederung" weisen darauf hin, daß bei Heusler, bei aller philologischen Trockenheit, dennoch eine wirkliche Beziehung zum Gegenstand bestehen bleibt und dieser als ein Ganzes eine Eigenständigkeit bewahrt gegenüber der Summe seiner analysierbaren Bestandteile.

b) Die "Finnische Schule"

Aus den bereits zu Zeiten der Brüder Grimm diskutierten verschiedenen Theorien über die Entstehung und Verbreitung der verschiedenen Formen der Volkspoesie, - Theorien, die abkürzend hier nur genannt werden sollen als 1. die besonders von den Grimms vertretene Erbtheorie, 2. die vor allem von Theodor Benfey verfochtene Wandertheorie und 3. die philosophisch-anthropologisch und ethnologisch geprägte "Elementargedankentheorie" -, entwickelte sich zu Beginn des 20. Jahrhunderts die vereinfachend als "Finnische Schule" bezeichnete historisch-geographische Richtung der Rätselforschung um Antti Aarne und die 1907 gegründete Zeitschrift Folklore Fellows Communications. Ausgangspunkt ihrer Arbeiten war die Auseinandersetzung mit dem finnischen Nationalepos, dem Kalevala, durch Julius Krohn und später seinen Sohn Kaarle; die ausführliche Vorstellung der neuentwickelten Methode erfolgte auf dem Internationalen Volkskundekongress in Paris 1889. Dieser Richtung ging es darum, für Einfache Formen wie Märchen oder Rätsel vergleichende Forschung zu betreiben. Aarne selbst definiert seine Methode als diejenige, "die durch einen in örtlicher und, soweit möglich, in zeitlicher Ordnung vorzunehmenden Vergleich die Schicksale des Gegenstandes der Untersuchung zu verfolgen und zu erklären versucht"[65]. Das bedeutete, für bestimmte Typen von Märchen, z. B. das Aschenputtelmärchen, bestimmte Rätsel, z. B. das Kuh-Rätsel oder auch einzelne Märchenmotive wie die 'magische Flucht' oder den 'tiersprachekundigen Mann und seine neugierige Frau' alle möglichen erreichbaren Formen zu sammeln, zu verzeichnen, zu vergleichen. Ziel der Untersuchungen war es, historisch und geographisch den Punkt zu lokalisieren, an dem das jeweilige Märchen oder Rätsel entstanden sein mochte und für jeden Typus eine Urform zu erschließen. Es ist jedoch kaum zu vermeiden, daß ein solches Verfahren, das eine große Menge an äußerst nützlichem und hilfreichem Material zusammengetragen hat, sich in gewisser Weise im Kreis, wenn auch einem sehr großen, bewegt, da es aus vielen verschiedenen Varianten eine ideale Urform extrapoliert und deren Wanderungen und Wandlungen wiederum anhand der verschiedenen Varianten nachzeichnet. Außerdem wird, vor allem einer heutigen Betrachtung, immer fragwürdiger, welchen Sinn das Erarbeiten solcher Urformen haben soll, wo die tatsächlich verwendeten Formen immer Abstriche davon darstellen und dennoch diejenigen Formen sind, die das leisten, was die jeweilige Idealform zu leisten vermag. Dennoch ist die von der finnischen Schule geleistete Arbeit immens und von größtem Nutzen. Für unseren Bereich sind die "Vergleichenden Rätselforschungen" von 1918-1920 und hier besonders der Teil über den "Vogel federlos" sowie die "Bibliography of Riddles" von 1939[66] einschlägig. Allein zum Rätsel vom Vogel Federlos beispielsweise umfassen Aarnes Angaben eine schier unendliche Reihung von Regionen, in denen das Rätsel auftauchte und Formen, in denen es überliefert wurde, beginnend bei den ältesten Quellen bis zu den abgelegensten und seltsamsten, über achtundvierzig Seiten hin. Und doch sind diese Seiten ausschließlich mit Angaben über Rätsel gefüllt, treten nirgendwo in eine Analyse oder Deutung der Rätsel selbst, ihrer Formen und Leistungen, oder auch nur in eine "Würdigung der Form 'Rätsel'" ein.

c) André Jolles: "Einfache Formen" (1929)

In einem historisch objektiven und offenbaren, aber m. E. nicht mehr im einzelnen nachzuzeichnenden Zusammenhang mit der Phänomenologie auf philosophischer Seite und dem russischen Formalismus auf Seiten der Literaturwissenschaft und doch auch von beiden abgesetzt ist das wichtige und eigenartige Buch "Einfache Formen" von André Jolles von 1929 zu sehen. Es ist in gewissem Sinn ein "Einzelgänger" innerhalb der Rätselforschung - und dies in verschiedener Hinsicht. Von allen hier dargestellten oder darzustellenden Arbeiten zum Thema der Rätsel ist Jolles's Buch wohl das interessanteste. Es enthält eine große Menge ganz wesentlicher Einsichten in die untersuchten "Einfachen Formen", deren Verhältnis zu denen, die sie benutzen, zu den verhandelten Inhalten und zu den Mitteln, mit denen die Rätsel zustande kommen. Zugleich ist es wohl das Buch, das mit Abstand die wenigsten Textbeispiele heranzieht, d.h. am wenigsten konkret in diesem philologischen Sinn ist, das auch am wenigsten andere wissenschaftliche Literatur erwähnt. Obwohl Jolles selbst sagt, er treibe Literaturwissenschaft und zwar in Richtung der "Formbestimmung, Gestaltdeutung", der Morphologie also, erwähnt er nichts von der zur gleichen Zeit in Russland erschienenen wichtigen und richtungsweisenden Untersuchung Vladimir Propps über die "Morphologie des Märchens" oder Sklovskijs "Theorie der Prosa" von 1925. Trotz dieser anscheinenden relativen Isoliertheit vermag das Buch viele und wichtige Anstöße für die Analyse und Deutung der behandelten Formen zu geben.
Dabei ist es jedoch nicht verwunderlich, daß das Werk Jolles's vielfach kritisiert worden ist[67]. Die Kritik geht stets in eine Richtung, die sich in den knappen Worten des ordentlich katalogisierenden und beschreibenden Archer Taylor doch deutlich genug vernehmbar macht: er kommentiert Jolles' wie auch immer zu beurteilendes, zweifellos aber wichtiges Buch mit den Worten "Contains ... speculations on the primitive nature of literary forms"[68] und läßt es damit sein Bewenden haben. Der Vorwurf ist klar: Spekulation, und er ist sogar noch zu spüren in der Darstellung, die

etwa Hermann Bausinger von Jolles' Ansatz gibt, wenn er festhält, daß "es gewiß einiges gibt, was in diese Richtung weist" (hier konkret die von Jolles behauptete enge Beziehung zwischen Rätsel und Mythos), daß aber doch selbst bei Heranziehung der "ältesten Belege von Rätseln ...wir nur einen kleinen Teil finden, der wirklich auf umfassende Weltdeutung, auf mythische Erklärung zielt"[69]. Dabei stuft Bausinger an anderer Stelle den "Versuch von Jolles" als "ungemein fruchtbar und erfolgreich" ein, "einmal, weil er geschichtliche Sorgfalt nicht über Bord warf, und zum andern, weil es ihm im wesentlichen um eine Typologie vorliterarischer Formen ging, weil er sich auf 'einfache Formen' konzentrierte"[70].

Jolles veröffentlicht 1929 seine "Einfachen Formen", innerhalb deren er, neben Legende, Sage, Mythe, Spruch, Kasus, Memorabile, Märchen und Witz auch die Rätsel abhandelt. Im Geleitwort bemerken die beiden, die sich selbst bezeichnen als "wir, die das gesprochene Wort aufgezeichnet und geholfen haben, es zu Abhandlung und Buch weiterzuführen"[71], Dr.Elisabeth Kutzer und Dr. Otto Görner, Jolles' Darstellung als ein "In- und nebeneinander" von "Denken und Bild"[72]. Damit verweisen sie auf ein Grundproblem dieses Buchs: es ist nicht nur eines von beiden, nicht nur Denken und nicht nur Bild. Damit macht es sich, besteht man auf der sauberen Scheidung, an beiden Seiten schuldig, ist beiden ungenügend, ist an beiden Flanken angreifbar. Es ist ein Buch, das auch darum faszinierend ist: Jolles kümmert sich, wie es scheint, nicht um diese Ungeschütztheit seines Werks; er stellt dar, er versucht einzudringen und herauszuarbeiten, aber er rechtfertigt sich nicht. Er zitiert, wie oben bereits kurz angedeutet, auch an keiner Stelle andere wissenschaftliche Arbeiten, sogar Quellen nur selten. Dennoch bezieht er sich, sehr ausdrücklich und auch mit deutlicher Emphase, auf den Streit zwischen Achim von Arnim und Jacob Grimm um das Problem "Kunstpoesie" versus "Naturpoesie", um "Zubereitung" versus "Sichvonselbstmachen"[73] und betont: "Ich wiederhole: dieser Streit ist identisch mit unserer eigenen begrifflichen Scheidung; die Frage, die vor mehr als einem Jahrhundert die beiden Romantiker Arnim und Jacob Grimm beschäftigt hat, ist auch für unsere Zeit von höchster Wichtigkeit, es ist die Frage nach Dichtung und Sprache. Was ich mit diesen Formbestimmungen beabsichtige, ist der Versuch, eine neue Fassung dieser beiden Gegensätze zu finden, durch eine Morphologie die Begriffe, die damals Naturpoesie und Kunstpoesie hießen und die sich für uns als Einfache Formen und Kunstformen darstellen, zu bestimmen und damit das Problem seiner Lösung näherzubringen."[74]
Jolles ordnet sich selbst explizit einer morphologischen Richtung der Literaturwissenschaft zu und bezieht sich erläuternd auf Goethes Definiton des "Gestalt"-Begriffs, den er gleich eingangs zitiert: "Der Deutsche hat für den Komplex des Das-

eins eines wirklichen Wesens das Wort Gestalt. Er abstrahiert bei diesem Ausdruck von dem Beweglichen, er nimmt an, daß ein Zusammengehöriges festgestellt, abgeschlossen und in seinem Charakter fixiert sei."[75] Am Ende seiner Einführung benennt er die "Aufgabe für diese Richtung" der Literaturwissenschaft kurz und prägnant mit "Formbestimmung, Gestaltdeutung"[76]. Entscheidend für das Verständnis und die Beurteilung des Jolles'schen Ansatzes ist dabei wohl der Begriff der Form, den er verwendet.

Er geht davon aus, daß die "Einfachen Formen", denen sein Interesse gilt, Formen sind, die sich "in einem anderen Aggregatzustand befinden: ..., Formen, die weder von der Stilistik, noch von der Rhetorik, noch von der Poetik, ja, vielleicht nicht einmal von der 'Schrift' erfaßt werden, die, obwohl sie zur Kunst gehören, nicht eigentlich zum Kunstwerk werden, ... Formen, ..., die sich, sozusagen ohne Zutun eines Dichters, in der Sprache selbst ereignen, aus der Sprache selbst erarbeiten."[77] Damit unterscheidet sich das, was Jolles unter "Form" versteht, von dem, was sowohl die traditionelle Germanistik mit ihrem Bemühen um eine systematische Bestimmung der sprachlichen und literarischen Gattungen wie auch der russische Formalismus, dem es tatsächlich nur und ausschließlich um das sprachliche Material und seine Struktur ging, mit diesem Begriff verbanden. Jolles geht in seinem Entwurf von bestimmten, von ihm so genannten "Geistesbeschäftigungen" aus, womit er das geistige wie das gesellschaftliche Leben einer Zeit prägende Haltungen oder, wie er im Falle des Märchens sagt, sogar "Prinzipien" meint; in jeder Einfachen Form wandelt sich "die Welt nach einem nur in dieser Form obwaltenden und nur für diese Form bestimmenden Prinzip um"[78], im Fall des Märchens beispielsweise ist es die "Erwartung, wie es eigentlich in der Welt zugehen müßte"[79], im Fall der Legende ist es die "imitatio", die christliche Nachfolge im Sinn der franziskanischen Bewegung, im Fall des Rätsels ist sie "mit dem Kennwort Wissen angedeutet"[80]. An anderer Stelle beschreibt Jolles diese den einzelnen Einfachen Formen zugrundeliegenden "Geistesbeschäftigungen" mit "eine(r) der Himmelsrichtungen ..., in die man sah, ja vielleicht sogar die einzige, nach der man sich bewegen konnte."[81] Aus der Geistesbeschäftigung treten "einzelne Gebärden der Sprache" hervor[82], "als ob sich die Vielheit und Mannigfaltigkeit des Geschehens verdichte und gestalte, als ob gleichartige Erscheinungen zusammengewirbelt und in dem Wirbel umgriffen würden, so, daß sie in einen Begriff eingehen, einen Begriff darstellen"[83]. Die so sich verdichtenden und hervortretenden Begriffe sind die kennzeichnenden "Sprachgebärden". Hier wird für Jolles die Sprache selbst tätig - und eben hier liegen die Gründe für die Einwände gegen seinen Entwurf -: "Wer teilt hier Geschehen in ... nicht weiter teilbare Einheiten und schwängert diese Einheiten, was greift auswählend in das Geschehen hinein und legt dieses Geschehen in Begriffe fest? Es ist die Sprache; ... Ein Vorgang spielt sich ab, bei dem die zwei sprachlichen Funktionen: das Auf-etwas-hinweisen und das Etwas-darstellen miteinander vereinigt sind."[84] Beispiele für diese "Sprachgebärden" sind beispielsweise: für die Einfache Form Legende das "Rad mit scharfen Klingen"[85], für die Sage, daß der "Thron erblich ist"[86], für das Märchen "in Lumpen gekleidet sein", "in einer Nacht einen Haufen der verschiedensten Getreide aussuchen", "einen Schatz bekommen"[87] und für das Rätsel die sondersprachlichen Formeln, "daß ... Bewegliches Rad oder Wagen ist, Gleichgeordnetes Brüder, Erscheinungen in der Luft sind Vögel; etwas, woraus anderes hervorgeht, ist Kuh; Unteres heißt immer Fuß, Oberes Haupt."[88]

Für sprachliche Bildungen dieser Art den Begriff des "Motivs" zu verwenden, wie er "in einer verschwommenen Terminologie" von der Literaturwissenschaft verwendet wird, lehnt Jolles ausdrücklich ab; genauer gesagt, er faßt ihn für sich, in Anlehnung an Nietzsche, der den Begriff des musikalischen Motivs als "einzelne Gebärde des musikalischen Affekts" bestimmt, als "eine einzelne Gebärde der Sprache"[89].

An Jolles Beschreibung der Einfachen Form Rätsel erscheinen verschiedene Aspekte für eine weitere Beschäftigung mit dieser Form wichtig und hilfreich. Zuerst und vielleicht insgesamt als wichtigstes die Tatsache, daß er in seiner Arbeit Formen wie die Rätsel überhaupt als Formen sieht, die ebenso einer ernsthaften Reflexion bedürfen und wert sind wie Kunstwerke, die also nicht mehr, weil sie mündliche und volkstümliche Formen sind, minderen Status besitzen.

Damit eng verknüpft ist die Korrelation mit dem Wissen, die Jolles herausstellt als die alles Weitere bestimmende, zugrundeliegende "Geistesbeschäftigung" der Rätsel. Darüber hinaus sind innerhalb des Zugangs von Jolles wichtig:

- der soziale Aspekt der Rätsel, daß ein Mensch hier einem anderen Menschen eine Frage stellt;
- der Aspekt des Zwangs, der den Rätseln von ihrem Ursprung her und oft bis heute innewohnt, ja, oft einer Bedrohung - Jolles schreibt:" ... - wo das Rätsel seine tiefste Bedeutung erreicht, geht es an das Leben: sind unsre Knochen unser Einsatz"[90];
- die Aufgabe der Rätsel, ein Gegenüber zu prüfen, ob es "dazugehört" oder nicht, d.h. seine Funktion als Initiationsformel;
- die Bedeutung, die Jolles der Form der Rätsel beimißt, daß diese sich von der gewöhnlichen Sprache dadurch unterscheidet, daß sie "die Dinge (nicht) unmittelbar als solche hinstellt, darum absolut und im strengen Sinn eindeutig ist", sondern vielmehr

"den Sinn der Dinge, ihre innere Verflochtenheit und tiefere Bedeutung wiedergibt; darum ... so vieldeutig (wird), wie die Welt von innen angesehen immer ist."[91]

- die Bestimmung der inneren wesentlichen Struktur der Rätsel dahingehend, daß sie "etwas eröffnen, aber zugleich verschließen", daß "die Art, wie das Rätsel verrätselt, so ist, daß es zugleich etwas birgt und verbirgt, etwas enthält und vorenthält"[92].

Die Beschreibungen, die Jolles von den Rätseln, ihrer Form und ihrer Struktur gibt, sind wie wenige vor und nach ihm geeignet, in das Innere dieser Sprachform vorzudringen. Sie erhellen damit eine Form, die gekennzeichnet ist - ohne dies zu leugnen, ja, dies gerade als Charakteristikum vor sich hertragend - durch Zweideutigkeit und Widerspruch. Jolles' Analyse trifft ihren Gegenstand, aber sie wird gleichsam von ihm angesteckt: die Darstellung selbst hat etwas Zweideutiges, zuweilen nicht ganz Geheures, hat aber gerade dadurch auch ihre Kraft. Es scheint, als läge diese Schwierigkeit generell über der Beschäftigung mit den Rätseln: entweder hält die Betrachtung die gebotene wissenschaftliche Distanz und bleibt damit ihrem Gegenstand immer etwas äußerlich, bleibt steril, oder sie verunreinigt sich gleichsam mit der Zweideutigkeit ihres Gegenstands. Das wird besonders gegen Schluß der Betrachtungen von Jolles deutlich, wenn er beispielsweise von den doppeldeutigen Rätseln bzw. ihren doppeldeutigen Lösungen spricht, von den Rätseln, "die zu einer nicht harmlosen Lösung zu verführen scheinen, aber dann doch wieder eine sehr harmlose Lösung zulassen". Hier sagt er, daß ihre "Heimtücke darin besteht, daß sie etwas anderes zu eröffnen scheinen, als was sie in Wirklichkeit verschließen" - das Doppeldeutige hier selbst noch einmal gedoppelt, sodaß man sich wie in einer Folge von Spiegeln, desorientiert, schwindlig fühlt und kaum noch versteht, wovon nun eigentlich die Rede ist - und doch ist Jolles' Analyse gerade in dieser zugespitzen Art genau und scharf, gibt direkt etwas von der Wirklichkeit dessen wider, wovon sie spricht. Aber auch innerhalb seiner stellenweise nebligen und wirklich mystifizierenden Passagen finden sich doch auch Bemerkungen, die in ihrer Sachhaltigkeit helfen, etwas von der Logik und Funktion der Rätsel zu verstehen; so etwa, wenn Jolles im letzten Abschnitt des Rätsel-Kapitels seines Buchs schreibt (im Zusammenhang übrigens mit einem Zitat von Walter Porzig, der hervorhebt, "daß wissenschaftliche Termini etwas anderes sein könnten oder gar sollten als Namen für Tatsächlichkeiten"), daß "Wissen als Allgemeinbesitz, als ein möglichst allseitig zu erwerbendes, ... verrätseltes Wissen, Wissen als Macht verdrängt (hat)"[93].

Aus alledem wird deutlich, daß für Jolles die "Formen" der Sprache nichts Äußeres, nichts nur zu Erfassendes, zu Typologisierendes sind. Die "Form" ist "wirksame Potenz"[94], sie umschreibt einen Raum, in dem tatsächliche, nichtsprachliche Prozesse ablaufen. Jolles schreibt: "Sprache wäre keine Sprache und sprachliche Form keine sprachliche Form, wenn sich nicht in ihr selbständig vollziehen könnte, was sich auch im Leben begibt. So ist", und hier bezieht er sich auf das Beispiel der Einfachen Form Legende, "die sprachliche Form nicht nur in der Lage, das Leben eines Heiligen in einer entsprechenden Weise zu vertreten, sondern sie bildet auch Heilige."[95]
Diese der Form selbst innewohnende Kraft, die Jolles der Sprache zuweist - und er betont, daß er Sprache meint und nicht Dichtung, nicht Kunstwerk -, ist es, die seinen Entwurf wesentlich kennzeichnet. Diese grundlegende Auffassung ist es, die Jolles' Ansatz theoretisch angreifbar, zweideutig macht im Sinn der frühen Kritik Victor Klemperers, der in einer Besprechung der "Einfachen Formen" von 1930 anmerkt, Jolles verselbständige die Sprache zu einer "schöpferischen Göttin"[96], zu einer selbsttätigen, autonomen Instanz.
In diesem Punkt liegt auch der Unterschied des Jolles'schen morphologischen Ansatzes zu dem der russischen Formalisten, etwa zu Sklovskij, der zugleich doch, wie Jurij Striedter unterstreicht, gerade was die "Eigengesetzlichkeit sprachlicher Verfahren und Konstruktionsprinzipien" anbetrifft, eine "erstaunliche Ähnlichkeit des Ansatzes (und auch mancher Ergebnisse)" mit Jolles aufweise[97]. Dennoch sind die Unter-scheidungen klar: während für Jolles die Sprache selbst arbeitet, ist für die Formalisten die Sprache das Material, mit dem gearbeitet wird; während Jolles "Sprachmetaphysik" betreibe und die Sprache zu einem "Wesen" mache, sei diese für die Formalisten ein "Instrumentarium oder funktionales System"[98]; während Jolles von Geistesbeschäftigungen und daraus sich bildenden Sprachgebärden ausgehe, seien für die Formalisten bestimmte "Verfahren" grundlegend, die wohl auch "als Entsprechungen zu bestimmten Geisteshaltungen verstanden werden könnten"[99], aber doch immer als diese bestimmten Verfahren "in unterschiedlichen Systemen mit unterschiedlicher Funktion"[100] angewendet werden.
Auch wenn die Sprache nicht zu einem autonomen Wesen gemacht werden kann, und darin haben die Kritiker Jolles' ohne Frage recht, ist sie doch auch nicht nur Material, nicht nur "Ding"; Instrument ist sie, im Sinn Adornos, als "vernünftige Mitte zwischen Subjekt und Objekt", d.h. aber, weder restlos zum einen noch zu anderen gehörig. Auch den für den formalistischen Ansatz kennzeichnenden Begriff des Verfahrens kann man in einem nicht nur technisch-äußerlichen Sinn verstehen. Gerade dieser Begriff macht eine Verknüpfung möglich zwischen äußerem Vorge-

hen und innerer Logik, indem er 'Verfahren' bestimmt als einen nicht von außen gesteuerten Prozeß, sondern als einen, dem selbst die Antriebskräfte innewohnen, der seine Richtung selbst, aus sich und seinem Verlauf bestimmt. Besonders wenn man daran denkt, was "Verfahren" etwa im Prozeß des künstlerischen Schaffens oder der Psychoanalyse bedeutet, wird diese andere Dimension des Begriffs deutlich.

d) Die "Amerikanische Schule"

Die wichtigsten Neuansätze zur Rätselforschung im letzten halben Jahrhundert kamen, abgesehen von Jolles' umstrittener und "einzelgängerischer" Arbeit, aus Amerika, von einer um Archer Taylor und insbesondere die Zeitschrift "Journal of American Folklore" aus Washington sich gruppierenden, linguistisch und semiotisch orientierten Schule. Am Anfang standen hier die Veröffentlichungen Archer Taylors - 1938 "Problems in the Study of Riddles"[101], 1943 "The Riddle"[102], seine Untersuchung über den Gebrauch von Rätseln bei den nordamerikanischen Indianern[103], in der er die These vertritt, daß Rätsel vor allem eine Spezialität der etwa Zehnjährigen und generell der Kinder seien, und 1951 eine umfangreiche Rätselsammlung "English Riddles from Oral Tradition"[104]. Taylor konstatiert 1938 zunächst, daß die Rätsel bis dahin niemals adäquat beschrieben worden sind, kommt 1943 dann zu einer Bestimmung des echten Rätsels ("true riddle") als eines Vergleichs eines Gegenstandes mit einem völlig anderen Gegenstand und differenziert diese erste und rudimentäre Definition dann so, daß jedes Rätsel zwei beschreibende Elemente enthalte, von denen eines positiv und eines negativ sei und die, miteinander verknüpft, die wesentliche Struktur ("essential structure") des Rätsels ausmachten. Im Einzelnen stellt er anhand eines englischen Rätselkorpus fest, daß das positiv beschreibende Element metaphorisch, das negativ beschreibende dagegen buchstäblich zu verstehen sei, das Rätsel also aus einer vagen allgemeinen Beschreibung und einem konfligierenden spezifischen Detail bestehe und definiert am Ende: "In anderen Worten, ein echtes Rätsel besteht aus zwei Beschreibungen eines Gegenstandes, einer bildhaft-übertragenen und einer buchstäblichen, und es verwirrt den Hörer, der sich anstrengt, einen Gegenstand zu identifizieren, der auf widersprüchliche Weise beschrieben ist."[105] Aber schon für seine eigene Sammlung englischsprachiger Rätsel muß Taylor einräumen, daß seine Definition in vielen Fällen ihren Gegenstand nicht trifft: zahlreiche Rätsel - und es sind alles "nur echte Rätsel" - verfügen nicht über ein sowohl positiv wie negativ beschreibendes Element, es begegnen metaphorische Rätsel ohne hemmendes, negatives Element und Rätsel, die weder metaphorisch sind noch ein negatives Element besitzen und in einer Fußnote bemerkt

Taylor, daß die Rätsel auch aus nichtwidersprüchlichen Beschreibungen bestehen können und manche Rätsel nichts anderes als buchstäbliche Beschreibungen ihres Gegenstandes sind.

Die Bemühungen Taylors waren bedeutsam als erste Versuche, mit wissenschaftlicher Genauigkeit die Bauformen der Rätsel zu beschreiben und ihre sprachlichen Mechanismen zu analysieren, zugleich jedoch Anstoß zu einer vielfältigen Kritik. Schon gut zehn Jahre nach dem Erscheinen seiner großen Untersuchung über die englischen Volksrätsel muß er sich sagen lassen, daß die von ihm erarbeitete Definition des Rätsels auf die Mehrzahl der von ihm zusammengetragenen englischen Rätsel n i c h t zutrifft. Diese Feststellung beendet den Aufsatz von Robert A. Georges und Alan Dundes "Toward a Structural Definition of the Riddle", der 1963 im "Journal of American Folklore" erscheint. Angesichts der begrenzten Anwendbarkeit der Taylorschen Definition schlagen die beiden Autoren eine neue vor: "Ein Rätsel ist eine traditionelle sprachliche Äußerung, die ein oder mehrere beschreibende Elemente enthält, von denen jeweils zwei in Opposition stehen können; der Bezugsgegenstand der Elemente ist zu erraten."[106] Wichtig ist an dieser Definition bereits die Klärung zum Begriff des "Traditionellen", die Georges und Dundes in einer Anmerkung geben; dort führen sie aus, daß unter "traditionell" derjenige sprachliche Ausdruck zu verstehen sei, der mündlich weitergegeben werde und eine vielfältige Daseinsweise habe, was wiederum meint, daß ein bestimmter Ausdruck zu mehr als einem zeitlichen Moment und an mehr als einem Ort zu finden sei, was gewöhnlich aus der Existenz von zeitlich und räumlich differierenden Varianten hervorgehe. Auf dem Hintergrund dieser Beschreibung der Rätsel unterscheiden Georges und Dundes zwei große Gruppen von Rätseln (sie nennen es zwei allgemeine Kategorien von Rätseln), je nach dem, ob im Rätsel widersprüchliche beschreibende Elemente vorhanden oder nicht vorhanden sind, d.h. sie teilen die Rätsel je nach der Struktur ihrer beschreibenden Elemente in nichtwidersprüchliche und widersprüchliche. Innerhalb dieser Grobeinteilung nehmen sie noch einmal eine Untergliederung vor, und zwar in zwei Untergruppen für die nichtwidersprüchlichen und in drei Untergruppen für die widersprüchlichen Rätsel. D.h.

für die Gruppe der nichtwidersprüchlichen Rätsel:

- die buchstäblich nichtwidersprüchlichen (der Bezugsgegenstand des Rätsels und das Thema ("topic") des beschreibenden Elements sind identisch)

  und

- die metaphorisch nichtwidersprüchlichen (Bezugsgegenstand des Rätsels und Thema des

beschreibenden Elements sind verschieden,
aber nicht widersprüchlich);

und für die Gruppe der widersprüchlichen Rätsel:
- die antithetisch widersprüchliche Entgegensetzung
(mit der logischen Struktur a ungleich a, d.h. der
positiven Behauptung des Gegenteils, bzw. als
Rätselbeispiel: "Kommen sie, so kommen sie nicht;
kommen sie nicht, so kommen sie.")
- die privativ widersprüchliche Entgegensetzung
(Entgegensetzung durch einen Mangel, die Verneinung
eines logischen oder natürlichen Attributes, das
Fehlen eines oder mehrerer Teile des Objekts oder
assoziierter Teile oder Funktionen, beispielsweise
im Rätsel vom "Vogel federlos",)
und
- die kausal widersprüchliche Entgegensetzung
(basierend auf einer Handlung oder einem Geschehen
in der Zeit, das nicht seine erwarteten oder
natürlichen Folgen und Kausalitäten hat
(beispielsweise "Er ißt und ißt und wird nicht
satt.")

Georges und Dundes bemerken selbst bereits, daß innerhalb des rein linguistischen Begriffsapparates sich am Ende die Kategorie der Zeit als unterscheidendes Element als nötig erweist: bei der letzten Untergruppe war die Zeit und ihre Kausalität Unterscheidungsmerkmal - und die Zeit ist eine Kategorie, die nicht mit der gleichen Willkür eingesetzt werden kann wie andere, etwa linguistische Kategorien. Georges und Dundes halten fest, daß für die letzte Gruppe die beiden widersprüchlichen beschreibenden Elemente nur von der Zeit getrennt seien, wohingegen im Fall der beiden anderen Untergruppen desselben Typs, den antithetisch und den privativ widersprüchlichen Rätseln, die jeweils beschreibenden Elemente als gleichzeitig zu betrachten sind. Zugleich aber fragt man sich, wie die Rolle der Zeit in den nichtwidersprüchlichen Rätseln ist, in denen es, jenseits der Gruppierung in buchstäblich und metaphorisch nichtwidersprüchliche, sehr oft Rätsel gibt, in denen Veränderungen und Wechsel stattfinden, die keinen Widerspruch implizieren, aber doch einen darstellen im äußeren Sinn - "Rot geht es die Treppe rauf,/ Schwarz kommt es herunter" - und sich als natürliche Entwicklung unter der Zeit entpuppen.[107]

Innerhalb der amerikanischen Richtung der Rätselforschung folgten nach den Arbeiten von Taylor und Georges/Dundes eine große Zahl von in verschiedenen Zeitschriften verstreuten Einzeluntersuchungen, Aufsätze, die sich in mehr strukturalistischer, mehr linguistischer oder mehr ethnographischer Richtung bewegten. In direkter Feldforschung wurden bei den unterschiedlichsten Völkern und auch kleineren und kleinsten ethnischen Gruppen Rätsel zusammengetragen und analysiert[108]; den Kontext, situative Faktoren und den Aspekt der Interaktion in der Gruppe einzelner aufgezeichneter Rätselrunden nahmen die Arbeiten von David Evans[109] und Thomas A. Burns[110] in den Blick. Dan Ben-Amos beschäftigte sich mit den Antworten auf Rätsel und ihrem Verhältnis zur Frage[111] und unterstreicht besonders, daß es auf eine Rätselfrage durchaus mehr als nur eine Antwort geben könne. Ian Hamnett, ein englischer Rätselforscher von der Universität Edinburgh, untersuchte in einem von den meisten übrigen Beiträgen aus dem angelsächsischen Raum im Ansatz etwas unterschiedenen Aufsatz sehr eingehend die Begriffe Ambivalenz und Zweideutigkeit im Zusammenhang des Funktionierens der Rätsel[112]; dabei stellt er heraus, daß Rätsel als Formen von Zweideutigkeit zwei oder mehr Bezugssystemen anzugehören vermögen und darum Übergangspunkte, Vermittlungsformen darstellen zwischen unterschiedlichen und sogar entgegengesetzten gesellschaftlichen "sets", wie er es nennt. Aus diesem Grund sind sie geeignet, Grundlage abweichender Klassifikationssysteme zu sein oder solche möglich zu machen und die gleichzeitige Existenz widersprüchlicher Klassifikationssysteme denkbar zu machen[113].
Versuche zur Definition der Rätsel folgten noch einige - und sicher nicht alle wurden hier erwähnt; immer jedoch fanden die späteren Forscher Beispiele von Rätseln, die nicht in die zuvor gefundenen Definitionen paßten, womit für sie die jeweiligs vorangegangene Definition hinfällig war und Grund gegeben, eine neue zu versuchen (so beispielsweise Taylor-Georges/Dundes, Georges/Dundes-D. Evans). Diese Versuche sind aber, soweit sie innerhalb des Rahmens der Ethnographie und der Linguistik bleiben, verhältnismäßig unbefriedigend; Hamnett bemerkt, daß "the appropriate conceptual framework, however, does not appear to exist within the ethnography of riddles itself, and must be sought elsewhere" und in Bezug auf die Beiträge von Seiten der Linguistik: "... theoretically oriented students of riddles have in general been linguists, and though their work has been sophisticated and adventurous, it has been marked by a formality quite proper to the discipline but which leaves scope for enquiries that embark from a less precisely defined methodological starting-point. The elements of a possible conceptual framework appear to

be embedded in work which, at least until recently, has fallen outside the social sciences altogether, and is indeed anterior to them."[114]
Diese Sätze von Hamnett scheinen uns dahingehend zu bestärken, daß von den vielen Anstrengungen der amerikanischen Rätselforschung nur wenige zu Einsichten in die innere Logik und Funktion der Rätsel verhelfen, sondern weitgehend formal bleiben. Zwei umfangreichere Beiträge aus dem amerikanischen Raum sollen jedoch noch dargestellt werden, einmal die Untersuchung von Elli Köngäs Maranda von 1971 "The Logic of Riddles"[115] und die kleinere Ergänzung und Zusammenfassung dazu von 1976 "Riddles and Riddling"[116] und zum anderen die erst 1984 erschienene gründliche und eindringliche Arbeit von W. J. Pepicello und Thomas A. Green "The Language of Riddles. New Perspectives"[117], die ihrerseits eine Vorstudie besitzt im 1979 veröffentlichten Aufsatz "The Folk Riddle: A Redefinition of Terms"[118].

1976 erschien mit der Nummer 89 eine Spezialausgabe der Zeitschrift "Journal of American Folklore", von Elli Köngäs Maranda betreut, die sich ausschließlich mit dem Thema der Rätsel beschäftigte. Nimmt man diese Veröffentlichung als eine repräsentative Darstellung der inhaltlichen und methodischen Akzente der amerikanischen Rätselforschung - eingesehen wurden von dieser Sondernummer die oben angeführten Aufsätze von Dan Ben-Amos und von David Evans,die Beiträge von Jack and Phyllis Glazier "Ambiguity and Exchange: The Double Dimension of Mbeere Riddles", Michael Lieber "Riddles, Cultural Categories, and World View", Monique Layton "Luba and Finnish Riddles: A Double Analysis", Thomas Burns "Riddling: Occasion to Act" und E. Köngäs Marandas eigener relativ kurzer Beitrag mit dem bescheidenen Titel "Riddles and Riddling. An Introduction" -, so ergibt sich, daß die vorgestellten Arbeiten vorwiegend von eher äußeren, klassifikatorischen und methodologischen Interessen getragen sind. Auch die davon sich etwas unterscheidenden Aufsätze von Glazier/Glazier oder von Lieber, die von einem stärker anthropologischen Gesichtspunkt ausgehen und dafür plädieren, die Rätsel als Schlüssel zu betrachten, um die je kulturspezifischen Mittel der Organisation der Wahrnehmung einer Kultur besser zu verstehen, gehen doch nicht wirklich auf diese komplexen inneren Strukturen ein, führen nicht konkret durch, zu was ihnen, wie sie selbst andeuten, in den Rätseln die Möglichkeit vorhanden zu sein scheint. Die Forschung erscheint insgesamt zerstreut und ohne inhaltliches Zentrum. Sie ist bemüht um Beschreibungsformeln, die am Gegenstand nicht gänzlich abgleiten und tut doch insgesamt kaum anderes - auch nach den Worten von Elli Köngäs Maranda selbst[119] - als diesen nur den allgemeinen wissenschaftlichen Trends ein wenig anzumessen, ihn also mit den Begriffen des anthropologischen Strukturalismus, der generativen

Linguistik, der Soziolinguistik, der Semiotik oder auch der Entwicklungspsychologie anzugehen. Ein Ungenügen wird auch die Forschung selbst dabei nicht los: Maranda räumt, sympathisch einfach und ehrlich, aber doch auch ein wenig nebenbei, ein, daß das Rätsel wie geschaffen sei, um von verschiedenen Seiten her und mit verschiedenen Methoden untersucht zu werden und daß es ein gutes Objekt für interdisziplinäre Forschungen wäre, - wenn man wüßte, wie man die betreiben sollte[120]. Daß man das nicht weiß und bei aller terminologischen Raffiniertheit und Mühe auch nicht herausfindet, sondern eher das Nichtwissen und die Unsicherheiten im begrifflichen Aufwand dem Blick entzieht, daß man vereinzelte wichtige und einsichtsvolle Sätze formuliert, Blicke hinein gleichsam riskiert, aber keinen wissenschaftlich zuverlässigen Weg findet, um zu mehr zu gelangen, das ist der vorherrschende Eindruck.

Noch einmal ein Blick auf den eigenen Ansatz von Köngäs Maranda, wie sie ihn in ihrer größeren Untersuchung von 1971 dargelegt hat[121]. Köngäs Marandas Ansatz unterscheidet sich wohltuend von vielen anderen in zweifacher Hinsicht: sie geht erstens von einem nicht nur formalen, sondern spürbar inhaltlicheren Interesse aus - theoretisch bezieht sie sich vor allem auf Lévi-Strauss, Jacobson und Chomsky -, auch wenn sie im Verlauf ihrer Untersuchung den formalen Aspekt stark überwiegen läßt; zum zweiten hat sie, verbunden wohl mit diesem ersten, einen so direkten Zugang zum Gegenstand der Rätsel, daß sie oft eher einfache, aber nützliche oder wichtige, sicher auch diskutable Einsichten über ihren Gegenstand ohne den übermächtigen und zuweilen verschleiernden wissenschaftlichen Rechtfertigungsaufwand zu sagen wagt. Wohltuend ist es, gelegentlich Sätze zu lesen, die tatsächlich für einen Moment eine Einsicht in die "Logik der Rätsel", wie ja der Titel ihrer Arbeit ist, vermitteln. Sätze dieser Art sind etwa die, in denen sie die Erkenntnisfunktion als die grundlegende Funktion der Rätsel unterstreicht[122]; oder wenn sie erklärt, daß es in den Rätseln darum gehe, bestehende Ordnungen in Frage zu stellen und festgelegte Grenzen zu überschreiten, um zu zeigen, daß alle diese Festlegungen weniger stabil sind als sie scheinen[123] oder nur anhand der konkreten Rätselbeispiele darauf hinweist, daß die Wahrnehmung von gemeinsamen Merkmalen der Dinge deren kategoriale Unterscheidung erschwere, ja bedrohe.

Was jedoch hier als positive Aspekte des Ansatzes von Köngäs Maranda genannt wird, ist wesentlich durch den Ansatz der hier vorgelegten Untersuchung selbst begründet, einen ebenfalls nicht formalen, sondern eher hermeneutischen Ansatz, einen, dem das Köngäs Marandasche Gemisch aus Literaturwissenschaft, Logik und Sprachwissenschaft näherliegt - und auch dem Gegenstand angemessener zu sein scheint - als die strenge Linguistik ihrer doch sehr scharfen Kritiker Pepicello und Green, von denen gleich zu reden sein wird.

Köngäs Maranda bezieht sich in ihrer Untersuchung der "Logik der Rätsel" von 1971 auf ein finnisches Rätselkorpus, weil sie meint, in der Muttersprache den direktesten und fruchtbarsten Zugang zu den Rätseln finden zu können. Unter Bezug auf Chomsky und den Begriff der "kernel sentences" tritt sie dafür ein, daß die Analyse von wenigen grundlegenden Rätseln oder auch nur der Varianten eines einzigen Rätsels ausreichende Grundlage sein könne für das Verstehen der elementaren Strukturen der Rätsel. Ihr geht es darum, mittels der Analyse der verschiedenen Rätselformen einzelne Grundformen, "kernel riddles", herauszuarbeiten, an denen das Wesentliche der Rätsel im Besonderen wie im Allgemeineren sichtbar werden kann. Dabei setzt sie sich explizit von Aarnes Suche nach den Urformen im chronologischen Sinn ab und möchte unter "words like 'basic' or 'elementary'" die "relative Einfachheit der Strukturen" verstanden wissen. Weiter ist als positiv zu sehen, daß sie es nicht verachtet, das einfache empirische Einverständnis der Rätselbenutzer wie der Rätselforscher über das, was Rätsel seien, als einen Aspekt im mühsamen Definitionenstreit anzuführen: jeder Finne, der aufgefordert würde, ein Rätsel zu stellen, stelle etwas, was auch der Forscher als Rätsel klassifizieren würde und jeder Laie würde, auch in einer Reihe verwandter Sprachformen, dasjenige herausfinden und von Sprichwort oder metaphorischer Redewendung unterscheiden können, was auch der Wissenschaftler als Rätsel bezeichnen würde. Daß ein solcher methodischer Ausgangspunkt innerhalb der Untersuchung ethnographischer Daten durchaus üblich sei, d.h. einen Bereich von Phänomenen erst einmal als gegeben zur Kenntnis zu nehmen und dann seine Charakteristika zu untersuchen, scheint ihr nicht ein "intuitives" oder "inadäquates" Verfahren zu sein, sondern plausible und gängige Praxis.

Wesentlich ist es für Köngäs Maranda, daß es ihr nicht wie einer Reihe anderer Forscher, insbesondere Taylor und Georges/Dundes, darum geht, die Bilderwelt und Metaphorik der Rätselfrage allein zu untersuchen, sondern um die Beziehungen zwischen Rätselfrage und Antwort, um das Verhältnis beider zueinander. Dabei zitiert sie Jolles' Definition der Rätsel und korrigiert Jolles, indem sie, gegen seine Formulierung, das Rätsel sei eine Frage, die eine Antwort erheischt, formuliert, das Rätsel sei eine Frage, die ihre Antwort enthalte. Das erläutert sie so, daß sie ausführt, daß für alle Rätsel gelte, daß sie ihre Antwort in sich tragen im direkten oder indirekten Sinn, im Extremfall sogar explizit wie in den Rätseln nach dem Modell der Ilo-Rätsel[124] oder in Wortspielen, in denen die Antwort tatsächlich als Wort oder Silbe versteckt liegt in den Worten der Rätselfrage.

Bei der Beschreibung der strukturellen Charakteristika der Rätsel stellt Köngäs Maranda zunächst fest, daß die Rätsel zu den regelmäßigsten poetischen Formen gehörten und wie nur ganz wenige andere wirklich "reziprok" seien, ja vielleicht das einzige Genre seien, daß immer zweier Beteiligter bedürfe. Im Zusammenhang damit stellt sie heraus, daß die Rätsel etwas wie eine Spezialsprache darstellten, um sich innerhalb des menschlichen Zusammenlebens über grundlegende soziale Sachverhalte und Prozesse auszutauschen. Belege für diese Annahme sieht sie in den besonders hervortretenden Themen der Rätsel - Leben, Tod, Sexualität, Zeit - und in den Kontexten, in denen traditionell besonders häufig Rätsel gestellt wurden, im Zusammenhang mit Hochzeitsfesten oder Fruchtbarkeitsfesten. Für die Beschreibung der Baugesetze und Formen der Rätsel stützt sie sich auf die Begriffe Analogie, Metapher und Metonymie. In allen dreien sieht sie Techniken des "reasoning", unterschiedliche und, im Fall von Metapher und Metonymie, sogar entgegengesetzte Formen des Denkens, die aber alle drei bei der Konstitution von Rätseln zusammenwirken. Sie erläutert ihre Begriffe: geht man als Beispiel davon aus, daß Sonne: Mond = Tag: Nacht, so ist das Verhältnis von Sonne zu Mond ein metonymisches, das von Sonne zu Tag ein metaphorisches und der Satz als ganzer beruht auf einer Analogie. Sie führt das noch einmal, näher auf ein konkretes Rätsel bezogen, am Beispiel Mensch: Teil des Menschen (Bein) = Tisch: Teil des Tisches (Bein) vor, auch hier wieder eine metonymische und eine metaphorische Beziehung unterscheidend. Innerhalb ihrer etwas schulmäßigen Erklärungen finden sich dann aber eingestreut Bemerkungen wie die, daß "the metaphor builds a structural bridge over (the) 'content'abyss" und es drängt sich der Gedanke auf, daß sie damit wesentliche Strukturen der Rätsel beschreibt: Rätsel könnten in einem ganz wichtigen Sinn beschrieben werden als Brücken zu Dingen, an die man anders nicht herankommt, ihre Aufgabe als das Überbrücken von Abgründen. Begriffe wie Metapher und Metonymie oder Kontiguität und Ähnlichkeit scheinen hier nicht so sehr als Beschreibungskategorien von stilistischen Phänomenen bedeutsam zu sein denn als Begriffe, die helfen können, etwas von den Leistungen der Rätsel für Prozesse eines ansonsten nahezu unmöglichen Denkens und Erkennens der Menschen aufzuschließen und verständlich zu machen.

Es erscheint in gewisser Weise darum wie ein Rückfall in formellere Analyseebenen, wenn sie, nachdem sie Obiges schon ausgeführt hatte, versucht, eine generelle logische Formel für die Rätsel zu finden. Sie geht dabei davon aus, daß jedes Rätsel als ein logischer Satz zu formulieren sei und benennt entsprechend auch die einzelnen Teile oder Elemente einer Rätselstruktur in der Sprache der Logik: die Rätselmetapher als gegebener Begriff (given term/ I), die Rätselantwort als verborgener Begriff (hidden term/ IV), die wahre, konstante Prämisse (das Element, das als Beschreibung sowohl für die Rätselmetapher, den gegebenen Begriff, wie für die Rätselantwort, den verborgenen Begriff, gilt, d.h. sich als Konstante durch die gesamte Struktur des Rätsels hindurchzieht/ II) und zwei variable Prämissen, eine

falsche Prämisse (das hinweisende Element, das verrät, daß der gegebene Bergiff, die Rätselmetapher, so nicht akzeptiert werden kann, sondern daß vielmehr der verborgene Begriff gesucht werden muß/ IV) und schließlich die wahre Prämisse, durch die dann die normale, gewohnte Ordnung der Verhältnisse wiederhergestellt wird/ III).
Anhand eines Beispiels erläutert sie diese Strukturen. Ihr Beispiel, in englischer Sprache, lautet "One pig/ two snouts", was sich übersetzen ließe als "Ein Schwein/ zwei Schnauzen". Die Antwort lautet "Der Pflug" und meint wohl als eine Schnauze die Pflugschar und als zweite das Maul des ziehenden Ochsen. In Köngäs Marandas Schema stellt sich das Rätsel nun dar als

PIG(I) TWO(IV)
has snouts(II)
PLOUGH(V) ONE(III)

Gegebener Begriff, d.h. Rätselmetapher ist (I) pig;, verborgener Begriff, d.h. Rätselantwort ist (V) plough; die Konstante, die als ein Scharnier gleichsam beide Seiten verknüpft, die wahre Prämisse, ist (II) has snouts; das Element, was offenkundig macht, daß das Ganze so nicht stimmen kann, also darauf hinweist, daß die richtige Lösung zu suchen ist, ist die falsche variable Prämisse (IV) two. Am Ende, bei gefundenem verborgenem Begriff und damit auch der wahren variablen Prämisse, heißen dann die beiden zugrundeliegenden logischen Sätze: ein Schwein hat eine Schnauze, ein Pflug hat zwei, wobei natürlich "Schnauze" als eine Funktionsbeschreibung zu verstehen ist, um dem Ganzen einen Sinn zu geben.
Maranda hält dafür, daß diese Struktur für alle finnischen Rätsel gültig sei, räumt aber später doch ein, daß viele Rätselbeispiele weniger klar strukturiert seien - wobei man sich im Grunde an dem Punkt wiederfindet, an dem man schon nach Petschs idealtypischer Strukturbeschreibung der verschiedenen Rahmen- und Kernelemente war und an dem man wohl notwendig bei allen Versuchen einer generalisierenden und idealisierenden Strukturformel ankommen muß.

Weil es Köngäs Maranda jedoch um die logische Struktur der Rätsel geht und die hier vorgelegte Arbeit die Rätsel als Denk- und Erkenntnisformen untersuchen will, d. h. vom Interesse her eine gewisse Beziehung besteht, soll noch etwas genauer auf das Schema von Köngäs Maranda eingegangen werden; es scheint uns nämlich, als könne es, an einem anderen allerdings als dem von Maranda akzentuierten Punkt, etwas zur Erhellung der inneren Struktur der Rätsel beitragen.

Gehen wir dazu aus von einem deutschen Rätselbeispiel "Was kriecht ins Loch und läßt die Pfote draussen?"[125], dessen Antwort lautet "Der Schlüssel", so strukturiert sich dieses Rätsel nach Köngäs Marandas Schema in die Glieder

Gegeben: "Tier"/Hund (I) Pfote draußen lassen(IV)

ins Loch kriechen (II)

Verborgen: Schlüssel (V) Pfote mitnehmen (III)

Analogie herrscht hier im Verhältnis von Tier zu Pfote = Schlüssel zu Griff, das Tier hat eine Pfote wie der Schlüssel einen Griff. Metaphorisch tritt das Tier/der Hund ein für den Schlüssel. Das Wichtigste für Köngäs Maranda sind die Elemente III und IV: III als die gewußte, der Wirklichkeit entsprechende, vorausgesetzte Prämisse, gegen die nun im Rätsel als Kontrapunkt IV antritt, der Hinweis auf das offenkundig Unmögliche, das Element, das in die Richtung der Lösung weisen soll. Der vom Rätsel formulierte Weg ist also I - II - IV, der ideale Denkweg zur Lösung sollte dagegen sein:
I - II - III - IV - V.

Was hier Grund für eine genauere Überlegung ist, scheint uns die Tatsache zu sein, daß als Strukturbedingung dieses Modells ein konfligierendes Element in der Gleichung angesetzt ist.
Eingangs wurde betont, wie wichtig für die Sprach- und Denkformen der Rätsel ihr Impuls gegen das Identitätsprinzip als das ordnende und garantierende Prinzip abendländischen Denkens ist. Am Beispiel des Rätsels vom Schlüssel soll das eingehender dargelegt werden.

Das Rätsel formuliert gleichsam A = A = Nicht-A, d.h. es be-hauptet:
- A (d.h. I, der gegebene Begriff, die Rätselmetapher, konkret: das Tier/der Hund)
- tut/hat/ist etwas Konformes (nämlich II, die konstante, wahre Prämisse, konkret: "kriecht ins Loch") und

- tut/hat/ist zugleich etwas Nichtkonformes (nämlich
    IV, die falsche, hinweisende Prämisse,
    konkret: "läßt die Pfote draußen").

Während das Rätsel also sagt A(I) gleich A(II) gleich Nicht-A(IV), sagt der Satz von der Identität A(I) gleich A(II) ungleich Nicht-A(IV). Betrachtet man die Aussagen umgekehrt als im Köngäs Marandaschen Strukturmodell, d.h. nicht, gleichsam von links nach rechts gelesen, als 'Tier/Hund - kriecht ins Loch - nimmt die Pfote mit' einerseits und 'Schlüssel - kriecht ins Loch - läßt die Pfote draußen',sondern von rechts nach links lesend, vom Tun ausgehend zum Tuenden hin, d.h. also 'nimmt die Pfote mit - kriecht ins Loch - was ist das? - Tier/Hund!' zum einen und zum anderen 'läßt die Pfote draußen - kriecht ins Loch - was ist das? - Schlüssel!, so kann man verschiedene Beobachtungen machen.

Einmal ist offenkundig, daß dieses spezielle Rätsel, mit ihm aber eine sehr große Zahl anderer Beispiele, aus der Verschränkung zweier richtiger, normal-vernünftiger und sachlich korrekter Sätze besteht, aus zwei miteinander vermengten Banalitäten. Soweit geht auch Köngäs Marandas Analyse, die davon spricht, daß eine der elementaren Rätselstrukturen die Verschränkung zweier simpler Feststellungen sei, zweier "truisms", wie das schöne eigene englische Wort dafür lautet, das von "true" abgeleitet ist. Weiter aber fällt auf, daß es in dem Modell, gleichgültig, wie man es in sich organisiert, immer das Feld eines "Tertiums" gibt, eines Dritten, das außerhalb liegt, aber nicht ausgeschlossen ist, sondern im Gegenteil Scharnier der beiden sich entgegenstehenden Seiten ist. Von diesem Feld geht in dem hier analysierten Rätsel - und in vielen anderen - gerade die Formulierung der Rätselfrage aus, beginnt ganz wörtlich mit diesem Indifferenzfeld, diesem Scharnier. Konkret: ob man von der Rätselstruktur ausgeht

Tier/Hund	-	Pfote mitnehmen
Schlüssel	-	Pfote draußenlassen

oder

Tier/Hund/Pfote mitnehmen	-	Schlüssel/Griff draußenlassen

oder aber von der Gruppierung in die metonymischen Paare

Tier/Pfote - Schlüssel/Griff

oder in Metaphernpaare

Tier/Schlüssel - Pfote/Griff,

immer gibt es einen außerhalb der beiden Seiten gelegenen Punkt eines Neuen, in dem beide Seiten sich begegnen, ja sogar zur Übereinstimmung gelangen können. Dieser Punkt ist in Köngäs Marandas Modell das Element II, die wahre oder konstante Prämisse, das Mittelfeld zwischen den beiden Begriffen, dem gegebenen und dem verborgenen einerseits und den beiden variablen Prämissen, der falschen und der wahren andererseits. Eben dieses Feld interessiert uns hier.

Es ermöglicht als ein Punkt oder Feld der Übereinstimmung des Entgegengesetzten allererst die Verschränkung der beiden "truisms", der einfachen deskriptiven Aussagen, zu einer widerspruchsvollen, rätselhaften Form. Aus ihm entspringt logisch, entspringt aber in sehr vielen Fällen eben auch tatsächlich stilistisch das Rätsel. Das aber heißt, andersherum betrachtet, daß das Rätselhafte gerade daraus entspringt, daß einander in Spannung oder Widerspruch Entgegengesetztes auf einmal als etwas Übereinstimmendes sich darstellt, daß ordnende Trennungen aufgehoben sind und sich als vermischt dasjenige präsentiert, was uns nur als entmischt vertraut und vor allem verfügbar war. Nun kennen wir uns nicht mehr aus und die Sache nicht mehr wieder - dabei stimmt die Betrachtungsweise des Rätsels sachlich durchaus. Nur ist diese Betrachtung eine, die auf die Gemeinsamkeiten unter dem Seienden schaut, während unsere Wahrnehmung in der Regel auf die Trennungen und Unterschiede zu achten bestrebt ist, daran ihre Gewißheit gewinnt. Das Rätsel führt, was normalerweise entgegengesetzt ist, an einem unerwarteten Punkt zusammmen, setzt es sogar gleich. Damit jedoch rührt es an die Struktur der Entgegensetzung: zwei konfligierende, oft sich ausschließende Welten werden dazu gebracht, sich zu vermischen - und dies, indem etwas Bekanntes einen Schritt weit über sich hinaus gebracht wird ins Unbekannte, mit einem anderen Blick gesehen wird - nicht unter dem eigenen.

Noch einmal anders betrachtet: Köngäs Maranda stellt uns mit ihren fünf konstitutiven Elementen ein Schema vor, in dem sich die gegenüberstehenden Elemente I und V auf der einen Seite und die Elemente IV und III auf der anderen Seite im mittleren Feld II treffen, durch es verbunden sind. Das bedeutet aber, daß zwei getrennte Bereiche oder Felder, das Feld A (Tier/Hund) und das Feld B (Schlüssel) einander so angenähert werden, daß sie sich auf einem kleinen Feld überschneiden.

Auf dieses Mittelfeld richtet sich die Aufmerksamkeit der Rätsel, darauf also, daß an der Grenze des Feldes A sich ein Bereich findet, in dem A gleich B ist und ebenso an der Grenze des Feldes B ein Bereich, in dem B gleich A ist. Hier sind die Grenzen suspendiert, gilt nicht A und nicht B und auch nicht der Satz von der Identität, sondern ein Drittes, das Gemeinsame, Verbindende - und das ist für die beiden getrennten A und B etwas Neues. Von diesem mittleren Bereich gehen die Rätsel aus und stoßen uns in ihren Fragen darauf, daß die Dinge, die wir kennen, nicht mit den uns vertrauten Grenzen übereinstimmen. Das heißt aber nicht nur, daß die Rätsel Gemeinsamkeiten und Verbindungen auftun zwischen Dingen, die uns entgegengesetzt und getrennt erscheinen, sondern ebenso, daß sie Dinge, die wegen ihrer Gemeinsamkeiten von uns über einen Kamm geschoren und in einen Topf geworfen werden, d.h. ihrer Besonderheiten und Eigenheiten beraubt werden, als unterschiedene vorführen. Zurückbezogen auf das konkrete Rätselbeispiel hier: nicht nur haben die Felder A (Tier/Hund) und B (Schlüssel) eine - unvermutete - Gemeinsamkeit, die Übereinstimmung des "ins Loch kriechen", sondern das verbindende Feld der gemeinsamen Eigenschaft "ins Loch kriechen" führt manchmal zu ganz erstaunlichen, unvermuteten trennenden Begleiteigenschaften, eben daß nicht alles, was ins Loch kriecht, auch die Pfote mitnimmt, sondern einiges sie draußenläßt. Das wiederum bedeutet, daß es den Rätsel sowohl um das Sichtbarmachen der Verbundenheit des Getrennten geht wie ebenso um die Unterschiedenheit und Besonderheit der Einzelheit in einem großen, alles gleichmacherisch unter sich subsumierenden Gemeinsamen. Einfacher gesagt: in den Rätseln ist strukturell, in der Form des Widerspruchs, der Unmöglichkeit, des behaupteten Satzes von der Nichtidentität, ein Abstand eingebaut, der sicherstellt, daß das Rätsel nie mit seinem Gegenstand zusammenfallen kann, d.h. daß nie die im Rätsel gegebene Beschreibung und Darstellung des Gegenstands ungehindert und ohne Rest in diesem aufgeht. Das Rätsel ist immer mehr als "truism" der Benennung des gemeinten Gegenstands. Die Differenz zum Gegenstand, die es als Abstand braucht, um Rätsel zu sein, braucht es auch, um ihn wirklich zu sehen - nämlich als nicht von vornherein in bestimmten Grenzen oder unter bestimmten Oberbegriffen verfaßten Gegenstand. In dieser Struktur enthalten die Rätsel ein Element, das für das abendländische, auf Erkenntnis aus Übereinstimmung bedachte Denken ein wichtiges Korrektiv sein kann. Im Umkreis eines negativen philosophischen Denkens findet sich ein - sympathetischer - An-klang an diese Denkstruktur der Rätsel bei Giorgio Agamben. In seinem kleinen, 1985 bei Feltrinelli erschienenen und zwei Jahre später ins Deutsche übersetzten Band "Idee der Prosa"[126] widmet er auch ein Kapitel der "Idee des Rätsels". Im Zusammenhang von Reflexionen über das Verhältnis von Rätsel und Wahrheit führt Agamben hier folgendes aus: "Das heißt nicht, die Wahrheit sei

unvorstellbar, oder daß wir uns stets wieder von neuem beeilen, sie mit unseren Vorstellungen zu verdecken. Vielmehr beginnt die Wahrheit erst einen Augenblick nach dem Punkt, wo wir die Wahrheit oder Falschheit einer Vorstellung entdecken ... Darum ist es wichtig, daß die Vorstellung einen Augenblick vor der Wahrheit einhält, darum ist nur die Vorstellung wahr, die zugleich den Abstand vorstellt - aber was heißt einen Abstand vorstellen? -, der sie von der Wahrheit trennt.'"[127]
Um noch einmal kurz zusammenzufassen: wichtig scheint uns, daß ein Modell für die Analyse und Beschreibung der Strukturen der Rätsel deutlich macht, daß die Rätsel Formen des Denkens sind, die, eingebaut in ihrer Struktur, das Element des Abstands vom Gegenstand ihrer Erkenntnis enthalten und auf diesem Element geradezu beruhen. In Köngäs Marandas Analyse erscheint ein solches Element andeutungsweise in der konstanten Prämisse gegeben zu sein, die als wahre Aussage wie eine Achse die Rätselfrage und die Rätselantwort miteinander verbindet. Dieses Element kann aber, um einiges darüber hinausgehend, in den Rätseln gefunden werden sowohl in der Gestalt des verbindenden Mittelfeldes einer unerwarteten Gemeinsamkeit zwischen zwei entgegengesetzten Seiten, die die vertrauten Begrenzungen an einer Stelle aufhebt, Abgrenzungen außer Kraft setzt, Vermischung als bereits bestehend zwischen dem Entmischten auftut, oder aber, und das ist im Modell von Köngäs Maranda nicht mehr enthalten, es kann einen Abstand markieren und in der Form der Rätsel sprachlich konkret machen, d.h. darstellen, der zwischen unserer Vorstellung vom Gegenstand und diesem selbst, unserem Bild von der Wahrheit und dieser selbst besteht. Die Rätsel können auf diese Weise strukturell ein Moment der Verzögerung aufbauen, das den direkten, zielsicheren, ungehindert identifizierenden Zugriff der Erkenntis auf ihre Gegenstände irritiert, das womöglich so erst möglich macht, etwas von den Gegenständen überhaupt zu erkennen.

Das Interesse für das hier besonders ins Auge gefaßte Mittelfeld zwischen den einander entgegenstehenden Seiten des Rätsels - und hier ist Rätsel nicht nur als der Wortlaut der Rätselfrage gefaßt, sondern als ein Ensemble aus Frage und Antwort und deren Bestimmungen - wird in jüngster Zeit auch von einer semiotisch orientierten Forschung geteilt[128].

Hinzutritt hier noch ein weiterer Gedanke. Es legt sich nahe und ist auch in der Rätselforschung gelegentlich, wenn auch selten und nur am Rande, angesprochen worden, das Verhältnis von Rätsel zu Tabu eingehender zu untersuchen. Lutz Röhrich ist in seinen "Studien zur Sprache und Volksdichtung" von 1967 darauf eingegangen[129], ebenso Peter Grzybek in seinen "Überlegungen zur semiotischen Rätselforschung" in einem 1987 zu diesem Thema erschienenen und von ihm selbst, zusammen mit Wolfgang Eismann, herausgegebenen Sammelband[130]. Ganz deutlich wird hierbei - und im Zusammenhang der strukturellen Analyse der Rätsel und ihrer Denkformen erstaunt dies -, daß das in den Rätseln so wesentliche Mittelfeld der Überschneidung zwischen den getrennten Bereichen genau mit dem Feld übereinstimmt, das in anderen Denk- und Erfahrungszusammenhängen mit dem Tabu belegt ist. Grzybek führt in seinem Aufsatz, bezugnehmend auf die obengenannte Arbeit von Barley, aus, daß "es sich nämlich zeigt, daß beim Tabu typischerweise zwei disjunkte Sphären mit den ihn (sic!) zugeordneten 'Kategorien' strikt auseinandergehalten werden, daß durch das Tabu genau der konjunkte Bereich beider Sphären geleugnet werden soll, der im Rätsel gerade fokussiert wird."[131]. Es fällt auf, wie klar hier die Funktion der "konstanten Prämisse" von Köngäs Maranda bzw. des Mittelfelds innerhalb der logischen Struktur der Rätsel einen Unterschied, sicher jedoch auch eine Verbindung zwischen Rätsel und Tabu markiert; des weiteren, wie vielfältig die Aufgabe dieses Elements ist und wie schließlich die wissenschaftliche Sprache, die sich so ohne Risse und Spuren ihrem Gegenstand gewachsen zeigen will, gelegentlich eher als etwas wie eine magische Praktik erscheint g e g e n die Risse und Erfahrungsspuren am Gegenstand und die sich am Ende beim Druckfehlerteufel bestenfalls, schlechtestenfalls in den Fußangeln der eigenen Korrektheit verfängt, wenns ums Tabu geht. Gleichviel: der Gedanke ist bestechend und für die Einschätzung und die Behandlung der Rätsel von großer Wichtigkeit, daß die Rätsel genau auf den Bereich ihr Augenmerk richten, der ansonsten der klassische Bereich des Tabus ist - und das nicht nur im magischen, wilden oder neurotischen Denken, sondern in hohem Maß auch innerhalb der aufgeklärten Vernunft.

Ausgerechnet vom Philosophen und Theologen Friedrich Schleiermacher, einem produktiven und geistvollen Rätselautor, stammt ein Rätsel, das von außen besehen ein relativ simples Worträtsel ist: die von Schleiermacher angegebene Lösung lautet "Meineid"; das Wort wird in seine beiden Silben zerlegt und von hier aus verrätselt. Im Zusammenhang der Überlegungen zur logischen Struktur der Rätsel jedoch läßt sich dieses Rätsel lesen als eine Beschreibung der Struktur und des Wesens des Tabus: "Getrennt mir heilig,/ Vereint abscheulich."[132] Was hier, unsere Deutung des Rätsels noch verstärkend, hinzutritt, sind die beiden Adjektive "heilig" auf der einen und "abscheulich" auf der anderen Seite: sie sind die Qualifizierungen, die in geradezu klassischer Weise - und zwar sowohl im Sinn der Psychoanalyse wie in dem der archaischen Denkstrukturen - den Tabubereich kennzeichnen. Fast etwas unheimlich (und auch die Empfindung des Unheimlichen gehört in den Umkreis des Tabus) wird es daher, wenn man in Schupps Anmerkungen zur Bibliographie die Notiz findet, zu diesem Rätsel existiere ein "zweiter Lösungsvorschlag: 'Kinderfrau'"[133]. Auch hier das gleiche Prinzip: die beiden Bestandteile des Worte werden zerlegt -

'Kinder' und 'Frau', geläufiger in der Abfolge "Frau und Kinder", "heilig" wie außerhalb des religiösen Bereichs eben nur die Familie, vereint aber ergeben sie ebenfalls einen Klassiker der Attraktion und des Abscheus - die Kinderfrau, was wohl als "Kindfrau" gelesen werden muß.

Deutlich wird hier, was unter Tabu steht: gleich aus welchem Bereich, sind es die Berührungen zwischen den Bereichen, die sich auf Distanz zu halten haben. D. h. tabu sind die Berührungen, Überschneidungen und Vermischungen zwischen Lebendigem und Totem, zwischen Männlichem und Weiblichem, zwischen Menschlichem und Tierischem, zwischen These und Antithese, zwischen wahr und falsch, zwischen Gott und Satan, zwischen Vater und Tochter, zwischen Verstand und Gefühl. Rätsel fügen sich nicht den allerwärts bestehenden Trennungen, richten ihren Blick gerade auf die Tabus. Auch hierin spricht sich der Impuls der Rätsel aus, Instrument in der Hand der Menschen zu sein, um sich von Druck, Bedrängendem und Beunruhigendem zu befreien.

Zurück wieder zu Köngäs Marandas "Logic of Riddles". Wie im bisher Dargestellten deutlich, scheint innerhalb der Analyse von Elli Köngäs Maranda vor allem eine relativ isolierte Terminologie zur Beschreibung, Strukturanalyse und Klassifizierung der Rätsel bedeutsam zu sein, nicht aber eine eingreifendere Theorie des Denkens der Rätsel hervorzugehen. Vor allem, und von dieser Kritik, einer sicherlich unzeitgemäßen, sind auch die Essays Giorgio Agambens getragen, vor allem liefert sie kaum eine Beitrag zur Beantwortung der Frage, was eigentlich die Rätsel bewegt und was sie bewegen, warum sie immer noch Menschen zu fesseln vermögen, was sie, immer noch, leisten. Die strukturelle Analyse kann dazu Hilfen bereitstellen, erklärt aber die Rätsel nicht, berührt sie meist nur wenig. Bedenkenswert erscheint dagegen, was in einem weiter gefaßten und auch ganz anders akzentuierten Zusammenhang Giorgio Agamben zu diesem Problem anmerkt: "Dem Überangebot an begrifflichen Untersuchungen unserer Zeit steht die einzigartige Armut an phänomenologischen Beschreibungen gegenüber. Es ist bedenkenswert, daß einige wenige philosophische und literarische Werke, die in den Jahren zwischen 1915 und 1930 entstanden sind, noch immer den Schlüssel zur Sensibilität unseres Zeitalters fest in den Händen halten, und daß die letzte überzeugende Beschreibung unserer Stimmungen und Gefühle mehr als fünfzig Jahre zurückliegt."[134].

Mit der Darstellung und Kritik der Arbeiten von Köngäs Maranda sind wir nun bei der neuesten amerikanischen Rätselforschung angekommen. Die beiden Autoren Thomas A. Green und der immer nur mit abgekürzten Vornamen firmierende W. J.

Pepicello haben seit 1978 in verschiedenen Aufsätzen in Fachzeitschriften unter linguistischer und semiotischer Perspektive zum Thema der Rätsel Stellung bezogen. 1984 erschien ein aus den vorangegangenen Arbeiten resultierendes umfangreicheres Buch, das nicht zuletzt wegen seiner sehr detaillierten und umfangreichen, allerdings deutlich auf den angelsächsichen Sprachraum und den linguistisch-semiotischen Denkraum konzentrierten Bibliographie und eines Personen- und Sachregisters wichtig ist. Es ist ein sehr gründliches und mit einem weiten begrifflichen und theoretischen Spektrum vorgehendes Buch, dessen Interessen durchaus nicht so konfus einerseits und so formal andererseits wie die von Köngäs Maranda sind. Deren verschiedene Arbeiten werden von Pepicello und Green immer wieder ins Visier der Kritik genommen. Abgesehen von allen einzelnen kritischen Anmerkungen, die sie zu Marandas Verwendung von Begriffen wie "Metapher", "Transformation" oder "kernel riddle" machen, scheint im Grunde ihre Meinung die zu sein, daß Köngäs Maranda nicht genug von dem versteht, wovon sie redet. So schreiben sie etwa: "This is because Maranda ignores the fact that in the linguistic theory from which she is borrowing, kernel sentences (...) are generated by a finite set of phrase structure rules .... Therefore, it does not make sense to talk about kernel riddles or basic metaphors without knowing what their natures are."[135]

Das Interesse dieser beiden Forscher ist klar formuliert: "Our aim is to unpack a number of the linguistic layers of riddle performance, thereby delineating another set of boundaries within which the witty devices of riddles are employed", was in etwa zu übersetzen wäre mit 'Unser Ziel ist es, eine Anzahl linguistischer Schichten innerhalb des Vorgangs des Stellens und Lösens eines Rätsels herauszuschälen und dabei eine andere Reihe von Umgrenzungen zu skizzieren, innerhalb deren die witzreichen Aussprüche der Rätsel benutzt werden.' Zweierlei ist hier klar akzentuiert: zum einen der linguistische Ansatz in der Methode und zum anderen die Ausrichtung auf die soziale Veranstaltung des Rätselratens, die Seite der "performance". Bei diesem letzteren Aspekt tritt jedoch an verschiedenen Stellen beim Leser der Untersuchung die Frage auf, wie genau dieser Begriff der "performance" gemeint ist, ob in dem oben wiedergegebenen Sinn als komplexere 'soziale Veranstaltung des Rätselratens', was eine sehr freie und unterminologische Wiedergabe des Begriffs ist, oder ob nicht auch hier im Grunde ein sehr viel engerer linguistischer Begriff gemeint ist und "performance" mit "utterance", schlicht mit der Äußerung, mit dem tatsächlichen konkreten Gebrauch der Sprache im Sinn der Chomsky'schen Unterscheidung von Kompetenz und Performanz gleichzusetzen ist, wie es die beiden Autoren tatsächlich an einer Stelle, allerdings in einem früheren Aufsatz und nicht in der hier besprochenen größeren Untersuchung, tun[136].

Die beiden Autoren Pepicello und Green gehen bei ihrer Analyse der Sprache der Rätsel von folgender Definition des Rätsels, von ihnen ausdrücklich als Volksrätsel gefaßt, aus: 1. der Frage- und Antwort-Struktur; 2. der potentiellen Lösbarkeit aufgrund der in der Frage beschlossenen Informationen; in Umkehrung dessen 3., daß die nötigen Informationen, um die witzigen oder uneigentlichen Formulierungen der Rätselfragen zu erkennen, allein aus der Teilnahme am umgebenden kulturellen System, d.h. der gemeinsamen Sprache, Weltanschauung und Bildlichkeit entspringen; 4. der in einer besonderen Tradition eingebettete konventionelle Ort und Kontext.

Die Rätsel scheinen sich, wohl wegen ihrer vielfältigen konstitutiven sprachlichen Nichtnormalitäten, besonders für die Untersuchungen von Seiten der Linguistik anzubieten: sie scheinen eine unerschöpfliche Quelle für die Analyse und den Nachweis der unterschiedlichsten Formen der Doppeldeutigkeit und des Witzes zu sein. Pepicello und Green analysieren sehr genau, einleuchtend und plastisch die verschiedenen unterscheidbaren linguistischen Strategien, die in den Rätseln Anwendung finden und mittels deren Zweideutigkeit in den Rätseln geschaffen wird, - wobei sich der Gedanke aufdrängt, daß es gerade diese Zweideutigkeit der Rätsel ist, die wegen ihres Impulses der Opposition gegen Eindeutigkeit nun besonders das auf Eindeutigkeit und säuberliche Unterscheidung drängende Interesse der Linguistik provoziert. Mit vielen generativen Transformationsbäumen erläutern die beiden Autoren, daß und wie im einzelnen innerhalb der Zweideutigkeit und des Witzes der Rätsel grammatische von geschriebenen, von visuellen und von metaphorischen Strategien unterschieden werden können. Sie legen dar, in welcher Weise innerhalb des Akts des Rätselratens als einer von Konventionen geregelten sozialen Veranstaltung[137] unsere Erwartungen in Bezug auf die Äußerung und die von jenen Konventionen erzeugten Rahmenbedingungen benutzt und manipuliert werden. Der konventionellen Seite des Rätselratens - in linguistischer Hinsicht - messen die Autoren große Bedeutung bei. Bei der Bestimmung dessen, was unter dem konventionellen Rahmen zu verstehen sei, beziehen sie sich auf Arbeiten von Gregory Bateson[138] und definieren den Rahmen als ein "set of implicit or explicit messages providing clues for the interpretation of coexistent messages"[139], als ein Ensemble von impliziten oder expliziten Mitteilungen, die Anhaltspunkte liefern für die Interpretation von koexistenten Mitteilungen. Ein wichtiges und aufschlußreiches Beispiel dafür etwa sind die häufig in den Rätseln eingebauten Elemente, die "culturally recognized transformers of speech from talk into performance" sind. Hier sind Formeln gemeint, die allen klarmachen, daß innerhalb eines gegebenen sprachlichen Zusammenhangs nun eine andere soziale Qualität erreicht ist, wie etwa wiederkehrende Einleitungs- oder Abschlußformeln. Diese Formeln, die gleichsam erklären: "Das, was jetzt folgt, ist Spiel", so führen Pepicello und Green unter Rekurs auf Bateson aus, erlauben es, Ordnungen der tatsächlichen, der nichtspielerischen Erfahrung ohne Zensur zu manipulieren[140]. Pepicello und Green weisen außerdem noch auf eine Reihe anderer, von den beiden Autoren im Grunde eng linguistisch gefaßter Elemente hin, die jedoch auch für eine nicht primär linguistisch orientierte Analyse der Bauformen der Rätsel aufschlußreich und nützlich sind und auch in dieser Untersuchung Beachtung finden. Elemente dieser Art sind spezielle Codes etwa einer archaischen oder esoterischen Sprache, bildliches Sprechen sowie direkt stilistische Mittel wie Reim, Vokalharmonie und andere.

Rätselraten erweist sich, wie alle kulturellen Verhaltensformen, als aufs engste mit anderen Systemen verknüpft, wobei Pepicello und Green sich von diesen verschiedenen korrelierten Systemen das der Sprache zur Analyse vornehmen. Sie begründen dies damit, daß man zunächst eine genaue materialmäßige Analyse der Rätsel vornehmen müsse[141], um weitere, darüberhinausgehende, etwa literarische oder phänomenologische Untersuchungen durchführen zu können[142]. Dieser Ansatz hat etwas Logisches, Vernünftiges, Sauberes; die Autoren wehren sich mit Recht gegen eine Behandlung der Rätsel, die es unterläßt, auf deren tatsächliche sprachliche Formen einen genauen Blick zu werfen und die Rätsel nur als Folie nimmt für relativ willkürliche und nicht von den Rätseln selbst genährte und getragene Spekulation und Deutung. Dennoch ist es schwer, den Ansatz der beiden Forscher zu teilen, auch wenn er in vielem richtig und hilfreich und dem Gegenstand angemessen erscheint. Hindernd ist immer wieder, daß er sich eine eigentümliche Beschränkung auferlegt - Beschränkung auf das sprachliche Material, genauer: auf Sprache als Material, die einerseits die Qualität der Untersuchung ausmacht, andererseits aber dem Gegenstand die Seele austreibt, das Element von Erfahrung und Ausdruck. Es scheint uns wesentlich und charakteristisch zu kurz zu greifen, wenn die Autoren beispielsweise feststellen, "verbal art emerges ... in the interaction of the linguistically permissible with the aesthetically desirable": eine Formulierung, die, ersetzt man "linguistisch" mit "technisch" beispielsweise, eher die Formel für die ideale Karosserie eines neuen Autos zu sein scheint - was ganz ohne Polemik und auch gar nicht abwertend gemeint ist, sondern als ein Hinweis darauf, wie groß tatsächlich die innere Entfernung zwischen dieser amerikanischen Auffassung der Sprache und einer Auffassung ist, die Sprache mit dem Ausdruck der Subjekte verknüpft, überhaupt eben mit einem Subjekt, einem leidenden, historischen Prozessen unterworfenen, suchenden Subjekt und auf der anderen Seite Kunst mit Widerstand, mit Erkenntnis, mit Sehnsucht verbindet. Das bedeutet, daß der Ansatz, wie immer wohl-

begründet und vernünftig er ist und wie nützlich und hilfreich auch die von ihm erarbeiteten Instrumente der Untersuchung der Rätsel sind, doch nicht Grundlage einer angemessen Behandlung der Rätsel sein kann. Für Pepicello und Green ist Sprache ein "system consisting of basically three levels: (1) a level of sound or utterance, phonology; (2) a level of word formation, morphology; and (3) a level of sentence formation, syntax. Semantics, the meaning component of language, will be assumed to permeate all levels and will be dealt with in like manner."[143] Ganz anders dagegen die Auffassung von der Sprache und von der Beschäftigung mit ihr beispielsweise bei Walter Benjamin, der schreibt: "Jedwede Untersuchung einer bestimmten epischen Form hat es mit dem Verhältnis zu tun, in dem diese Form zur Geschichtsschreibung steht"[144] oder "Die Sprache teilt das sprachliche Wesen der Dinge mit" und etwas weiter gar "Denn gerade, weil d u r c h die Sprache sich nichts mitteilt, kann, was i n der Sprache sich mitteilt, nicht von außen beschränkt oder gemessen werden, und darum wohnt jeder Sprache ihre inkommensurable einziggeartete Unendlichkeit inne"[145].
Die Ergebnisse ihrer Untersuchung fassen Pepicello und Green zum Schluß dahingehend zusammen, daß die grammatischen Strukturen der Sprache reiche Möglichkeiten enthalten für die Schaffung sprachlicher Doppelungen und daß durch die Unterscheidung der wandlungsfähigen Bereiche der Grammatik die Rätselrater die Gelegenheit haben, gleichzeitig zu spielen und zu lernen, die Flexibilität und die Unveränderlichkeit der Sprache in einem einzigen Akt zu erfassen. Die einzelnen Strategien der grammatischen Doppeldeutigkeiten, die als solche auch in zweckgerichteter Rede begegnen, sind "explainable in terms of the formal features of the linguistic system"[146], wobei die Rätsel die beabsichtigte Überschneidung von Bezugsrahmen benutzen, "an intentional overlap of referential frames to derive artful utterances"[147]. In der Fortführung dieses Satzes ist dies jedoch wiederum nicht speziell kennzeichnend[148], sondern als ähnlicher Mechanismus auch im Sprichwort, in der Metapher oder auch im Volksstück[149] zu finden.

Nach aller Kritik von Pepicello und Green an Köngäs Maranda und anderen Rätselforschern, an diesen weitaus milder als an jener, nach allen eigenen Bemühungen um Schritte in die Richtung einer Klärung dessen, was das Eigentümliche am Denken und Sprechen der Rätsel sei, nimmt es doch etwas wunder - und versöhnt andererseits auch wieder mit den beiden Forschern -, daß sie, an etwas abgelegenerer Stelle und auch ein paar Jahre vor dem Erscheinen des Buches von 1984, am Ende eines Hinweises auf den linguistischen "basic error" von Köngäs Maranda, fast wie beiläufig, einräumen: "Such concerns as riddle- or metaphor-making rules are not primary issues, in a real sense, since the central problem of explaining the riddle is in defining its enigmatic nature."[150] Und das heißt, etwas verschärft, das wesentliche

Problem bei den Rätseln ist das Rätselhafte an ihnen - und daß das dann wohl nicht das Linguistische gewesen ist, scheint darin implizit zugegeben.

e) Neuere und neueste Arbeiten zur Rätselforschung

In der Darstellung der Forschungen zum Thema "Rätsel" - und diese Darstellung kann bei der Weite des Themas und der großen Zahl gerade verstreuter Arbeiten besonders in Zeitschriften keinen Anspruch auf Vollständigkeit erheben, sondern eher einen Eindruck davon vermitteln, wie vielfältig, weitgespannt und unterschiedlich die verschiedenen Ansätze der Beschäftigung mit den Rätseln sind - fehlen nun noch die neueren deutschen Rätselforschungen. Dies selbstverständlich nicht, weil die Forschung hier sinnvollerweise national aufzuteilen wäre, sondern weil zwei Arbeiten noch zu nennen sind, die beide zufällig aus Deutschland stammen.
Das ist einmal die Monographie von Mathilde Hain, "Rätsel", die 1966 erschienen ist, und der völlig andersgeartete, erst 1987 erschienene Sammelband einer deutsch-sowjetischen Forschergruppe um die beiden Bochumer Wissenschaftler Wolfgang Eismann und Peter Grzybek.
Mathilde Hains Buch ist eine der in der Metzlerschen Verlagsbuchhandlung erscheinenden kleinen, hilfreichen und sorgfältigen Überblicksdarstellungen und ganz der Geschichte und den Formen der Rätsel gewidmet, versehen mit Beispielen und einigen weiterführenden Literaturangaben zu den Quellen und den verschiedenen Sammlungen, in der geschichtlichen Darstellung beginnend bei der Frühgeschichte der Rätsel bis in unsere Zeit, mit Hinweisen auf die Ansätze der Forschung und bibliographischen Angaben auch hierzu, - insgesamt eine Arbeit, die für einen eventuell vorkommenden alltäglichen Umgang mit den Rätseln die nötigen Grundkenntnisse vermittelt. Das Buch bewahrt in allen seinen 57 Seiten den Charakter eines erweiterten Lexikonartikels, vergleichbar dem ebenfalls sehr umfangreichen Artikel von Wolfgang Schultz aus Pauly-Wissowas Realencyclopädie, ist darin deutlich eingeschränkt, aber gründlich und sorgfältig und für seine Zwecke sicherlich nützlich. Es hält sich jedoch von theoretischen Überlegungen, Hypothesen oder Deutungen fern und verdeutlicht damit, auf wie bescheidenem reflexiven Niveau nach dem 2. Weltkrieg in Deutschland eine Beschäftigung mit Formen der volkstümlichen Literatur möglich ist. Dabei ist Hains Arbeit, abgesehen von den auch theoretisch weit anspruchsvolleren, allgemeiner gehaltenen und weiträumigeren Untersuchungen Hermann Bausingers zu den "Formen der 'Volkspoesie'", die einzige monographische Behandlung der Rätsel in Deutschland nach 1945 und hat damit doch einen gewissen Stellenwert. Auch in der ehemaligen DDR-Forschung ist auf dem Feld der Rätsel nichts wirklich Bedeutendes zu finden: ein Sammelband von 1987

gibt zum erstenmal einen Überblick über die deutsche Volksdichtung, aber dies auch nur mit heftigster ideologischer Wappnung gegenüber dem belasteten Gegenstand und ständiger Beschwörung der "sich im Bündnis mit allen Werktätigen von Ausbeutung und Unterdrückung befreienden Arbeiterklasse" als des Trägers der Volkstraditionen und der "qualitativ neuen Möglichkeiten zur Aneignung des Kulturerbes sowohl des eigenen wie anderer Völker, insbesondere der Kultur der Sowjetunion und der übrigen befreundeten sozialistischen Staaten"[151]. Ulrich Bentzien gibt in dem Band auf zwanzig Seiten einen Überblick über die Form "Rätsel", zitiert darin allerdings neben Herder, Lutz Röhrich und drei Rätselsammlungen, darunter einer von ihm selbst herausgegebenen, nur den "Spiegel" und die "Arbeiter-Illustrierte Zeitung" und deren doch bemerkenswerte, "anders strukturierte S i l b e n r ä t s e l ", die "in der Tradition des Akrostichons stehen" und "progressive Inhalte in zwangloser Form vermitteln", beispielsweise "die aktuellen Losungen als Lösungen in den Silbenrätseln"[152]: "Lösung: 'Alle Räder stehen still, wenn dein starker Arm es will.' Eine weitere Lösung z. B. 'Es lebe die Diktatur des Proletariats!'"[153]

Der letzte hier zu behandelnde Forschungsbeitrag ist der o. g. Sammelband von W. Eismann/P. Grzybek. Dieser Band scheint in verschiedener Hinsicht wichtig zu sein. Er nimmt zum einen sehr weitgehend die sowjetische formalistische Tradition der Literaturtheorie und -analyse auf und stellt sie in vielen und verschiedenartigen, neuesten Beiträgen in ihrer weiterentwickelten aktuellen Gestalt vor; des weiteren umspannt er ein sehr breites thematisches Spektrum, reicht von auf die logische Struktur zielenden Untersuchungen über geographisch definierte (javanische, vedische und japanische Rätselbesonderheiten) zu solchen zu formalen Besonderheiten (wie der Metaphorik, den Anagrammen oder der Lautstruktur), motivorientierten (zum "'Haus' im Weltmodell der Folklore" oder zum "Gegenstandsfeld 'Natur'") und schließlich einem Beitrag zur Psychosemiotik des Rätsels; drittens stellt diese Untersuchung, die mit aller wünschenswerten wissenschaftlichen Genauigkeit und Intensität der angewendeten Methode durchgeführt ist, nicht zuletzt auch, weil sie ein Sammelwerk ist, einen repräsentativen Bezugspunkt der Forschung zum Thema "Rätsel" dar.

Einziges Problem scheint zu sein, daß außer den Semiotikern kaum einer so ganz recht weiß, was die Semiotik ist und was sie mit ihrem Gegenstand treibt. Umberto Eco, durch den die Semiotik zumindest als Begriff in Westeuropa zu einiger Bekanntheit gelangt ist, versteht sie in einem ganz umfassenden Sinn als die Wissenschaft von der Kultur als Kommunikation, in Anlehnung an und Auseinandersetzung mit dem russischen und französischen Strukturalismus und der Peirceschen Zeichenlehre. Entsprechend finden wir in Ecos großer "Einführung in die Semiotik"

auch Analysen aus dem Bereich der Werbung, der Filmwelt, der Architektur, das heißt aus den verschiedensten Bereichen, in denen mit Hilfe von Zeichen - und unter Zeichen ist hier alles zu verstehen, was Kommunikationsträger sein kann - und zu verschiedensten Zwecken Kommunikation unter Menschen stattfindet. Literatur erscheint hier nicht als Gegenstand; sie mag wohl innerhalb der beständig anwachsenden Masse von "Kultur als Kommunikation" nur eine relativ untergeordnete Rolle spielen.
Im Fall der von den beiden Bochumer Wissenschaftlern herausgegebenen "Semiotischen Studien zum Rätsel" scheint das etwas anders zu sein: hier geht es um literarische Formen, auch wenn es "einfache" Formen sind, wie die Herausgeber bereits im Untertitel signalisieren, der "Simple Forms Reconsidered" lautet. Der Band enthält insgesamt vierzehn Beiträge, von denen allerdings nur vier aus der Bundesrepublik stammen; von diesen vier wiederum stammen drei von Peter Grzybek, dem einen der beiden Herausgeber.
In seinen einleitenden "Überlegungen zur semiotischen Rätselforschung" erinnert Grzybek noch einmal daran, daß "der Versuch, eine einfache Definition des Rätsels zu finden, ... seit den frühen 60er Jahren auf breiter Basis mehr oder weniger aufgegeben wurde" und daß "stattdessen ... verstärkt Bemühungen, strukturelle Beschreibungen des Rätsels zu erarbeiten, in den Vordergrund rückten."[154] Grzybek folgt dann in seinem Versuch, der 'Struktur des Rätsel' (er benutzt immer den Singular zur Bezeichnung der Rätsel als 'Einfacher Form') näherzukommen, dem Weg von Georges/Dundes, von denen hier bereits die Rede war. Er stellt deren Definition - "A riddle is a traditional verbal expression which contains one or more descriptive elements, a pair of which may be in opposition; the referent of the elements is to be guessed."[155] - ebenso vor wie die ältere von Petsch, die Kritiken an Georges und Dundes und dagegen wiederum die von diesen beiden Autoren zu "heuristischen Analysezwecken"[156] vorgeschlagenen Kategorien "Textur", "Text" und "Kontext". An einzelnen Stellen, in bezug auf besondere Aspekte tritt auch bei Grzybek der Gedanke auf, daß das, was in Untersuchungen von Gegenständen wie beispielsweise den Rätseln zu leisten wäre, sehr viel weiter reicht als die Analyse der Sprachwissenschaft; es scheint, als träte zuweilen die unbestimmte Ahnung auf, daß im Gegenstand eigentlich viel mehr an Kraft und Eigenleben beschlossen ist, als von der linguistischen Analyse erreicht wird. So bemerkt Grzybek etwa, daß zwei der im Sammelband vorgestellten Beiträge zeigten, daß "die Untersuchung der spezifischen sprachlichen Gestalt von Folkloretexten gegebenenfalls weit über die eigentlich sprachliche Analyseebene hinausführt und weitreichende Rückschlüsse funktionaler, genetischer und historischer Natur erlaubt."[157] Besonders nachdenklich macht eine solche Bemerkung dann, wenn am Ende des Aufsatzes von Grzybek -

nachdem er die verschiedenen, auch neuesten Ansätze der Forschung zur Beschreibung der Struktur und zur Erklärung des Ursprungs der Rätsel dargelegt hat, wenn er die semiotische Funktion, wiederum mit Rückgriff auf die bestehenden Forschungen, etwa von Köngäs Maranda und anderen, mit großem begrifflichen Aufwand und auf hohem Abstraktionsniveau erörtert hat - die Einsicht steht, daß "das Wesen des Rätsels weder allein auf der semantischen noch unter Einbeziehung der syntaktischen Dimension geklärt werden kann" und darum auch "die pragmatische Dimension in die semiotische Betrachtung einzubeziehen sinnvoll scheint"[158]. Das aber, was als die über dreißig Seiten erhoffte Einsicht am Ende der Ausführungen Grzybeks steht, ist in einem neuen, terminologisch aufgewerteten Gewand das, was im wesentlichen bereits sechzig Jahre zuvor Jolles mit seiner morphologischen Beschreibung erkannt hatte: daß der Fragende ein Wissender und nicht ein Nichtwissender ist, ja geradezu genau das als Wissen besitzt, was er als Frage aufgibt. Grzybek rekurriert auf die "interaktionalen Voraussetzungen des Sprechakts 'Frage'" und findet diese beim Rätselraten "komplett invertiert"[159]. Der moderne analytische Umweg bringt aber gerade für den Gegenstandsbereich "Rätsel" kaum eine tiefere Einsicht zustande: lediglich die Sprache der Wissenschaft ist wesentlich verändert, so daß ihr Gegenstand nun in einem schärferen Licht erscheint, wohl auch mit einzelnen schärferen Konturen, gleichsam im Neonlicht statt zuvor im Schein einer 40-Watt-Birne. Wichtig aber bleibt das Ergebnis, das Maß an zutage geförderter Einsicht in den Gegenstand. Und wenn Jolles formuliert: "Bei dem Rätsel besteht kein Verhältnis von Mensch zu Welt. Hier stellt ein Mensch, der weiß, einem anderen Menschen eine Frage - aber er stellt jene Frage so, daß sie den anderen zum Wissen zwingt"[160] oder an anderer Stelle: "Hieraus ergibt sich, daß die Lösung an sich nicht der eigentliche und einzige Zweck des Rätsels ist, sondern das L ö s e n. Die Antwort war dem Aufgebenden bekannt - es kommt ihm deshalb nicht darauf an, sie noch einmal zu erhalten, sondern es kommt ihm darauf an, den Gefragten zu veranlassen, sie ihm zu geben"[161], - so muß man wohl zur Kenntnis nehmen, daß darin mehr Erfahrung mit dem Gegenstand zum Ausdruck kommt und mehr Erklärungswert aus der Darstellung entspringt als durch den Rekurs auf die "'felicity conditions' für einen erfolgreichen Fragesprechakt" und deren komplette Inversion.
Damit soll der Sinn und Nutzen der semiotischen und auch allgemeiner der linguistischen Untersuchung der Rätsel nicht bestritten oder geschmälert werden. Von einem allerdings nicht mehr wissenschaftsimmanenten Gesichtswinkel aus, einem etwa des Denkens der Rätsel, scheint es ein Zug der neueren, ihrer selbst gewissen, gleichsam empirischen und stets auf Verifizierbarkeit bedachten (Sprach-) Wissenschaft zu sein, immer steriler gegenüber ihrem Gegenstand zu werden, immer gewaltiger im Aufwand, immer schaler im Resultat, immer weiter weg von der Spra-

che und den Lebensbedingungen der Menschen. Diese Seite der Wirklichkeit von Wissenschaft, gleichsam ihrer Mitteilbarkeit, ihrer Erzählbarkeit, ist in der Darstellung Jolles' noch deutlich, wie immer auch seine Begriffe vage und seine Methode spekulativ gescholten werden mögen.

Gerade bei einem Gegenstand wie den Rätseln scheint uns dieser Gedanke eine besondere Bedeutung zu haben. Denn die Rätsel sind nicht ein beliebiges Objekt akademisch-wissenschaftlicher Betätigung; vielmehr sind sie die Gebilde, die die menschliche Kultur überliefert hat als Formen, in denen das vielfältig und oft beziehungslos Gewußte auf eine Probe gestellt wird - auf die Probe der Beziehung. In ihr ist nicht das gelernte Begriffswissen gefordert, sondern ein Wissen, das aus lebendiger und nächster Erfahrung, nicht aus Besitz, sondern aus Teilnahme, aus Vermischung mit dem Gegenstand entspringt.
Zugespitzt ließe sich behaupten, daß es in den Rätseln nicht darum geht, zu zeigen, was man weiß, sondern zu zeigen, zu was einen das Wissen befähigt, was es aus einem macht.
Die Rätsel sind die Formen menschlichen Ausdrucks, die eine Frage aufgeben können wie die "Ein Tal voll und ein Land voll,/ und am End ists keine Handvoll"[162]; kann gegenüber einem Rätsel wie diesem noch ganz ernsthaft gesagt werden, "daß sich auch am Beispiel des Rätsels zeigt, daß Zeichenprozesse nur unter Berücksichtigung der 'Einheit der Semiotik', d.h. unter wechselseitiger Betrachtung der syntaktischen, semantischen und pragmatischen Dimension beschrieben werden können - dies gilt in synchronischer ebenso wie in diachronischer Hinsicht. Die Frage, was ein Rätsel ist, bzw. ob etwas ein Rätsel ist, wird sich letzten Endes nur unter Einbeziehung all dieser Faktoren - und unter Umständen nur jeweils retrospektiv - klären lassen."[163] - ein Kommentar, der dem Rätsel gleichsam v o r a u s l i e g t , in seinem Nebelwesen vom Rätsel geradezu getroffen wird?

3. Umrisse des eigenen Ansatzes

Nach dem Überblick über die Rätsel als überlieferten Sprachformen in ihren verschiedenen Erscheinungsformen und Zusammenhängen und in den unterschiedlichen Überlieferungssträngen und andererseits der Skizzierung der unterschiedlichen Ansätze und Ergebnisse der Forschung geht es nun darum, den in dieser Arbeit zugrundegelegten theoretischen und methodischen Ansatz zu umreißen.
Dabei ist gleich zu Beginn zu sagen, daß der Weg, der hier beschritten wird, sich nicht einer der oben dargestellten wissenschaftlichen Richtungen zuordnet, von der

Dignität und Instrumentarium übernommen werden könnten. Dieser negative Sachverhalt wird auch als ein Negativum empfunden, ist kein Grund zum Stolz. Vielmehr sieht sich diese Arbeit genötigt, andere - ungesichertere - Wege zu versuchen. Sie geht davon aus, daß die vorliegenden wissenschaftlichen Untersuchungen der Rätsel sich ihrem Gegenstand, also den Rätseln gegenüber, relativ fern halten: sie haben typologische, historisch-geographische, äußerlich deskriptive oder linguistische Interessen und die jeweils angewendeten Methoden haben keinen speziellen Bezug zum speziellen Gegenstand. Sie bestehen als feste Denk- und Verfahrenswege bereits zuvor und finden an den Rätseln nur einen Gegenstand, an dem die Methode sich mit größerem oder kleinerem Erfolg bewähren, erproben kann. Uns scheint, als seien die Untersuchungen der Rätsel, soweit sie überhaupt bestehen - und es muß ganz generell erstaunen, wie wenig Aufmerksamkeit dieses Phänomen insgesamt auf sich gezogen hat -, überwiegend konzentriert auf Untersuchungen ihrer formalen Konstituentien, ein Zählen und Benennen der Knochen gleichsam, aber ohne dem lebendigen Körper, dem ausdrucksvollen, eigenständigen und widersprüchlichen Ganzen, gleichsam der Summe der einzelnen Teile, wesentlich nahezukommen. Was an den Rätseln für den nicht fachwissenschaftlichen Benutzer oder Beobachter interessant, reizvoll, seltsam, faszinierend, vielleicht auch abstoßend und ärgerlich sein kann, erscheint in den Untersuchungen fast nicht. Was an den Rätseln wirklich und wirksam ist - und daß es etwas dergleichen in den Rätseln gibt, zeigt sich regelmäßig wieder, wenn man sie benutzt - scheint in den Analysen fern, fremd, irritierend, wie fortanalysiert. Die Rätsel überleben den Prozess ihrer wissenschaftlichen Durchleuchtung nicht, sondern kommen als gleichförmig graue Masse, abgestorben, aus ihm wieder hervor. Oder aber, anders betrachtet: die Rätsel treten in den Prozess der Analyse gar nicht tatsächlich ein; vielmehr bleibt dieser ihnen wesentlich äußerlich, trifft sie gar nicht selbst, sondern gleichsam nur einen Schatten des Phänomens.

In dieser Arbeit soll es nicht darum gehen, die Rätsel mit einem terminologischen Netz zu überziehen und dabei zu glauben, sie darin eingefangen zu haben. Vielmehr liegt die Annahme zugrunde, daß - wie bereits im Einleitungskapitel erläutert - die Rätsel eigentümliche Formen der menschlichen Kultur sind, mit denen diese versucht, sich gegen die benennende Rationalität, gegen den Druck des seiner selbst gewissen Wissens und gegen die Angst eine andere Form der Wahrnehmung und der Mitteilung, des Ausdrucks von Erfahrung und Erkenntnis zu bewahren. Die Rätsel erscheinen vor anderem dadurch charakterisiert zu sein, daß sie Formen eines nicht-diskursiven Erkennens sind, d. h. daß sie einerseits Erkenntnisformen sind und andererseits nichtdiskursive Formen, Formen, die nicht den Weg der dedukti-

ven, begrifflichen Logik gehen. Sie sind Formen, die einer Erkenntnis mächtig sind und die doch andere Wege gehen, um zu ihr zu gelangen. In den Rätseln kommt Erkenntnis zustande durch Anteilnahme, Vermischung, Mimesis, Anklänge, Erinnerung. Diese Arbeit geht von dem Gedanken aus, daß in den Rätseln eine Objektivität zum Ausdruck findet, die eine von geschichtlicher Erfahrung ist, von Angst, von Not, von Auswegen, von Sehnsucht. Diese Erfahrung schlägt sich in den Rätseln nieder und artikuliert sich in ihnen.
Solchen Formen könnte ein reflexives Verfahren gerecht werden, das aus dem Gegenstand selbst sich hervorzuarbeiten sucht und sich nicht diesem überstülpt, ein Verfahren, das sich dem Gegenstand anzumessen sucht, ohne ihm gleich oder ähnlich werden zu wollen, das mit den Mitteln der Rationalität und doch mit Sympathie und einem gleichsam ironischen Verhältnis zur eigenen, auferlegten, rationalen Verfassung vorgeht.

Der weitere theoretische Rahmen, in den sich diese Arbeit einordnet, läßt sich kennzeichnen mit den Namen Sklovskij, Freud und Benjamin. Damit soll zweierlei gesagt sein:

- 1. die Rätsel werden als Phänomene betrachtet, die von nur einer wissenschaftlichen Disziplin aus kaum angemessen erschlossen werden können, weil sie von ihrer - von niemandem bestrittenen - Beschaffenheit her mehrere Disziplinen gleichermaßen berühren und wesentlich aus einem Überschneiden ansonsten getrennter Bereiche entspringen.
- 2. die Arbeit versucht, sich, wenn man das überhaupt aufspalten kann, methodisch an Sklovskij und Freud zu orientieren und theoretisch die sprachphilosophischen und geschichtsphilosophischen Gedanken Benjamins, insbesondere seine Begriffe von Sprache, Erfahrung und Ausdruck für eine Analyse und Interpretation der Rätsel fruchtbar zu machen. Als ein in einem engeren Sinn sprachwissenschaftlicher oder germanistischer Bezugspunkt, als ein Vorbild für die Auffassung von der Sprache und den Umgang mit ihr wäre - auch wenn es sich, streng genommen, um einen vergleichenden indogermanischen Sprachwissenschaftler handelt und dieser sich speziell mit den Rätseln nur am Rande beschäftigt hat - Walter Porzig mit seiner grundle-

genden Untersuchung "Das Wunder der Sprache" zu
nennen.

An Viktor Sklovskij orientiert sich diese Arbeit zunächst für eine Weise des Umgangs mit dem sprachlichen Material: eine sorgfältige empirische Analyse, ein formalistischer, nicht metaphysischer Ansatz, der nicht in den Ideen, sondern in der Materie der sprachlichen Formen die Erkenntnis sucht und dabei dennoch ein stark philosophischer Ansatz bleibt, dem es um "Denken", "Erkennen" und "Kunst" geht. Darüberhinaus ist es eine besondere Konstellation von Begriffen für die Analyse des Materials, die uns bei Sklovskij für eine Untersuchung der Rätsel hilfreich zu sein scheint:

- Sklovskijs Begriff des "Verfahrens", am sprachlichen Material beobachtete wiederkehrende Phänomene, "aus denen sich Schlüsse über Strukturen und Wirkungsweisen der Literatur gewinnen lassen"[164];
- seine Auffassung von einem "Denken in Bildern", welches die Kunst allgemein und insbesondere die Dichtung auszeichnet, aber auch anderswo zu finden ist als "eine besondere Art des Denkens"[165]. Damit sind zwei wichtige Gedanken verknüpft: einmal der, daß die Bilder, die etwas Bestimmtes der Erkenntnis nahebringen sollen, "etwas weit Einfacheres und Klareres als das zu Erklärende" sind, "weil sonst Bildlichkeit sinnlos wäre"[166] - wobei hier speziell für den Fall der Rätsel wohl noch besondere Überlegungen wichtig sind, und zum anderen der, daß dieses "Denken in Bildern" eine "bestimmte Ökonomie der Geisteskräfte" ermögliche, "das Empfinden relativer Leichtigkeit des Prozesses"[167]; gerade dieser zweite Gedanke hat für die Rätsel grundsätzliche und konstitutive Bedeutung, denn in ihnen ist die Funktion der Ökonomisierung oder der Ermöglichung jenes "Empfindens relativer Leichtigkeit" zentral.
- der für Sklovskij zentrale Begriff der Verfremdung ist bei der Analyse des Verfahrens der Rätsel eine Hilfe, da es sowohl bei der Verfremdung wie in den Rätseln um eine beabsichtigte Unterbrechung oder Aufhebung des Automatismus der Wahrnehmung geht; darüberhinaus ist das, was Sklovskij als Ziel der Kunst angibt und was mit Verfremdung in einer ersten Schicht beschrieben werden kann, in einigen wichtigen Zügen ganz ähnlich dem, was die Rätsel auszeichnet: einen Gegenstand nicht mit seinem gewöhnlichen Namen zu nennen, sondern so, als sähe man ihn zum ersten Mal; nicht die Perspektive der Betrachter, sondern die der Betroffenen, der Gegenstände selbst einzunehmen; die Dinge aus ihrem Kontext herausgelöst zu betrachten und nicht eingebunden in den Rahmen des Gebrauchs. Und Sklovskij selbst unterstreicht diesen Zusammenhang und spitzt ihn sogar zu, wenn er sagt, daß

"die Verfremdung ... nicht nur ein Verfahren des erotischen Rätsels (ist) ...", sondern "Grundlage und ausschließlicher Sinn aller Rätsel"[168].

- mit Hilfe der Sklovskijschen Unterscheidung der "praktischen" von der "dichterischen Sprache"[169] läßt sich ein erneuter Versuch machen, die Sprache der Rätsel genauer zu bestimmen; dabei zeigt es sich allerdings, daß sie auch in diese Alternativen nicht hineinpaßt. Sie hat Züge sowohl der "praktischen" wie der "dichterischen" Sprache und ist doch keiner von beiden zuzuordnen: sie duldet Widersprüche wie die dichterische Sprache und ist keine Kunst wie die praktische Sprache.

Positiv ließe sich daraus als Kennzeichnung der Rätselsprache vielleicht einzig ableiten, daß sie, die praktische Sprache nicht ist und Dichtung ebensowenig, eine Form von Verdichtung ist. Damit wären, auch nicht eingeschränkt auf die Rätsel, Verfahren und Formen für das Abarbeiten von Spannungen gemeint, für den Ausdruck bestimmter, noch ungesicherter Erfahrung, für ein Suchen und Ausprobieren, für noch Unfertiges, Ungewisses, insgesamt eine Sprache, die sich unkenntlich macht, die etwas festhalten und weitergeben will, ohne einen Autor zu haben und einen klaren Adressaten - vergleichbar hier dem Sprichwort oder der Fabel.

Wie diese verdichtende Sprache der Rätsel funktioniert und was sie leistet, soll der zweite Teil dieser Arbeit an konkreten Texten darstellen.

Ein zweiter Orientierungspunkt neben Sklovskij ist Freud. Dabei soll jedoch ganz deutlich gesagt werden, daß es in dieser Untersuchung nicht um eine psychoanalytische Untersuchung und Deutung der Rätsel geht in der Art, wie es psychoanalytische Untersuchungen und Deutungen der Märchen gibt. Was hier an Freud interessiert, sind einige ganz grundsätzliche und eher einfache methodische Annahmen, die Freud für die Traumarbeit und seine Deutung der Träume und für die Analyse des Witzes macht und die sich beziehen auf die "Untersuchung der Vorgänge ..., welche aus den latenten Traumgedanken den Traum machen, sowie der psychischen Kräfte, die bei dieser Umwandlung beteiligt sind. Die Gesamtheit der umwandelnden Vorgänge nenne ich die T r a u m a r b e i t ..."[170]. Diese Traumarbeit, die die Traumgedanken umwandelt in die manifesten Träume, ist in mancher Hinsicht vergleichbar mit der Arbeit der Verrätselung, in welcher ebenfalls ein bestimmter Inhalt - in den Rätseln oft eine Spannung, eine Frage, eine Angst, eine Wahrnehmung - umgewandelt wird in die Rätselfrage, in der einerseits der zugrundeliegende Inhalt seinen Ausdruck findet, andererseits aber unkenntlich ist und dies auch zunächst einmal sein soll. Daher ist aus Freuds Gesamtwerk für unseren Zusammenhang speziell seine Untersuchung über den "Witz und seine Beziehung zum Unbewußten" von 1905 wichtig. In dieser Abhandlung finden sich sowohl im allgemeineren Teil wie in den Abschnitten über die Technik und die Tendenzen des Witzes verschiedene Gedanken, die für eine Untersuchung der Rätsel hilfreich sein können. Die äußere Vergleichbarkeit von Witz und Rätsel ist von Jolles bis Bausinger immer wieder bestätigt worden und hat an sich selbst eine gewisse natürliche Evidenz - beide sind Kurzformen, Einfache Formen, indirekte Formen, dialogische Formen, Formen mit einer ausdrücklichen und einer nichtausdrücklichen Seite und andere Gemeinsamkeiten mehr. Aus Freuds Untersuchung über den Witz sind hier insbesondere wichtig

- die Annahme, daß der Witz eine Form des Urteils - und zwar ein "spielendes Urteil" sei, wobei Freud wiederum rekurriert auf den Philosophen Kuno Fischer[171];
- die Beziehung zwischen Witz und Freiheit, auf die Freud mit dem Jean Paul-Zitat: "Freiheit gibt Witz und Witz gibt Freiheit"[172] hinweist;
- die Analyse, daß es im Witz - und auch hier liegt eine enge Beziehung zu den Rätseln - um das Auffinden von Ähnlichkeiten und Unterschieden gehe, um "den Sinn im Unsinn", den "Vorstellungskontrast" und das Moment von "Verblüffung und Erleuchtung"[173];
- die deutliche Absetzung zur normalen Sprache, mit Freuds Worten zur "gemeinen Denk- und Redeweise": daß der Witz - und ebenso die Rätsel - nicht den Gesetzen der Logik folgt, daß er unzureichende Aussagen macht und Wichtiges gerade mitteilen kann, indem er es aus der Rede ausläßt, es gerade nicht sagt, daß er, wieder mit Kuno Fischers Worten, "Verborgenes oder Verstecktes hervorholen" muß[174].
- die in einem engeren Sinn auf die Verarbeitungstechniken des Witzes und des Traums bezogenen Begriffe der Verdichtung, der Ersatzbildung für ein Unterdrücktes oder Verdrängtes, die besondere Kürze, die mit Lust verbunden ist, die eigenartigen Mischgebilde oder "Bilder, die völlig einem Objekt oder einer Person gleichen bis auf eine Zutat oder Abänderung, die aus anderer Quelle stammt ..."[175];
- die generelle Charakterisierung der Witztechnik durch ihre "Tendenz zur Ersparnis"[176], durch eine Verschiebung des Akzents durch Veränderung des Standpunkts, durch die Einführung von Elementen des offenen Widersinns;
- eine Reihe von Einsichten, die allerdings nicht mehr auf die Technik, sondern auf die inneren Tendenzen des Witzes bezogen sind; an diesen Einsichten Freuds tritt noch einmal die enge Beziehung des Witzes zum Rätsel hervor, die auch Freud selbst in der Abhandlung über den Witz an verschiedenen Stellen erwähnt und die er, da er sich in seinen konkreten Parallelisierungen ausschließlich auf Worträtsel, insbesondere von Franz Brentano, Theodor Fechner und Friedrich Schleiermacher bezieht, als eine "eigentümliche Negativrelation" bezeichnet[177], in der "der eine verbirgt, was das andere zur Schau stellt". Enger noch scheint die Beziehung aber zu sein, wenn man sich nicht nur auf die sprachlichen Rätsel der genannten Philoso-

phen und Literaten, sondern auf die Volksrätsel bezieht, gerade angesichts der Worte Freuds, daß die wirklich auch gedanklich guten Witze - und er zieht besonders Lichtenberg-Zitate als Belege heran - "geradezu Probleme verbergen, richtiger: an die Lösung von Problemen streifen"[178]; daß der Witz "die Befriedigung eines Triebes (ermöglicht) gegen ein im Wege stehendes Hindernis", daß er "dieses Hindernis umgeht und somit Lust schöpft aus einer durch das Hindernis unzugänglich gewordenen Lustquelle"[179], daß er genereller "ein Mittel abgibt, den Verzicht rückgängig zu machen, das Verlorene wieder zu gewinnen"[180] - wobei sich Freud hier besonders auf obszöne und aggressive Witze bezieht. Aber es scheint evident - nicht nur, weil es eine beträchtliche Anzahl obszöner und gewalttätiger Rätsel gibt -, daß die Bestimmung, Witze seien Techniken, "Einschränkungen (zu) umgehen und unzugänglich gewordene Lustquellen (zu) eröffnen"[181], auch für einen zentralen Aspekt der Rätsel zutrifft. Das im einzelnen und konkret aufzuzeigen, ist Aufgabe der im zweiten Kapitel folgenden Einzelanalysen der Rätsel.

Der dritte Autor, an den diese Arbeit sich anlehnt, ist Walter Benjamin. In ihm tritt zusammen, was bisher in zwei getrennten Lagern einander gegenüber stand - ein eher "metaphysisches", spekulatives, philosophisches Element und ein materialistisches, historisch-kritisches, antimetaphysisches, an Namen geknüpft gleichsam Jolles einerseits und Sklovskij, die finnische Schule und die neue Linguistik andererseits. Besonders Benjamins Begriffe von Sprache, Erfahrung und Ausdruck sind für den Zusammenhang der Untersuchung der Sprach- und Erkenntnisformen der Rätsel von Bedeutung. Benjamins Aufmerksamkeit und Reflexion galt immer wieder den Bereichen Kindheit, Erinnerung, historische Erfahrung, Reim und Sprache, Natursprache, Wahrheit und Erkenntnis. Im Bild und der Figur des Erzählers vereinen sich diese Elemente. Hier liegen auch die Punkte, in denen die Rätsel eine Verwandtschaft zeigen: sie sind Formen, in denen in der Geschichte Erfahrung artikuliert und weitergegeben werden konnte, in denen Wahrnehmungen - und das sind vor anderem Wahrnehmungen von Widersprüchen, von Spannungen, von Unaufgelöstem und Bedrängendem - eine Gestalt finden konnten, in Bildern mitteilbar wurden und damit als Last dem Einzelnen ein wenig genommen. Auch geht es in den Rätseln - ebenso wie dem Erzähler - nicht um Belehrung, wohl aber um Weitergabe eines Wissens, um die Teilnahme an einem Strom lebendiger Erfahrung, der die Individuen verbindet zu etwas mehr als einer Reihe von vereinzelten Einzelnen. "Die Erinnerung stiftet die Kette der Tradition, welche das Geschehene von Geschlecht zu Geschlecht weiterleitet": so schreibt Benjamin im für unseren Zusammenhang zentralen Erzähler-Aufsatz[182]. In ähnlicher Weise könnte man auch zumindest einen Zug der Rätsel beschreiben als das Einschmelzen von Erfahrung in

eine besondere Form, verknüpft mit besonderen Regeln des Gebrauchs oder des Umgangs mit dieser Form, mit einer Reihe von Spielregeln gleichsam. Auch hier wird eine andersgeartete, aber doch ähnliche Kette der Tradition gestiftet, die jeweils eine Frage und eine Antwort "von Geschlecht zu Geschlecht weiterleitet".
Es sind verschiedene Punkte, an denen sich die Benjaminschen Überlegungen und insbesondere seine Betrachtungen über den Erzähler auf die Rätsel beziehen lassen. Immer wieder taucht dabei der Begriff der Erfahrung auf.
Ganz zu Beginn des Erzähler-Aufsatzes bemerkt Benjamin: "Immer häufiger verbreitet sich Verlegenheit in der Runde, wenn der Wunsch nach einer Geschichte laut wird. Es ist, als wenn ein Vermögen, das uns unveräußerlich schien, das Gesichertste unter dem Sicheren, von uns genommen würde. Nämlich das Vermögen, Erfahrungen auszutauschen."[183] Benjamin notiert hier etwas, das in gleicher Weise auch für die Rätsel zutrifft. Bei diesen ist der beobachtete Sachverhalt manchmal noch durch den Umstand verschärft, daß man häufig nicht einmal mehr genau weiß, was mit "Rätsel" gemeint ist, so sehr hat die überlieferte, einfache, mündliche Form ihre bestimmten inneren und äußeren Umrisse verloren vor einer Vielzahl von unterhaltsamen Rätselformen, Kreuzworträtseln, Silbenrätseln, Logeleien und dergleichen zuweilen höchst raffinierter Spiele mehr. Allen diesen neuen "Rätselformen" ist aber, trotz ihrer Vielgestaltigkeit und auch ihrer unterschiedlichen Niveaus, doch eines, und ein Wesentliches, gemein - sie haben nichts mehr mit den Erfahrungen der sich mit ihnen die Zeit vertreibenden Individuen zu tun. Ja, man könnte vermuten, daß sie eher die Funktion haben, mit der Menge des geforderten Wissens und Scharfsinns die Bestrebungen und Kräfte des Menschen, denkend in seine Umwelt einzudringen, zu absorbieren und zu binden, sie also objektiv abzulenken von der Erfassung der eigenen Erfahrung, indem sie intensiv und permanent mit sehr komplizierten, aber gleichgültigen Informationen, bloßen Daten, konfrontiert sind. Dagegen sind die Rätsel Formen, die, ähnlich wie die Geschichten von Erzählern wie Lesskow oder dem von Benjamin ebenfalls immer wieder angeführten Johann Peter Hebel, dazu da sind, daß sie von den Menschen gebraucht werden, um ihre eigenen ungelösten Fragen und Geschichten darinnen widerzuspiegeln, darzustellen, zu erfassen. Sie sind, verwandt mit den Formen des Spiels, wie sie Johan Huizinga in seinem "Homo ludens" entwickelt, zeitlich und räumlich herausgenommen aus dem Prozeß "der unmittelbaren Befriedigung von Notwendigkeiten und Begierden"[184] und beziehen sich dennoch auf dieses Leben aus Notwendigkeiten und Begierden, gelten diesem Leben: in den erzählten Geschichten wie in den Rätseln, die man sich aufgibt und löst, findet der Einzelne (oder auch die Gruppe) gleichsam ein Brennglas, mit dem er sich selbst und der eigenen widersprüchlichen und diffusen Wahrnehmung näherkommen, aus ihr den Funken eines Begreifens, auch nur einer Kon-

tur, eines Namens, schlagen kann. "Der Erzähler nimmt, was er erzählt, aus der Erfahrung; aus der eigenen oder berichteten. Und er macht es wiederum zur Erfahrung derer, die seiner Geschichte zuhören."[185].

Der Artikulation und der Weitergabe von Erfahrung dienen die Geschichten, dem verdankt sich die Rolle und die Bedeutung des Erzählers; dem dienen auch die Rätsel. Sie sind in ihrer Form konzentrierter, verschlossener, haben auch noch andere Züge. Ihre wesentlichen Merkmale aber teilen sie mit den erzählten Geschichten:

den Charakter des Exemplarischen, des Erfahrenen,
des Ratgebenden, des Mündlichen, des Konkreten
und des in einer bestimmten Form Gebundenen, des
in dieser Form Aufgehobenen und Bewahrten.

Dieses letzte Element ist wichtig, für die Geschichten wie für die Rätsel - und in diesem Punkt führt die Überlegung noch einmal zurück auf Huizingas grundlegende Gedanken über das Spiel -: daß nämlich Geschichten wie Rätsel immer wieder erzählt bzw. gestellt werden können, daß sie "als geistige Schöpfung oder als geistiger Schatz in der Erinnerung haften, ... überliefert und ... jederzeit wiederholt werden" können[186]. Dadurch werden sie Formen, die in der Tradition einen Bestand haben, die weitergegeben werden und die bereitstehen als Formen der Darstellung und Mitteilung und die jene "Kette" bilden, "welche das Geschehene von Geschlecht zu Geschlecht weiterleitet"[187].

Noch wenigstens zwei weitere Momente müssen erwähnt werden, die die hier behauptete und in der folgenden Analyse der Rätsel zugrundegelegte wesentliche innere Nähe der Rätsel zum Erzählen noch deutlicher machen. Es ist dies zum einen das Moment des Universalen, zum anderes das des Todes.

Mit dem Moment des Universalen ist gemeint, daß die Rätsel Formen sind, die einerseits von ihrer Bestimmung und den tradierten Kontexten ihres Gebrauchs her von "ganz oben" bis "ganz unten" reichen, exklusive Formen waren für Eingeweihte und Privilegierte ebenso wie Formen für den Gebrauch von Jedermann; wichtiger aber noch ist, daß sie andererseits universal sind in dem, was sie an Inhalt umspannen: vom Hermetischen, einem nur ganz wenigen zugänglichen und verfügbaren Geheimwissen von den Ersten und Letzten Dingen bis zum allereinfachsten, banalsten, scheinlosesten Gegenstand der Alltagswelt - Zwiebel, Ei, Wurst, Türflügel. Nichts ist außerhalb dessen, was in den Rätseln begriffen und dargestellt werden kann; alles ist der Aufmerksamkeit wert, alles ist rätselhaft; keinerlei Unterschiede in der Wichtigkeit, der Würde, der Ernsthaftigkeit bestehen. Und man könnte versucht sein, von eben diesem Punkt her eine Verbindung zu ziehen zum zweiten Moment, das noch erwähnt werden sollte, dem des Todes. Denn mit gleicher Allgemeinheit trifft dieser "ganz oben" wie "ganz unten" der menschlichen Gesellschaft und unterscheidet auch im Reich der nichtmenschlichen Welt nicht: der Vergänglichkeit bleibt alles unterworfen. Und es ist der Tod, der immer wieder in den Rätseln als ein ungelöster und unlösbarer Widerspruch auftritt, als ein zu Erratendes oder als zentrales Motiv in der Verrätselung. Immer wieder versuchen die Rätsel, auf ihn eine Antwort zu finden. Zugleich aber ist gerade dieses der einzige Trost: daß es eine "Kette der Tradition" auch in dieser Suche gibt, die "von Geschlecht zu Geschlecht weiterleitet", daß es eine Lösung nicht gibt.

Auch auf unseren Ausgangspunkt der Bezugnahme auf Walter Benjamin und besonders seinen Erzähler-Aufsatz führen diese beiden letzten Gesichtspunkte zurück. Das Moment der Universalität wird hier ganz gegen Ende erläutert und im Bild der Leiter zusammengefaßt: "Kurz, unbeschadet der elementaren Rolle, die das Erzählen im Haushalt der Menschheit spielt, sind die Begriffe, in denen sich der Ertrag der Erzählungen bergen läßt, die mannigfachsten. Was bei Lesskow am handlichsten in religiösen zu fassen ist, scheint bei Hebel sich wie von selber in die pädagogischen Perspektiven der Aufklärung einzufügen, tritt bei Poe als hermetische Überlieferung auf, findet ein letztes Asyl bei Kipling in dem Lebensraum britischer Seeleute und Kolonialsoldaten. ... Eine Leiter, die bis ins Erdinnere reicht und sich in den Wolken verliert, ist das Bild einer Kollektiverfahrung, für die selbst der tiefste Chock jeder individuellen, der Tod, keinerlei Anstoß und Schranke darstellt."[188] Und vom Tod heißt es, daß er "die Sanktion von allem" ist, "was der Erzähler berichten kann. Vom Tode hat er seine Autorität geliehen."[189] In den Rätseln ist dieses Moment womöglich noch verschärft dadurch, daß es viele Rätsel gab, deren Nichtlösung den Tod bedeutete, als Sanktion wie in den Halslösungsrätseln oder nur als quasi natürliche Folge wie im Fall des Homer oder, noch einmal anders, im Fall der Sphinx.

Um zusammenzufassen: die vorliegende Untersuchung gilt einem Gegenstand, der kein exklusiver der Germanistik oder der Religionswissenschaft ist; er könnte mit mindestens gleichem Recht im Zusammenhang der Komparatistik, der Kulturanthropologie, der Ethnologie oder der Philosophie behandelt werden. Daraus entspringt für die Untersuchung das Bewußtsein der eigenen Partialität und Begrenztheit auf der einen Seite, auf der anderen der Vorsatz, nicht von einer engumgrenzten Disziplin oder wissenschaftlichen Schule auszugehen, sondern sich vor allem zu bemühen, den besonderen Formen der Rätsel und ihrem Denken näherzukommen und gerecht zu werden, ohne ihnen etwas überzustülpen, was ihnen nur ein Fremdes sein kann.
Die Arbeit versucht darum, in einem vorsichtigen und eher immanenten Vorgehen die Formen der Rätsel vor Augen zu führen und sie wesentlich aus sich selbst her-

aus zu erhellen und zum Sprechen zu bringen. Gleichwohl bedarf die Untersuchung, gerade auch wegen ihrer Unfestgelegtheit durch eine Disziplin, für ihr Verfahren und ihre begrifflichen Voraussetzungen eines deutlichen theoretischen Rahmens. Dieser ist mit den Namen Sklovskij, Freud und Benjamin umschrieben, wobei den Gedanken Benjamins die zentrale Bedeutung zukommt. Denn was die Rätsel im Lauf der Jahrhunderte und durch alle Vielfältigkeit ihrer Formen und Gehalte, ihrer Kontexte und Funktionen als Formen erhalten und sogar lebendig, schwierig und reizvoll erhalten hat, scheint ihre Verwandtschaft mit der Monade und ihr Kern eines "historisch Begriffenen" zu sein, wie es Benjamin in der XVII. These "Über den Begriff der Geschichte" zusammenfaßt.[190]

B. Analyse und Interpretation ausgewählter Rätsel

1. Darstellung der Textgrundlagen

Ein erhebliches Problem bei der Untersuchung von Rätseln stellen die zugrundezulegenden Texte dar. Bei einer unübersehbaren Vielzahl und Vielfalt von Materialien durch die Jahrhunderte der Existenz dieser Sprachform und wahrscheinlich fast alle Kulturen der Erde hindurch ist es eine erste Aufgabe, eine sinnvolle, d.h. genau und eng genug umgrenzte und dennoch nicht zufällige und verengende Auswahl zu treffen.

Daher sind für diese Untersuchung zunächst einmal im Verlauf einiger Jahre Rätseltexte gesichtet worden - was ein Unternehmen von großer Eingeschränktheit und Zufälligkeit im Verhältnis zum Gesamt der bestehenden Materialien sein mußte, da es nur ein in Raum und Zeit und anderem mehr beschränktes Individuum war, das sich auf die Suche begeben hat. Dabei kam jedoch bereits eine große Menge und Vielfalt von Texten zusammen, ganz überwiegend Texte aus dem deutschen und dem italienischen Sprachraum[191], darüberhinaus aber auch englische, französische, sowie einige ins Englische oder Deutsche übertragene Texte nichteuropäischer Kulturen.

Eine Untersuchung von Sprach- und Erkenntnisformen kann jedoch ganz offensichtlich nur da sinnvoll betrieben werden, wo der Untersuchende der Sprache des Untersuchungsgegenstands mit einiger Gründlichkeit mächtig ist. Das begründete auf der einen Seite die Beschränkung auf überwiegend deutsche und italienische Beispiele. Daß diese Beschränkung dennoch mit einigem Grund Aussagen möglich machte über die "Sprach- und Erkenntnisformen der Rätsel" in einem generelleren Sinn, - ohne deshalb typologische oder Wesensaussagen machen zu wollen -, hat seinen Grund in einer unleugbaren Ähnlichkeit und Verwandtschaft sehr vieler Rätsel verschiedener Sprachräume und ist auch in der Forschung, notgedrungen, immer wieder so praktiziert worden. Ohne in der Debatte um die Entstehung der Rätsel aus einer gemeinsamen Wurzel oder um die unabhängige Entstehung an vielen Orten, um anthropologische Konstanten, Archetypen oder Wanderungen eine Antwort geben zu können oder zu wollen, muß doch zur Kenntnis genommen werden, daß es erstaunliche Verwandtschaften unter den Rätseln gibt - was auch durch die Dokumentationen der historisch-geographischen Forschung zur Genüge belegt ist. Es konnten also mit gutem Gewissen nur einige Textsammlungen zugrundegelegt werden, um dennoch an ihnen exemplarisch Gedanken zu entwickeln, die nicht nur den bestimmten Beispielen, sondern einer Ausdrucksform gelten.

Diese Sammlungen sind vor allem drei:
- das Straßburger Räthselbuch von 1505 als die erste in deutscher Sprache verfaßte, gedruckte und erhaltene Rätselsammlung, die alle späteren deutschsprachigen Rätsel beeinflußte, deren Texte in den nachfolgenden Jahrhunderten immer wieder begegnen[192] und die ein Bild davon geben kann, welcher Art die Rätsel waren, die gegen Ende des Mittelalters in Deutschland bekannt waren, sowie
- die beiden großen Sammlungen Richard Wossidlos und Giuseppe Pitrés aus dem Jahr 1897, weil sie beide gleichermaßen sehr breitangelegte und damit in gewisser Weise repräsentative, nicht selektive, nicht wissenschaftliche und in ihrer Parallelität Vergleiche erlaubende Sammlungen sind.
Alle drei Sammlungen sollen, da sie die wesentlichen Textgrundlagen dieser Untersuchung abgeben, etwas genauer vorgestellt werden.

Mit dem vom Herausgeber A. F. Butsch allererst so benannten "Straßburger Räthselbuch" ist eine nicht sehr umfängliche, genau 24 Blätter umfassende Sammlung von insgesamt 336 Rätseln und Scherzfragen gemeint, die dem Herausgeber, einem Bibliothekar, durch einen Zufall in die Hände fiel. Das Original trägt auf seiner Titelseite die Überschrift: "Wolchem an kürtzweill thet zer/ rinde. Mag woll disz buchlein durchgrynden./ Er findt darin vill kluger ler. Von Rettelsch/ gedicht und vill nüwer mer."[193] sowie einen Holzschnitt, "welcher einen mit Gras und Blumen bewachsenen Hügel vorstellt, auf dem drei weibliche und zwei männliche Personen in Unterhaltung begriffen scheinen"[194]. Butsch sah die Blätter durch - er tat dies, 1876, als Augsburger "aus Liebe zu unsrer alten Sprache und Literatur, aus Begeisterung aber auch für unser neugewonnenes, so altes Stammland, das theure Elsass"[195] und gab sie neu heraus. Als Bibliothekar wußte Butsch, daß es sich bei dem Original um ein sehr seltenes Werk handelte, das ebenfalls noch in anderen, gleich-

zeitigen und späteren Ausgaben existierte. Hugo Hayn hat davon allein 13 Exemplare nachgewiesen[196]. Butsch selbst stellte anhand von Vergleichen fest, daß die ihm vorliegende Sammlung "die erste und ihr Erscheinen ungefähr ins Jahr 1505 zu setzen ist"[197]. Arno Schmidt hat in seiner Untersuchung zum "Straßburger Räthselbuch" diese Annahme Butschs im wesentlichen bestätigt, wenn er die Entstehung der Sammlung auf 1500 datiert[198]. Die auf den 24 Blättern zusammengetragenen Texte sind in alemannischem Dialekt geschrieben, zu einem Teil, so vermutet Butsch aufgrund der mundartlichen Färbung wohl mit Recht, im Elsaß und Umgebung entstanden, zu einem Teil jedoch auch "allgemein verbreitete volksthümliche Räthsel, deren Entstehung wie deren heimathliche Herkunft sich nur schwer nachweisen lässt"[199]. Die Sammlung ist gegliedert in dreizehn Gruppen, die alle ein thematisches Zentrum haben, beginnend "Von Gott." (13 Rätsel) über "Von den heyligen." (7 Rätsel), "Von dem gebet." (8 Rätsel), "Von Wasser." (15 Rätsel), "Von dreck." (26 Rätsel), "Von vogeln." (13 Rätsel), "Von Fischen." (6 Rätsel), "Von hunden." - ein Abschnitt, der sehr viele (102 Rätsel) und mehrheitlich gar nicht hierhergehörige Rätsel enthält -, "Von den Handtwercken." (29 Rätsel), "Von dem Hymmel." (14 Rätsel), "Von dem erdtreich und Landen." (9 Rätsel), "Von den Menschen." (61 Rätsel) und schließlich "Von den Buchstaben und schrifft." (11 Rätsel). Ganz zu Beginn findet sich noch eine weitere, unbetitelte Gruppe mit 22 Rätseln.
Das Straßburger Rätselbuch gilt übereinstimmend als "das älteste und bedeutendste Büchlein dieser Art", womit die "in der Frühzeit des Buchdrucks erschienen(en) billige(n) kleine(n) Rätselhefte" gemeint sind, "die der Unterhaltung breiterer Volksschichten dienen sollten ...(und) das Leben des Rätsels auch außerhalb der humanistisch gebildeten Kreise bezeugen."[200].
Wichtig erscheint - außer diesem objektiven Tatbestand - daß in dieser Sammlung ein großes und buntes, manchmal anstrengendes, manchmal fast wüstes Durcheinander der unterschiedlichsten Rätsel herrscht, gelehrte geistliche Formen, Bibel- und Katechismusrätselfragen neben einem nicht endenwollenden Fragen nach und Beschreiben von "dreck", "kot" und "fürtz". Diese Beispiele sind wohl, auch ohne Freud bemühen zu müssen, kaum zureichend als "unerquicklich" und "unflätig"[201] zu klassifizieren. Weit eher geben sie einmal in anschaulicher Weise die veränderte Einstellung der Menschen zu ihrem Körper und allem Körperlichen im Sinn der großen kultursoziologischen Studien von Norbert Elias wieder, zum anderen aber zeigen sie, welche Räume an Freiheit und Lust für ein tatsächliches "Sich-austobendürfen" die Rätsel auch für die damaligen Verhältnisse boten. Als einziges Beispiel sei hier das Rätsel Nr. 81 zitiert, an dem darüberhinaus auch das schlichte Element der wirklichen Wissensweitergabe abzulesen ist: "Rot. auss was ursach der menschen kot oder dreck so ungleich sein an substantz und der farb etlich als weich man

möcht yn durch ein rörlein suppen oder den mund mit schwencken als dan uff ein zeit geschehen ist. der ander als hart das einer daran zu beyssen hat und do mit der böln spielen möcht woll mit den lappen durch zu schlagen wer." mit der Antwort: "Antwurt und ursach underscheids des drecks ist die nach dem der mensch speyss gute bisslein gessen hat, etlich weich laphafftig als suppen und weinsauffen darnach wirt die matery des drecks auch, einer scheldt sich gladt, abfelt sauber von der ess aber der ander nit."[202]
Gerade der Zug des Buntzusammengewürfelten macht das Straßburger Rätselbuch zu einer spannenden und fruchtbaren Rätselsammlung: in ihr finden sich die Extreme dessen, was Rätsel sein können, vertreten, Hermetisches neben Vulgärem im engen Sinn des Worts, Langes neben ganz Kurzem, Banales neben Sublimem, Witziges neben Ödem. Fast alle Rätsel haben den Charakter eines Authentischen, wie immer vielfältig die Wege sind, die sie hinter sich haben - und einige Rätsel sind nachweislich bereits in den früheren Rätselsammlungen etwa der Reichenau oder des Symphosius enthalten.

Der Zug des innerhalb der zusammengetragenen Rätsel Nichtzensierenden, des Nichtauswählenden einerseits und des Authentischen andererseits verbindet das Straßburger Rätselbuch mit den beiden anderen großen hier zugrundegelegten Textsammlungen.

Die Sammlung von Richard Wossidlo stammt ebenso wie die von Giuseppe Pitré aus dem Jahr 1897. Wossidlo war Oberlehrer in Mecklenburg und gab seine große und wichtige Rätselsammlung, ähnlich wie Butsch, als Dilettant und Liebhaber heraus, als ein "vaterländisches Werk", das "helfen" sollte, "bei allen denen, die unser Mecklenburg lieb haben, den Blick zu schärfen für den Wert und die Schönheit der alten Überlieferungen, die unser Volk mit seltener Treue in so reicher Fülle von den Vätern her sich bewahrte."[203] Wossidlo beschreibt eingehend die Vorarbeiten der Sammlung und ist sich der Tatsache bewußt, daß "das vorliegende Rätselbuch", das "unter Einrechnung der mit a b c oder 1 2 3 u.s.w. bezeichneten selbständigen Fassungen, die in anderen Sammlungen mit fortlaufender Nummer gezählt sind, 2141 Nummern enthält", "an Umfang und innerem Werte alle übrigen Rätsel-Sammlungen, die bisher in Deutschland zusammengebracht wurden, überragt"[204]. Er führt auch sorgfältig die Namen, "Lebensstellung" und die Herkunftsorte sämtlicher "Mitarbeiter", d.h. Informanten auf wie "Herr Lehrer ...", "Herr Seminarist ...", "Herr Schulze ...", "Herr Gendarmerie-Wachtmeister ...", "Herr Sanitätsrat ...", "Freiherr von Maltzan", "Herr Revierförster ...", "Herr Müller ...", "Frau Rittmeister ...", "Herr Erbpächter ...", "Herr Rittergutsbesitzer ...", "Herr Gerichtsdiener ..." und viele andere, ganz überwiegend Lehrer und Seminaristen, aber auch Jäger, Pastoren und

Cantoren, Büchsenmacher, Fischer, Schneider, Schüler, Primaner, Arbeiter, Rentiers, ein Tagelöhner. So wie Wossidlo all diese Einzelheiten ernstnimmt und ihnen in seiner Sammlung Raum gewährt - das Mitarbeiterverzeichnis geht über 16 Seiten und führt 430 Namen, Berufsbezeichnungen und Herkunftsorte auf - so präsentiert er auch die Rätsel. Sie sind zwar in Gruppen geordnet, in einer ersten großen Gruppe die nach Robert Petsch "wirklichen Rätsel", nämlich die "Sachenrätsel", wie Wossidlo sie nennt, und dann in zwei eigenen Gruppen einmal die "Scherzrätsel und Rätselfragen. Aufgabenrätsel. Wortspielrätsel. Namenrätsel." und die "Halslösungsrätsel und Rätselmärchen", aber darüberhinaus greift Wossidlo nicht in die Texte ein. Er stellt sie vor, in einem geordneten bunten Durcheinander, teils sortiert nach den inhaltlichen Motiven, teils nach Bauformen wie "Gesprächsrätsel" (Erste Gruppe) oder "Ich-Rätsel" (Fünfte Gruppe) oder nach besonderen wiederkehrenden sprachlichen Motiven wie "Ruge ruge rell" (Achte Gruppe) oder "Dor flööch 'n vagel. Dor leep 'n hund" (Sechste Gruppe). Am Ende kommen schließlich noch einmal drei gar nicht so kleine eigene Gruppen mit "Kleineren Rätseln" (Elfte Gruppe), "Verschiedenen Rätseln" (Zwöflte Gruppe) oder "Volkstümlichen Rätseln" (Dreizehnte Gruppe). Wossidlo gibt die Texte alle in der ursprünglichen mundartlichen Fassung wieder, auch die divergierenden Fassungen verschiedener Dörfer, fast ohne Kommentare oder auch nur Verständnishilfen, aber sorgfältigst dafür die anderswo verwendeten ähnlichlautenden Bezeichnungen für bestimmte einzelne Rätselelemente verzeichnend. Als anschauliches Beispiel dafür sei hier das Rätsel Nr. 119 angeführt. Wossidlo stellt das Rätsel zunächst in einer Grundfassung, "119. a." vor:

"Ruge ruge rell, vier rug' fell,
een klippklapp, een jööljapp, rad' mal eens, wat is dat."[205]

Dann gibt er die Auflösung: "wagen - pferde - peitsche - knecht" und dann beginnt er, gedruckt mit kleineren Typen und engstem Abstand, für jede der beiden Zeilen des Rätsel, all die vielen anderen Bezeichnungen aufzuführen, die ihm auch bekannt geworden sind, was dann so aussieht:

"1. Ruge rige rell, ru ru rell, ri ru rell, ri ro rell, riel ruul rell, ra ra rell, rade rade rell, runge runge rell, vier rad' rell, vier rullen rell, vier runn rell; re ru re, rier ruur reer; vier runn' relgen, vier rug' felgen; rue rue rät, vier ruge fät; vier pund fell, vier büdel fell, vier älen fell, nägen ell fell (fuder heu), vier pierfell.

2. Een klipperbüdel, klimperbüdel, klingerbüdel, klingenbüdel, klisperbüdel, klisterbüdel, kliebüdel, puderbüdel, hawerbüdel, foderbüdel, keesbüdel, aschebüdel, ischebüdel; fisterbüdel (knecht), fiestebüdel, pissbüdel; flusterbüdel mit de klap-

perjagd, windbüdel uppe klapperjack, vizebuur mit de achterklapp..."[206]. Die Liste geht noch einmal so lange weiter mit der Aufzählung der Parallelen für "Jööljapp" und was sonst noch an parallelen Formulierungen angetroffen wurde.
Das ist aber nicht alles: in den Varianten b bis q wird nun allererst noch aufgeführt, was an eigenständigen Rätselvarianten, d.h. nicht nur Wortveränderungen, sondern Strukturänderungen, manchmal auch ganz anderen Rätselgegenständen bei beibehaltenem Grundmuster des Rätsels zu finden waren, d.h. nun Formen, in denen das Ausgangsrätsel dreizeilig erscheint, in denen sechs beteiligte Elemente auftauchen oder nur drei, in denen es nun um Spinnrad, Mühle, Garnspule oder Kuh geht.
An dieser Unmenge von Material wird sinnfällig, daß die Rätsel nicht "Literatur", wesentlich nicht Teil der Schriftkultur, sondern lebendige Formen sind, deren Wortlaut veränderlich ist. Dabei aber zeigen sie doch bestimmte, bei allen Veränderungen eingehaltene Muster, behalten gewisse Grundformen bei. Gerade in der Reihung der Varianten, die Wossidlo anführt, erscheint deutlich das Element des Variablen neben dem in all den Variablen sich durchhaltenden festen Element, dem einer Form. Das ist nicht gemeint im Sinn eines rein Äußeren, eher in dem Jolles'schen Sinn einer "Sprachgebärde", eines bestimmten Gestus, der eine bestimmte und doch nicht bis ins Einzelne festgelegte äußere Gestalt annimmt, der wiedererkannt wird, der nachgeahmt und eingehalten wird, der das Unverzichtbare in den unzähligen und manchmal sich verselbständigen Varianten ist. Dieses feste Element eines Rätsels kann eines der Lautung sein, eines der Strukturierung und Gliederung, eines des Inhalts; immer aber muß es ein bestimmtes sein und in bestimmtem Verhältnis zum Gegenstand des Rätsels stehen: an dieses Element knüpft sich der Ausdruck und der Gehalt des Rätsels.
Deutlich wird an der Wossidlo'schen Weise der Textpräsentation auch, daß es oft nicht um die einzelne Lösung geht, sondern um eine Form der Mitteilung und Verständigung, um eine Sprach- und Denkform, um ein Sprechen mit eigenen Regeln, Grenzen und Freiheiten; und ebenso, daß es bei einer Beschäftigung mit den Rätseln, die nicht Mitraten ist, darum geht, von dieser besonderen, eigenartigen, manchmal befreienden, manchmal wie besessenen Weise des Denkens, Sprechens, Mitteilens etwas zu erfassen. Weil Wossidlos Sammlung dies zu ermöglichen schien, wurde sie als eine der tragenden Textgrundlagen dieser Untersuchung ausgewählt.

Neben Wossidlos Sammlung steht die Sammlung Pitrés. Wossidlos Sammlung umfaßt 372 Seiten, die von Pitré, ohne das Überschriften-und Lösungsverzeichnis, 212 römisch numerierte und 455 arabisch numerierte Seiten. Auch Pitrés Arbeit ist, wie die von Wossidlo, Glied in einer Kette von Veröffentlichungen aus dem Bereich der volkstümlichen Überlieferung; beide sind Sammlungen primär von Liebhabern, nicht von Philologen, sind direkt aus dem Kontakt mit den Informanten entstanden, tragen den Charakter von Aufzeichnungen. Und schließlich bringen beide in den jeweiligen Vorworten zum Ausdruck, was auch Butsch schon in ähnlicher Weise notiert hatte: daß nämlich "unsere Literatur-Historiker sich auf die Bebauung des ebenso interessanten wie voraussichtlich ergiebigen Feldes des Räthsels noch nicht mit so viel Lust und Liebe geworfen, als der Gegenstand es verdiente"[207]. Pitré stellt seiner Sammlung ausführliche Erläuterungen voran, zum Begriff und zur Geschichte des Rätsels im allgemeinen und ihrem Vorkommen in Sizilien im besonderen, zu verschiedenen Rätseltypen und einzelnen klassischen Motiven, zu besonderen Aspekten wie den literarischen Einflüssen, den Einleitungsformeln, den Wortneubildungen zur Verrätselung bestimmter Dinge, dem Element der Alliteration und schließlich zu den verschiedenen Formen von Scherzrätseln, Rätselmärchen, Zungenbrechern und anderen verwandten oder benachbarten Figuren. Diese Ausführungen bleiben alle auf der Ebene der Beschreibung, des Vergleichs unterschiedlicher lokaler oder regionaler Varianten, einer ersten Einführung und Hinführung zum Gegenstand. Die sich hieran anschließenden eigentlichen Rätsel umfassen noch 286 Seiten und sind lediglich nach den Anfangsbuchstaben des jeweiligen Lösungswortes geordnet und durchnumeriert. Es sind insgesamt 921 Nummern. Anders als Wossidlo bringt Pitré zu jedem Rätsel außer dem Herkunftsort nur gelegentlich einige Varianten, die unter a) b) c) dem mit einer Zahl bezeichneten Grundrätsel angefügt sind. Ausserdem gibt es zu fast jedem Rätsel eine kürzere oder längere Fußnote, in der sich in der Regel eine Übertragung des sizilianischen Textes ins Italienische, gelegentlich aber auch kurze Kommentare, Erklärungen und eigene Meinungen Pitrés finden. Im übrigen ist die Sammlung von ihrer Anlage und ihrem Charakter her wesentlich der Wossidloschen ähnlich. Sie bot sich, auch wegen der zeitlichen Parallelität und den sich anbietenden Möglichkeiten eines Vergleichs, als weitere wichtige Textgrundlage an.

Für den deutschen Sprachraum wurden daneben insbesondere die Sammlung Karl Simrocks und das im Leipziger Insel-Verlag erschienene "Kleine Rätselbuch" herangezogen. Beide stellen im Verhältnis zu den vorherigen kleine, vor allem aber geglättete, gereinigte, in gewissem Sinn rationalisierte Sammlungen dar, in denen all das ausgeräumt ist, was in den beiden großen Sammlungen Pitrés und Wossidlos an Überschießendem, Verwirrendem, Wucherndem, eben Ungeglättetem vorhanden ist. Vereinzelt sind aber in diesen kleinen Sammlungen noch neue Rätsel zu finden oder, öfter, die standardisierten Normalversionen von vielen der alten und weitverbeiteten Rätsel. Auch das "Deutsche Rätselbuch" von Volker Schupp war eine solche ergänzende Quelle[208]. Für den italienischen Sprachraum kamen in ähnlicher

Funktion die ebenfalls "charakterloseren" Sammlungen von Gianfranco Lotti[209], Carlo Lapucci[210] und Carmelo Assenza[211] hinzu.
In einem noch weiteren Umkreis dann sind Rätsel eingeflossen aus zerstreuten und im bibliographischen Anhang aufgeführten Zeitschriftenaufsätzen, in denen zuweilen kleinere Sammlungen von Rätseln aus einer bestimmten Region, einem kulturellen Zusammenhang oder Rätsel zu einem ausgewählten Motiv zusammengestellt sind. Hier sind neben vielen anderen besonders die Abhandlungen von Karl Müllenhoff, Andreas Heusler und Walter Porzig zu nennen.

2. Kriterien der Auswahl der einzelnen Rätsel

Auch aus den dargestellten ausgewählten Rätselsammlungen konnten und sollten hier nicht alle Rätsel untersucht werden, insbesondere da diese Sammlungen ja gerade ihres umfassenden, ihres selbst nicht auswählenden Charakters wegen zur Grundlage gemacht wurden und eine große Zahl von Rätseln in diesen Sammlungen nur für eine statistische Betrachtung von Interesse sind, ansonsten aber langweilig, gleichförmig, unschön, gewollt, unratbar oder einfach nur schlecht gemacht sind. In einer großen, selbst oft keine Unterschiede machenden Welle der mündlichen und in späterer Zeit auch schriftlichen Überlieferung werden die Rätsel durch die Jahrhunderte und Länder gespült und der Betrachter muß selbst lange gleichsam im Sand des Rätselmaterials graben, bis er diejenigen Einzeltexte findet, in denen ihm etwas entgegenscheint, das nicht langweilig, nicht gleichförmig und doch auch nicht bloß zufällig ist.
Um diese Einzeltexte auszuwählen, wurden zwei Kriterien angelegt:
- einmal das aus der Durchsicht der gesamten Materialmenge hervorgegangene Kriterium einer objektiven Bedeutung eines einzelnen Rätsels; d.h. ausgewählt wurden diejenigen Rätsel, in denen eine Form oder ein Motiv in besonders prägnanter Weise ausgebildet war;
- zum zweiten das Kriterium einer subjektiven Bedeutung, d.h. ausgewählt wurden diejenigen Rätsel, an denen ein besonderer Reiz haftete, Rätsel, die besonders einfach, besonders provozierend, besonders ausdrucksvoll waren, und dies jeweils für die Verfasserin dieser Arbeit.
Dieses zweite Kriterium, das sich nicht objektiv ausweisen kann, bedarf im Zusammenhang einer wissenschaftlichen Untersuchung einer Verdeutlichung und Rechtfertigung.
Es steht wohl außer Frage, daß es von allen Produkten einer Art - und seien dies Torten, Schnäpse, Witze, Musikwerke oder Photographien beispielsweise - gute und

schlechte gibt, und zwar einmal objektiv gute und schlechte und in einem zweiten Schritt für den jeweiligen Genießer gute und schlechte. Dabei muß überdies das objektiv Gute nicht mit dem subjektiv Guten zusammenfallen und umgekehrt. So banal diese Feststellung ist, so offenkundig ist es auch, daß die objektive Qualität sich in klar formulierbaren Kriterien messen läßt, während die subjektive Qualität an ihren unscharfen Maßstäben krankt und darum immer eher schief angesehen ist. Als "gute" Rätsel wurden hier die ausgewählt, die in besonders klarer, in exemplarischer Weise das ausprägten, was auch in vielen anderen Rätseln vorhanden ist und die dadurch geeignet waren, die besonderen Sprach- und Erkenntnisformen der Rätsel zu erhellen. Daneben aber ist noch ein anderes Moment wichtig. Für eine Untersuchung, der es nicht primär um eine im engen Sinn philologische Darstellung und Analyse geht, sondern um das Erfassen einer so eigentümlichen Sprach- und Denkform wie der Rätsel, einer Form, die sich dadurch definiert, daß sie sich dem Zugriff entzieht, sich verbirgt, verstellt, nicht das sagt, was sie meint, - für eine solche Untersuchung bedarf es der Annahme, in irgendeiner Weise zum Gegenstand vordringen zu können, ihm an irgendeiner Stelle tatsächlich näherkommen zu können. Dies aber schien nur möglich, wenn die Distanz des Beobachters, seine Indifferenz, seine wesentliche Unbeteiligtheit in einer reflektierten Weise, auch, aufgegeben wurde. Eine der Grundannahmen dieser Arbeit war die, daß die Rätsel nur zu verstehen sind, wenn man bereit ist, sich auf sie einzulassen, selbst etwas von sich preiszugeben, sich zu ihnen in eine Beziehung zu setzen. Eine erste Beziehung dieser Art ist der Reiz. Und so unbestimmt dieser Begriff erscheint, so deutlich scheidet er doch innerhalb der Menge der Formen zwischen solchen, die "sprechen" und solchen, die "nicht sprechen", taub bleiben, stumm, fad. Ein Rätsel, das reizt, läßt etwas im Betrachter stutzen, innehalten, aufmerken; ein solches Rätsel durchdringt eine Schranke und ihm antwortet etwas im Subjekt. Der Reiz eines Gebildes im hier gemeinten Zusammenhang ist eine Wirkung, die von einem Gemachten überspringt auf ein Nichtgemachtes, vom Gebilde aufs Subjekt. Wie ein Funke stellt der Reiz eine Beziehung her, eine die ganz unvermittelt und zugleich äußerst vermittelt ist, eine, die verschiedene Gesichter haben kann, Anziehung ebenso bedeuten kann wie Abstoßung oder Widerstand. Immer aber ist, auf der einen Seite, das Subjekt gefragt, auf der anderen aber eine prägnante Form. Nur diejenigen Rätsel, so scheint es, vermögen zu reizen, in denen ein Gehalt, ein Ausdruck sich zu einer bestimmten Dichte konzentriert hat, kristallisiert hat. Reiz geht von einer Form dann aus, wenn sie etwas trifft und zugleich von etwas getroffen ist.

Dies aber führt auf einen weiteren Gedanken, der in die Überlegungen über die Auswahlkriterien eingegangen ist. Der Reiz als Kriterium für die Auswahl der Rätsel ist auch dadurch zu rechtfertigen, daß er als ein Indiz dafür angesehen werden kann, daß die Spannung, die ein Rätsel thematisiert oder auch nur berührt[212], noch nicht ausgestanden ist. Der Reiz kann verraten, wo ein Konflikt noch ungelöst ist, wo etwas Lebendiges steckt, wo etwas sich verbirgt, was sich nicht hervorwagen darf und was vielleicht der Worte gar nicht mächtig ist.

3. Weltaufbau- und Gliederungsrätsel

Beim Versuch, die Rätsel in Gruppen zu ordnen, treten immer wieder zwei unterschiedliche Ordnungsprinzipien in Widerstreit: es ist einerseits das Prinzip der Form, d.h. wiederkehrende bestimmende äußere Merkmale wie Zwei-, Drei- oder Mehrzeiligkeit, antithetische Struktur oder Reihung oder anderseits das Prinzip des Inhalts, d.h. wiederkehrende Themen wie der Zyklus des Jahres und Prozesse in der Natur, Tiere, Pflanzen und Gegenstände der Alltagserfahrung oder Leben und Tod. Bei genauerem Studium der Rätsel jedoch verliert dieser Widerstreit an Schärfe, auch wenn sich immer wieder in konkreten Einzelfällen das Problem einer Zuordnung meldet. Es scheint vielmehr so, als ginge die Alternative "Form - Inhalt" an den Rätseln, wie sie hier betrachtet und untersucht werden sollen, vorbei. Denn die Rätsel sind hier Gegenstand als "Sprach- und Erkenntnisformen", gerade als Formen, die in ihrer Eigentümlichkeit etwas wie Konvergenzpunkte sind: es ist in ihnen nicht zu trennen, ob es mehr um Form oder mehr um Inhalt geht, denn eines verschmilzt nicht nur ästhetisch, sondern vor allem vom Gehalt her mit dem anderen. Die Form wird zu einem Moment des Inhalts, so daß der Widerspruch etwa kein Element der Form mehr ist, sondern der zentrale Inhalt so wie umgekehrt ein Inhalt nicht so sehr im Gesagten mitgeteilt wird als in einer Form ausgedrückt. So kann beispielsweise der Zusammenhang des Lebendigen in der Form einer Reihung sprechender werden als in dem, was an Inhalt davon zu sagen ist. Aus diesen Überlegungen resultiert das hier versuchte Ordnungsprinzip. Es bemüht sich, in den hergestellten Gruppen die beiden Seiten, formale und inhaltliche Gesichtspunkte, nicht zu trennen, sondern gleichsam da anzusetzen, wo sie konvergieren. Für die erste Gruppe der Weltaufbau- und Gliederungsrätsel war das nicht schwer, da es anhand der Rätsel einsichtig zu machen ist, daß die Gliederung der Welt im Großen wie in den einzelnen Erscheinungen, aus denen sie sich zusammensetzt, ein Bedürfnis darstellt, für dessen Befriedigung die Rätsel ihre besonderen Formen bereitstellen. Daß eben darin ihre Funktion und ihre Leistung bestehen, ist aus dem Material selbst am deutlichsten abzulesen. Für andere Gruppen ist das manchmal weniger klar, immer aber, so jedenfalls ist die These dieser Arbeit, stellen die Rätsel Formen dar, in denen Erfahrung strukturiert und so erst begriffen werden kann. In dieser Leistung der Strukturierung von Erfahrung, der Möglichkeit, in einer überlieferten Form einem diffus Erlebten eine Gestalt zu geben, treten selbst die Elemente des Formalen und des Inhaltlichen aufs engste zusammen und konstituieren erst in diesem Zusammentreten das, was die besondere Leistung und den Charakter der Rätsel ausmacht.

Für die nachfolgenden Analysen werden aus der Gesamtmenge des durchgesehenen Rätselmaterials nur wenige Formen als exemplarisch herausgegriffen. Es ist deutlich gemacht worden, daß es unendliche Mengen von Beispielen gibt, die aber oft, da es Gebrauchsformen sind, in unscharfen, verunklärten und verunreinigten Formen begegnen. Da es sich bei dieser Untersuchung nicht um eine empirische Aufarbeitung und Darstellung der vorhandenen Rätsel handelt, sondern um die Untersuchung dessen, was die Rätsel als Sprach- und Erkenntnisformen leisten, schien es sinnvoll und ausreichend, dies an einer begrenzteren Zahl ausgewählter exemplarischer, besonders klar ausgebildeter und besonders sprechender Formen zu tun.

Unter den "Weltaufbau- und Gliederungsrätseln" sollen drei verschiedene Rätseltypen gefaßt sein:

a) Rätsel, für die exemplarisch die beiden folgenden stehen können:

"Geht übers Wasser und wird nicht naß."[213]

und:

"Tags schau'n sie sich an,
Nachts küssen sie sich."[214]

Diese beiden Rätsel haben das strukturierende Prinzip des Widerspruchs gemein.

Unter b) sollen die Rätsel betrachtet werden, die nach dem Modell der folgenden beiden Kuh-Rätsel funktionieren:

"Vier hangige,
vier gangige,
zwoi glitzige,
zwoi spitzige."[215]

und:

"Vorne wie eine Gabel,
In der Mitte wie ein Faß,
Das Hinterst wie ein Besen:
Was ist das?"[216]

Gemein ist diesen Rätseln die Gliederung eines komplexeren Ganzen durch sein Zerlegen in eine Reihe von funktionalen Bestandteilen und das Wiederzusammenfügen in einzelnen beschreibenden, nebeneinanderordnenden Schritten, in der Regel in Dreigliedrigkeit, gelegentlich auch in vier Zeilen.

Als dritte Gruppe c) sollen die Rätsel untersucht werden, die das Gliederungsprinzip der letzten beiden Beispiele zugrundelegen und es in Vier- oder Mehrgliedrigkeit ausbauen, dabei aber in seiner Richtung ändern, vom Horizontalen in die Vertikale:

"Es sind zwo Stöd,
uf dene zwo Stöd e Höhli,
uf der Höhli e Mülli,
oben am Dach zwee Sterne."[217]

Die Rätsel, die hier, aus drei kleineren Gruppen zusammengesetzt, in einer großen Gruppe behandelt werden sollen, erscheinen vielleicht auf den ersten Blick verwirrend vielgestaltig. In ihnen allen wirkt jedoch ein gemeinsames Prinzip, das nämlich, ein Wahrgenommenes, Erfahrenes, in eine Ordnung, eine Form zu bringen und es auf diese Weise faßbar zu machen. Sie gliedern alle ein Stück Wirklichkeit und sollen darum unter diesem Gesichtspunkt gemeinsam betrachtet werden - als Weltaufbau- und Gliederungsrätsel.

Sie verfügen zu diesem Ziel über unterscheidbare elementare Ordnungsmodelle:
- das der Opposition, des Widerspruchs oder, ganz abstrahierend, einer Zweigliedrigkeit, die durch ihre innere Entgegensetzung zusammengehalten wird;
- das einer Drei- höchstens Viergliedrigkeit, das ein lebendig und dynamisch verbundenes Ganzes, eine Welt im kleinen, einen kleinen Lebenskreis herstellt;
- und schließlich das Modell der Pyramide oder des

Turms, eines vielgliedrigen Übereinanderschichtens, eine vertikale Ordnung.

Da diese Arbeit versuchen will, möglichst vom Material der Rätseltexte selbst auszugehen, soll nun für jedes der drei Modelle zunächst noch eine Reihe weiterer Textbeispiele angeführt werden, um dann jede einzelne der Gruppen für sich zu betrachten und anhand der konkreten Rätsel analysieren zu können. Auch wird das Gemeinsame der verschiedenen, hier unter einem Aspekt versammelten Rätsel, das Moment einer bestimmten Denk- und Ausdrucksform, erst bei einer größeren Zahl von Beispielen sichtbar. Im Übrigen soll - zum Problem der Zuordnung - noch einmal deutlich gemacht werden, daß jedes Rätsel verschiedenen Gruppen zugeordnet werden kann. Hier wurde diejenige Zuordnung vorgenommen, mithilfe deren das einzelne Rätsel am ehesten als ein exemplarisches erschlossen werden konnte. Auch erscheint gelegentlich ein Rätsel in verschiedenen Gruppen, wenn an ihm mehr als ein Aspekt bedeutsam erscheint.

a) Die zweigliedrigen, antithetischen Rätsel

"Im Sommer ein Bettelmann,
Im Winter ein Herr."[218]

"Treppunter lachts,
Treppauf weints."[219]

"Wat sommers fritt und winters schitt."[220]

"Der Bauer wirft es weg,
Und der König steckt es in die Tasche."[221]

Und in der Mundartversion bei Wossidlo:

"De arm smitt't up de straat,
de riek steckt't in de tasch."[222]

"Der Vater war kaum zur Welt gekommen,
da saß der Sohn schon auf dem Dach."[223]

Oder, zum selben Gegenstand, nur noch zugespitzter und darum schöner in der Form, ein sizilianisches:

"Geboren auf der Erde,
und stirbt im Himmel."[224]

"Was kriecht ins Loch
und läßt die Pfote draußen?"[225]

"Alle Tage geh ich aus,
Bleibe dennoch stets zu Haus."[226]

"Der Haken hängt am Fleisch."[227]

"Den ganzen Tag am Fenster,
Erst am Abend geht's rein."[228]

"Es gehört mir,
Und andere gebrauchen es mehr als ich."[229]

"Mit augen kann man's sehen,
mit den händen nicht greifen."[230]

Derselbe Gegenstand noch einmal in anderen Beispielen aus der sizilianischen und der mecklenburgischen Sammlung:

"Geht übers Wasser und wird nicht naß.[231]

"Man tritt es mit Füßen
und es tut ihm nicht weh."[232]

"Fällt wat in'n Soot un plumpt nich."[233]

Gerade in den großen authentischen Sammlungen Pitrés und besonders Wossidlos finden sich unendliche Mengen von Rätseln, die sich dieses einfachen plastischen Schemas bedienen und es scheint, je banaler der Gegenstand wird und je einfacher die Form des Rätsels nur in der Anwendung dieses Schemas besteht, umso deutlicher tritt dieses Schema als das Wesentliche dieser Rätsel hervor. Noch einige Beispiele aus Wossidlos Sammlung, in der das Problem der Übersetzung und damit der Veränderung des Textes nicht besteht:

"Wat hett een og' un kann nich sehn?"[234]

"Wat is dat, wat väl ogen hett
un kann doch nich sehn?"[235]

"Wat geit rund üm 'n boom
un kann nich rin kamen?"[236]

"Wat nacht un dach gahn deit
un kümmt nich ut 'n hus."[237]

"Wat ward kaakt un braadt,
un frett doch nich katt oder hund?"[238]

"Dat licht in'n stroh un läwt nich,
dat licht in'n nest un atent nich."[239]

"Wer hüürt alles
un kann doch nicks wedder vertellen?"[240]

"Ik heff wat in de tasch
un heff dor doch nicks in,
wat is dat?"[241]

Und als letzte, noch einmal besonders ausgeprägte:

"Ein Haus voll Essen
Und die Tür vergessen."[242]

"Ich seh' es von weitem,
von nahem seh ich's nicht."[243]

Was in allen diesen Rätseln als verbindendes und hervortretendes Element auftaucht, ist der Widerspruch. Er ist, vielleicht mehr noch als die immer wieder im Zusammenhang mit der Rätselsprache hervorgehobene bildhafte, metaphorische Redeweise, wesentlich kennzeichnend für die Rätsel.

Was ist hier mit "Widerspruch" gemeint? Worin besteht er, wie artikuliert er sich? Widerspruch bedeutet in der Regel, und das heißt im Zusammenhang der Logik und Erkenntnistheorie der klassischen Philosophie, "das Verhältnis zwischen zwei einander ausschliessenden Bestimmungen ein und desselben Gegenstands: 'A und nicht-A'" und im Gefolge davon, "daß jede solche Aussage falsch ist"[244]. Einen Widerspruch in diesem ausdrücklichen und strengen Sinn zeigen die Rätsel nur in besonderen Fällen, etwa dem folgenden:

"Rat. das lauffen stat still,
das weich ist hart,
das schwach ist starck,
vill ist wennig."[245]

Hier ist in vierfacher Wiederholung das behauptet, als wahr und wirklich behauptet, was für die klassischen Verwalter des vernünftigen Denkens und des Identitäsprinzips Inbegriff des Falschen und des Sinnlosen ist, eben jenes "A gleich nicht-A", zudem noch so wenig fortzudiskutieren, weil allzu banal und konkret: weich ist hart/ schwach ist stark/ viel ist wenig. Wie programmatisch klingt es in seiner knappen, zugespitzten, nicht ein einziges milderndes Wort verlierenden Form, wie eine Herausforderung: Herausforderung an die, die da behaupten, "weich" und "hart" seien verschieden, gar entgegengesetzt. Die Verknüpfung und Ineinssetzung ist so massiv und total wie anders nicht möglich, im Prädikat "ist" meint sie nicht weniger als das Sein: die Entgegengesetzten sind gleich. Und doch steht im Mittelpunkt des Rätsels nicht einmal so sehr dieser Widerspruch als vielmehr der Nichtwiderspruch dieser Unmöglichkeit, d.h. die Tatsache, daß das, was unmöglich scheint, "weich ist hart", kein Widerspruch, sondern einfach wirklich ist, daß es stimmt. Im Mittelpunkt des Rätsels steht die Möglichkeit, daß es einfach so ist, wie das Rätsel sagt, daß dieser vierfache Widerspruch gar nicht existiert.

In diesem Rätsel ist jedoch das Formelement Widerspruch im logischen, strengen Sinn reiner ausgeprägt als in den oben angeführten anderen Rätseln. Aber auch in diesen ist es bestimmend. Es ist in ihnen anwesend als Widerspruch nicht in der abstrakten Form eines Gegensatzes zwischen den Gliedern des Satzes, nicht als "A gleich nicht-A", sondern als Konkretes, als Bruch in der Kausalität - als "Geht übers Wasser und wird nicht naß", als "Fällt in den Sumpf und plumpst nicht", als "Hat Augen und kann nicht sehen", als "geht Tag und Nacht und kommt nicht aus dem Haus". Daß die Kausalität nicht gilt, ja, daß sie regelrecht außer Kraft gesetzt ist, indem das Gegenteil dessen geschieht, was nach aller menschlichen Erfahrung geschehen müßte, wenn denn "A gleich A" wäre, ist ebenso als ein Widerspruch zu werten. Denn jedes "A" ist ein solches durch die Eigenschaften, über die es verfügt, durch die Kausalitätszusammenhänge, in die es eingebettet ist. Eine Bewegung

ohne Fortkommen ist im Rahmen der Alltagserfahrung ebensowenig zu denken wie ein In-den Sumpf-Fallen ohne "Plumps".
Noch in einer dritten Weise artikuliert sich der Widerspruch in den Rätseln: als Unbeständigkeit der Phänomene, ganz in der Weise, wie es Kant in seiner Transzendentalen Deduktion als Verunmöglichung einer jeden "empirischen Synthesis der Reproduktion in der Einbildung" darstellt. Zur Verdeutlichung noch einmal die Worte Kants: "Daß die Erscheinungen selbst wirklich einer solchen Regel unterworfen seien, und daß in dem Mannigfaltigen ihrer Vorstellungen eine, gewissen Regeln gemäße, Begleitung, oder Folge statt finde"[246], ist unabdingbar, denn "würde der Zinnober bald rot, bald schwarz, bald leicht, bald schwer sein, ein Mensch bald in diese, bald in jene tierische Gestalt verändert werden, ... so könnte meine empirische Einbildungskraft nicht einmal Gelegenheit bekommen, bei der Vorstellung der roten Farbe den schweren Zinnober in die Gedanken zu bekommen ..."[247].
In den Rätseln verhalten sich die Dinge nicht nur regelwidrig, d.h. entgegen den Gesetzen der Kausalität, sondern regellos. Es herrscht Anarchie, alles ist möglich, nichts ist ausgeschlossen, das Unterste ist nach oben gekehrt, der Haken hängt am Fleisch, der Bauer wirft fort, was der König aufbewahrt, der Ausnahmezustand ist die Regel: "Ich seh es von weitem,/ von nahem seh ich's nicht".

Mit dieser Grundstruktur der Spannung zwischen zwei Entgegengesetzten tritt das Denken der Rätsel der Welt entgegen und behauptet, daß diese Struktur der Grundverfassung der Welt entspreche, daß nichts von sich selbst harmonisch, sondern alles Entgegensetzung und Widerspruch sei.
Widersprüchlich ist ihnen, was sie um sich her wahrnehmen - "Ein Haus voll Essen/ Und die Tür vergessen" oder "Hüürt alles un kann doch nicks wedder vertellen" oder "Mit augen kann man's sehen,/ mit den händen nicht greifen". Immer wieder ist es die Erfahrung, verständnislos vor den Dingen zu stehen und an ihnen nur zu sehen, was nicht zusammenstimmt. Dies gilt als Erfahrung sowohl des Individuums wie der Gattung, ontogenetisch wie phylogenetisch; Widerspruch ist es dem Kleinkind, daß die Mutter da ist und nicht gibt und tut, was das Kind verlangt, Widerspruch ist es dem Erwachsenen, daß er Sterne am Himmel glänzen sieht, die längst verloschen sind, daß er liebt und seine Liebe nicht erwidert wird, daß die Zeit verrinnt und er es nicht sieht, nicht fühlt, nicht "mit Händen greifen" kann. Für die Gattung mögen es andere Widersprüche gewesen sein; Widersprüche aber waren es sicher, die die ersten Erfahrungen der Menschen im Prozeß ihrer Bewußtwerdung kennzeichneten, wie es die Mythen mit ihren Stoffen belegen: mit dem Menschenfleisch, das genießbar war und doch nicht genossen werden sollte, mit Schwester oder Mutter, die einem lieb waren und doch nicht begehrt werden durften. Und bis

heute und bis ins Erwachsenendasein wiederholt sich die Erfahrung des Widerspruchs, sobald zwischen das betrachtende Subjekt und die es umgebende Welt eine kleine Distanz tritt, eine Distanz, die allererst einen Blick möglich macht und nicht mehr nur das blicklos-mechanische Funktionieren eines Einzelnen im Ganzen ist. Eine Wahrnehmung dieser Art mag beispielsweise die von Walter Benjamin notierte sein, daß im Sommer eher die dicken Menschen, im Winter dagegen eher die dünnen auffallen, oder die wunderbare, von Walter Porzig berichtete:"'Daß man die Bahnen der Sterne berechnen kann, begreife ich', sagte der Bauer, den ein Zufall in einen astronomischen Vortrag geführt hatte, 'aber wie in aller Welt haben sie ihre Namen herausgebracht?'"[248]

Widersprüchlich ist das, was die Rätsel wahrnehmen, läßt man es als Wahrnehmung überhaupt zu. Widerspruch ist aber auch das Instrument der Wahrnehmung, der Erkenntnis. Das heißt, daß die Rätsel nicht nur den Widerspruch nicht ausschließen, sondern ihn als einen Weg der Erkenntnis in ihren Formen immer wieder postulieren. Zu postulieren, daß es wahr sei, daß "das weich hart, das schwach starck, vill wennig ist", daß es etwas gebe, um ein anderes Beispiel zu zitieren, was "ein Tal voll und ein Land voll/ Und am Ende keine Handvoll"[249] ist, das heißt, die Alternativen nicht anzuerkennen, die das Denken nach dem Gesetz der Widerspruchsfreiheit prägen. Immer wieder taucht in den Rätseln die Struktur der Zweigliedrigkeit auf, die eine Entgegensetzung bildet, einen Widerspruch. Immer wieder behauptet das Rätsel, indem es eine Antwort sucht auf seine Frage, daß dieser Widerspruch einer Wirklichkeit entspreche, daß die beiden Alternativen, die das Rätsel ausmachen, in einem "Tertium" zusammenfinden können. Es behauptet damit, daß es einen anderen Weg zur Erkenntnis gebe als den nach den Gesetzen des Identitätsprinzips, des Prinzips "A gleich A", aber auch, daß die Gegenstände, richtig erkannt, nicht "A gleich A" seien, d.h. daß Widerspruch herrsche und nicht Identität, daß Nichtidentität herrsche und nicht bedrohlich sei.
Sieht man, von diesen Überlegungen aus, noch einmal auf die oben angeführten Rätsel, so wird deutlicher, wie regelmäßig sie jedes Umgebende auf seinen Widerspruch hin ansehen, weil sie nicht von Identität ausgehen, sondern von Nichtidentität und weil sie gerade auf diese Weise eine Struktur in die Phänomene bringen, die sie faßbar macht. Die Grundstruktur des Widerspruchs, die das Denken der Rätsel als ein grundsätzliches Modell an die Welt anlegt, gibt Erfahrung wieder und macht sie zugleich faßbar. Sie erlaubt es, indem der Widerspruch zum Strukturprinzip wird, dessen zerreißende Kraft zu entmächtigen, ihn eben zur empirischen Regel und zum Wahrheitszustand zu machen. Die Rätsel sind Formen, die wiederholbar sind: immer neu benennen sie Alternativen und behaupten, daß sie sich nicht aus-

schließen. Nur durch den Widerspruch hindurch kann, programmatisch, für das Denken der Rätsel Erkenntnis entspringen.

Diesen Impuls treiben die Rätsel manchmal ins Extrem, spitzen ihn so zu, daß er Selbstzweck wird und den Ratenden verzweifeln läßt. Homer stirbt der Legende nach an einem solchen Rätsel. Heraklit berichtet davon: "Sie lassen sich täuschen, die Menschen, im Erkennen dessen, was ihnen vor Augen liegt, ähnlich dem Homer, der weiser war als die Hellenen alle. Täuschten ihn doch die Jungen, die Läuse jagten, da sie ihm zuriefen: Die wir gesehen und gefangen haben, die lassen wir da; die wir aber nicht gesehen und nicht gefangen haben, die nehmen wir mit."[250] Homer hatte die Jungen, die auf ihren Fischerbooten vom Meer zurückkehrten, ganz harmlos gefragt, was sie gefangen hätten. Die Antwort der Jungen verschiebt den Sinn der Frage des Homer, punktualisiert das "Fangen" und beschreibt dieses mit einem Widerspruch, aus dem Homer keinen Ausweg mehr findet, da er seinerseits auf etwas ganz anderes punktualisiert, auf eine von ihm vorweggenommene Antwort nämlich, auf "Fisch". Dieses Modell erscheint öfter in den Rätseln, fast immer sind sie unlösbar und gleichsam nur Ausdruck der Lust, den Widerspruch zum alleinigen "Herrn der Welt" zu machen, ihn losgelassen wirken zu lassen und allem, scheinbar, Sinn und Realität zu nehmen. So ist, neben dem Rätsel des Homer, besonders alt und weitverbreitet das folgende Rätsel, dessen Auflösung "Das Loch in der Haselnuss" ist und das in einer Vorform schon in der lateinischen Handschrift aus dem Kloster Reichenau aus dem 9. Jahrhundert belegt ist, im Straßburger Rätselbuch enthalten ist und auch bei Simrock auftaucht. Es soll hier in allen drei Fassungen zitiert werden, um die Faszination und die Kraft der bloßen Form des Widerspruchs deutlich zu machen.

"Video et tollo,
si vidissem,
non tulissem."[251]

"Rot. So du es sichst,
so lösst du es ligen,
sichst du es nit,
so hebstus uff."[252]

"Sieht man es, so läßt mans liegen,
Sieht mans nicht, so hebt mans auf."[253]

Diese Rätsel bedienen sich der bekannten Form der Entgegensetzung von zweimal zwei Elementen, des 'sehen-nicht sehen' einerseits und des 'aufheben-liegenlassen' auf der anderen Seite. Sie konstruieren einen Widerspruch noch zwischen diesen beiden Entgegensetzungspaaren und verschärfen dies durch die Tatsache, daß das Ganze nicht nur der Logik und Erfahrung widerspricht, sondern fast nicht mehr zu denken ist: etwas gerade dann aufzuheben, wenn man es nicht sieht. Erstaunlich ist aber an dem Rätsel eigentlich etwas ganz anderes: daß nämlich durch die Jahrhunderte hindurch dieses Rätsel weitergegeben wurde, obwohl es sich einem sprachlichen Trick, wenn nicht einem Fehler verdankt: es besteht nur dank der Unschärfe im Gebrauch des Personalpronomens "es", das sich immer auf denselben zu erratenden Gegenstand zu beziehen vorgibt, dies aber nicht tut. Denn in jeweils einem Halbsatz bezieht sich das "es" auf das Loch in der Nuß, während sich dasselbe "es" im anderen, als Folgerung sich daran anschließenden Halbsatz auf die Nuß bezieht, auf das Loch aber nicht mehr. Nur so kann es sinnvoll klingen, ansonsten wäre es tatsächlich sinnlos, würde sich wiederum auf das Loch in der Nuß beziehen. Das Rätsel baut dergestalt allein auf einem referentiellen Betrug auf, auf einer Vertauschung und Ersetzung der Objekte. Es unterschiebt gleichsam dem Schaf "es", das das Loch in der Nuß meinte, den Odysseus der Nuß selbst. Dadurch wird aber die Entgegensetzung des Rätsels zu einem solchen Extrem getrieben, daß dem Ratenden aller Boden unter den Füßen schwindet. Genau darum jedoch scheint es diesen Rätseln zu gehen: daß sie über Jahrhunderte hinweg in einer im Grunde sprachlich falschen Form tradiert wurden und immer wieder in dieser falschen Form belegt sind, läßt vermuten, daß es sich bei diesen Rätseln nicht um periphere und darum verunreinigte Versionen einer ursprünglich korrekten Grundform nach dem Muster der antithetischen Rätsel handelt, sondern um deren reinste, schärfste Form. Für die sind grammatisch objektive Regelverletzungen unbedeutend, wenn nur das Entscheidende erreicht wird - und das ist das Vermögen der Rätselform, ihr Gegenüber in eine unlösbare Aporie zu führen.

Die Rätsel mit einer antithetischen Grundstruktur, die sich in einer einfachen oder mehrfachen Zweigliedrigkeit artikuliert, funktionieren in zwei Richtungen: sie bilden ab, was sie als Struktur der Welt wahrnehmen und sie suchen diese Erfahrung durch eine Art eigener Mimikry daran gleichsam zu entmächtigen. Sie spitzen die Entgegensetzung so zu, daß das Denken daran scheitern muß, wenn es die gestellte Aporie nach den formellen Regeln der Logik lösen will, wenn es "hinter das Rätsel", "hinter" seinen Gegenstand kommen will. Ein Beispiel solchen Scheiterns liefert die Legende vom Tod des Homer. Aber es geht in den Rätseln nicht vor allem um eine angemessene, vernünftige, sachliche Beschreibung eines Gegenstands; es geht um

einen Durchgang durch eine Form: wie es Mutproben gibt, ritualisierte Durchgänge eines Prüflings durch sein Verhältnis zu seiner Umwelt und zu sich selbst, so bauen die Rätsel in festgelegten Formen Engpässe, Durchgänge für das Denken und den Denkenden, in denen es darauf ankommt, einer Spannung standzuhalten, sich nicht darin zerreißen zu lassen. Weil sich die Welt als immer wieder Widersprüchliches präsentiert, in jedem Kleinsten wie im Großen als Entgegensetzung, darum inszenieren dies die Rätsel ebenso beharrlich. Sie fordern, das zu einer Vernunft zu bringen - und die Auflösung des Rätsels tut dies -, was sinnlos, widersinnig, widervernünftig sich im Rätsel darstellt. Damit fordern sie, sich der Wirklichkeit gewachsen zu zeigen, Erfahrung nicht zu vermeiden, nicht zu verleugnen, nur weil sie in Entgegensetzungen auseinanderklafft. Es geht darum, daß Vernunft zu sich findet im Durchgang durch das, was ihr widersteht und daß dies nicht bis ans Ende das Andere, Feindliche bleibt, sondern mit ihm Bündnisse möglich werden als einem Teil der Wirklichkeit.
Zum Schluß dieser Überlegungen zu den antithetischen Rätseln noch zwei Beispiele, um noch einmal auf die Texte selbst zu-rückzukommen:

"Im Sommer ein Bettelmann,
Im Winter ein Herr."[254]

"Erst steckte ich in meinem Herrn,
Nun steckt mein Herr in mir."[255]

Im ersten der beiden Beispiele ist das Modell der antithetischen Struktur besonders klar ausgebildet: zwei Entgegensetzungspaare, Sommer-Winter und Bettelmann-Herr, stehen einander gegenüber. Dabei alternieren die in Entgegensetzung gespannten Worte jeweils mit gleichbleibenden, nichtgespannten, hier mit den "im" und "ein", wobei noch einmal auffällt, wie regelmäßig es die Substantive sind, die die Entgegensetzungen tragen, während die unbedeutenderen Worte, Pronomen und Artikel, gleichbleiben. Was aber seinen in der symmetrischen Struktur gespannten und geordneten Gang geht und auch in seinem Rhythmus fast metrische Regelmäßigkeit aufweist, beschleunigt sich gegen Ende etwas, wie angezogen vom letzten Wort des Rätsel: dem "Herrn", auf den alles zuläuft und auf dem, als einem unbekannten Block am Ende, einsilbig und betont, das Rätsel gleichsam aufläuft. Hier steht ganz am Schluß einer, der Antwort fordert - und der diese Forderung mit einer Macht vorträgt, die ihn selbst spiegelt. Was Antwort sein will, muß diesem "Herrn" gerecht werden. Die Antwort aber, die ihm Gerechtigkeit widerfahren läßt, ist die, die ihm im Erkennen Anerkennung zollt. Erkennen heißt hier, so exemplarisch deutlich wie selten, Anerkennung von Abhängigkeiten - in diesem Fall, daß Herr derjenige ist, der über das verfügt, woran Mangel herrscht. Davon spricht sich etwas im Klang des Rätsels aus.

Das zweite Rätsel treibt dieses Moment ins Extrem: hier ist nur noch die Frage, vereinfacht, "Wer - wen?"; und Abhängigkeit ist nicht mehr Mangel an Verfügungsgewalt, sondern Verschlungensein. Antithese herrscht auch hier, aber ins fast Groteske überzogen. Ganz stark und klar treten sich die zeitlichen Bestimmungen am Anfang jeder Zeile gegenüber, am Ende dagegen "Herr und Knecht". Und es ist nicht mehr die Frage "Er oder ich?" sondern "Ich in ihm - oder er in mir?". Das ist nicht nur ein Umschlagen der Verhältnisse, sondern ganz buchstäblich Fressen oder Gefressenwerden. In seiner kleinen, lapidaren, sich ganz harmlos gebenden Form übt das Rätsel, in der Sprache, Rache am Appendix-Verhältnis als solchem: alles kippt und verschlungen wird derjenige, der zuvor der Herr war. Damit wird das Rätsel witzig, scharf, faßt die Möglichkeit einer extremen Umkehrung der Verhältnisse in ein extremes, plastisches Bild. Und es präsentiert so die Welt: in äußerster Entgegensetzung, keinerlei Harmonisierung, kein Ornament, aber Witz und Entschiedenheit - es geht um die "Wurst", darum, wer überlebt, wer zuletzt lacht.

Noch ein letzter Gedanke schließt sich an dieses Rätsel an. Die Struktur der Zweigliedrigkeit ist in diesen letzten Beispielen wie auch in vielen der anderen eine zweifache, d.h. eine, in der dem Zug von Spannung und Gegensatz ein Zug von Symmetrie und Ausgleich beigegeben ist. Dadurch tritt neben das Element des Widerstandleistens, des Bannens und Zuspitzens noch ein anderes Element. In der Doppelstruktur artikuliert sich, in atavistischen Sprachbildungen wie in Formeln der Kinder- oder Werbesprache, was "zaubermächtig" ist und bindende Gewalt hat, "Gesetzeskraft", "ein sinnenfälliges Schiedsinstrument, mit dem sich Händel schlichten, Konkurrenzen austragen und individuelle Rechtsansprüche gegen die Forderungen des Gemeinsinns durchsetzen lassen, beziehungsweise kollektive Verhaltensnormen gegen den subjektiven Störversuch."[256]

b) Weltaufbau- und Gliederungsrätsel nach dem Modell des Rätsels von der Kuh - Dreigliedrige Rätsel

Eine zweite große Gruppe von Rätseln, die Welt und Wahrnehmung strukturieren, bilden die dreigliedrigen. Sie in dieser sehr einfachen und äußerlichen Weise zusammenzufassen, ebenso wie zuvor die zweigliedrigen, antithetischen Rätsel, ist weniger äußerlich begründet als es scheinen mag. Wie im vorhergegangenen Abschnitt vielleicht deutlich geworden ist, ist die äußere Form eines Rätsels, etwa seine in Entgegensetzungspaaren gespannte Struktur, selbst ein Element des Inhalts. Denn das, was als Form eines Rätsels hier im Blick ist, ist nicht die Schablone, die Rätseln wie beispielsweise Scharade oder Palindrom eine Form vorgibt, nichts Fremdes, das einem Material übergestülpt wird. Was hier als 'Sprach- und Erkenntnisformen' der Rätsel betrachtet werden soll, sind die Formen, die die Rätsel als Konstellationen im Material selbst wahrnehmen, Elemente der Dinge selbst, gleichsam ihr Echo auf einer anderen Ebene. Die Rätsel verschlüsseln die Gegenstände, aber so, daß diese eingeschlossen sind in ein Eigenes, nicht in ein Fremdes.

So grundlegend für die Auffassung der Wirklichkeit die Struktur der Zweiheit und des Widerspruchs ist, ebenso grundlegend ist auch die Konstellation aus drei Elementen. Dies dokumentiert sich in einem äußeren Sinn an den Strukturen der ältesten überlieferten Sprachformeln der Menschen, Weisheitsfragen, Zauber- und Heilsprüchen, die in den Formen des Distichons, des Tristichons und auch des Tetrastichons gehalten sind. Die Rätselsammlung des Symphosius, auf der die mittelalterliche und die wiederum auf dieser fußende spätere Rätselüberlieferung aufbaut, bestand aus einhundert dreizeiligen Rätseln. Wie elementar jedoch die Konstellation aus drei Gliedern ist, wird deutlich, wenn man sich vergegenwärtigt, wo überall eine Dreiheit als Grundmuster begegnet: drei sind vonnöten, damit zwei sich verbünden können gegen einen Dritten, drei erlauben allererst Komplizenschaft und Allianz, drei erlauben das klassische "tres fiunt consortium" und die noch klassischere Vater-Mutter-Kind-Familie; drei Dimensionen lassen erst einen Raum entstehen, die Dreiheit ist in der Form der Dreieinigkeit sublime Form gegenseitiger Vollendung, Durchdringung und Erfüllung; weniger sublim erscheint das Modell in der Form des Dreischritts von These - Antithese - Synthese, das bei aller Mechanik doch immer die Spur eines Heilsmodells bewahrt; die Dreierstruktur ist die einfachste anatomische Struktur, Beine, Rumpf, Kopf, Schemazeichnung des Menschen; dreigliedrig ist das einfachste Modell einer erzählten Geschichte, einer mitgeteilten Erfahrung wie eines ganzen Lebenswegs, mit Ausgang, Entwicklung und Ende; und "drei" sind schließlich "aller guten Dinge": im positiven wie im negativen Sinn - aller "guten" Dinge sind drei ebenso wie in einem ähnlich landläufigen Sinn etwas zweimal gelingen kann, beim dritten Mal aber dann sicher danebengeht - oder umgekehrt.
So vielfältig die Ausformungen der Dreierkonstellation sind und der Charakter ihrer inneren Spannung, ebenso unterschiedlich sind die Rätsel, die sich in dieser Form artikulieren.

"Vorne wie eine Gabel,
In der Mitte wie ein Faß,
Das Hinterst wie ein Besen:
Was ist das?"[257]

Oder bei Wossidlo:

"Vör as 'ne gaffel,
in de midd' 'n strohsack,
hinnen 'swungrad."[258]

Sieht man sich diese beiden Rätsel an, so tritt ganz unmittelbar entgegen, wie sie versuchen, mit den einfachsten und aus dem alltäglichen Gebrauch vertrauten Dingen ein anderes Etwas zusammenzusetzen, welches ein Neues und zu erraten ist. Sie bewegen sich Schritt für Schritt, von vorne nach hinten, sagen, "wie es aussieht". Sie funktionieren ganz ähnlich den Strichzeichnungen nach dem Modell "Punkt, Punkt, Komma, Strich, fertig ist das Mondgesicht": ein Gliedern und Strukturieren mit elementarsten Formen, um sich ein Unbekanntes - und doch ganz Nahes - vertraut zu machen und anzueignen.

Neben der zitierten Grundfassung mit ihrer Gliederung nach "vorne- Mitte- hinten" existiert eine verwandte, etwas anders gebaute und auch längere, aber doch ähnliche und ebenso grundlegende Verrätselungsform für den gleichen Gegenstand "Kuh". Diese Version benutzt als äußere Orientierungs- und Organisationspunkte numerische Verhältnisse, stößt vielleicht schon darum auf mehr Möglichkeiten, verfährt aber im Grund gleich.

"Vier hangige,
vier gangige,
zwoi glitzige,
zwoi spitzige."[259]

"Veer Hengels,
Veer Gängels
Twee wist den Weg,
Twee seht den Weg,
En släept achterna.
Rade mal, wat meen ick da?"[260]

"Viere ganget,
viere hanget,
zwei spitzige,
zwei glitzige
und einer jagt Fliegen."[261]

"Vier stämperli,
Vier Plämperli,
zweu Horcherli,
zweu Stupferli,
zweu Gugguggerli,
es Heuropferli,
s Grasmuffeli,
und es Fleugenwädeli."[262]

"Vier hängers,
vier gängers,
twee horkers,
twee snorkers,
twee stöters
un eenen klappersack."[263]

Das hier in Varianten zunächst immer wieder zitierte Kuh-Rätsel ist ein Beispiel besonderer Art. Die Rätsel von der Kuh gehören zu den ältesten überlieferten Rätseln, die in zahllosen Varianten in fast allen Kulturen zu finden sind. Antti Aarne dokumentiert in seinen "Vergleichenden Rätselforschungen" die Vielzahl der Varianten und der Verbreitungsorte, Karl Müllenhoff vergleicht von philologischem Standpunkt aus die unterschiedlichen Fassungen des Rätsels im nordischen, englischen und deutschen Sprachraum[264]. Ohne hier dafür Belege anbringen zu können, legt sich die Vermutung nahe, daß dieses Rätsel einen Zeitpunkt markiert, an dem die Kuh gleichsam zum Emblem einer neuen Lebensweise der Menschheit wurde, den Übergang zur Seßhaftwerdung und zum Ackerbau. Der Gedanke an einen solchen "Sitz im Leben" als historischem Hintergrund des Rätsels würde seine Verbreitung und sein Gewicht innerhalb der Rätselüberlieferung erklären können. Das Rätsel selbst hat bis heute eine suggestive Kraft behalten durch die Reihung einfacher Bilder und einen zugrundeliegenden konstruktiven Gestus. Stark ist schon der Eindruck der gleichbleibenden und extrem einfachen Form, der Struktur eines immer wieder entweder "vorn-Mitte-hinten" oder "Vier-vier-zwei-zwei-eins", die, so fest sie als Struktur bleibt, innerhalb dieser Struktur und gerade dank ihrer Festigkeit, ein hohes Maß an spielerischer Freiheit gestattet. Jede neue Variante und die immer veränderten Worte und damit Möglichkeiten der Wortbildung verraten das Vergnügen, das die Verrätselung bereitet, laden ein, sich des Modells zu bedienen.

Es entsteht eine Bewegung, die fast eine Tendenz hat, sich zu verselbständigen, deutlich aber die Dynamik, sich mithilfe dieses Modells selbst produktiv an verschiedenen Dingen zu üben, die Form auf die Probe zu stellen, ob es immer noch gelingt, mit ihr Wahrnehmung, Dinge, Unstrukturiertes zu organisieren und darzustellen. Auch gehen Gestaltgebung und Verunstaltung hier eine eigenartige Verschmelzung ein, betreiben ein Spiel, in dem es wohl um beides geht. Besonders im Modell der letztgenannten Rätsel ist das Element des Sichverselbständigens bei der Bildung der verrätselnden Worte spürbar. Diese bauen auf auf dem Prinzip der Zusammensetzung eines zentralen Gegenstands der Erfahrung aus seinen funktionalen Bestandteilen. Die Verrätselung geschieht durch eine Verselbständigung der einzelnen Teile zu eigenständigen Einheiten und in der Verselbständigung ihrer Bezeichnungen zu seltsamen, fremdartigen Namen. Der Prozeß als ganzer stellt eine Verfremdung par excellence dar. Das Wesen als Ganzes wie seine einzelnen Teile, Euter, Bein, Horn, erscheinen auf einmal groß, unkenntlich, ungeheuerlich. Wossidlo scheint von diesem Prinzip etwas bemerkt zu haben, wenn er in seiner Rätselsammlung, die zweiundzwanzig Beispiele des Kuh-Rätsels wiedergibt, in einer Anmerkung eine Liste erstellt mit all den allein in seiner Umgebung ansonsten noch verwendeten Ausdrücken für die verschiedenen Teile der Kuh. Diese Liste stellt nicht nur eine Dokumentation im Sinn der Bestandsaufnahme dar, sondern läßt vor allem die produktive Kraft der Rätselform spürbar werden. Die Unfixiertheit zusammen mit einem zugleich gegebenen klaren konstruktiven Rahmen machen dieses Rätsel zu einem besonders deutlichen Beispiel eines Rätsels als Weltgliederungsmodell.
Aber es ist nicht nur Schema. Es hat in den immer neu gebildeten Bezeichnungen der Körperteile etwas Freies, Direktes und Natürliches, eine unbesorgte Nähe zum Gegenstand und in diesem zur Welt insgesamt. Zugleich aber verleugnet es nicht, daß all dies im Moment umkippen kann und sich vom Freundlichen oder gar Niedlichen zu einem Bedrohlichen wandeln kann, ein Etwas werden kann, das eine diffuse Massivität und Angriffslust ausstrahlt, nur in Zahlenverhältnisses faßbar ist und vor dem man unsicher werden muß. Gerade darin ist an dem Rätsel etwas wahr. Es läßt bis heute spüren, daß es in ihm um ein Wirkliches ging bzw. geht, darum nämlich, festzustellen, ob die Angst vor einem Fremden, Neuen, größer ist als die Kraft, diese Angst durch Rekonstruktion und Benennung des Ängstigenden zu bannen.

Die Form dieser Rätsel ist zu plastisch, zu alt, zu einfach, zu variabel und zu einladend, um nicht immer wieder benutzt zu werden, als dreigliedrige wie auch als vier- und mehrgliedrige.

"Vorne wie ein Kamm,
mitten wie ein Lamm,
hinten wie ein Sichel,
rat mein lieber Michel."[265]

"Vör as 'ne gaffel,
hinnen as 'n widenstruuk,
in de midd löppt water rut."[266]

"Hinnen ett't Broot,
in de Midd is't doot,
vörn frett't Hackels."[267]

Bei diesem letzten Beispiel fällt bei genauerem Hinsehen auf, daß es in der vertrauten und unscheinbaren Form etwas Skandalöses enthält: integriert ins Modell des Kuh-Rätsels, fast wie diesem unterschoben, ist das Unbekannte und Bedrohliche an sich im Rätsel präsent, etwas Totes, das Gegenteil von all dem vielgestaltigen und vielnamigen Lebendigen, das die Kuh-Rätsel bevölkert. Aber selbst das kann diese Rätselform - und es mag gerade die Dreigliedrigkeit sein, die dafür einen besonderen Raum schafft -, ein Tabu wie das der Scheidung von Lebendem und Totem zu durchbrechen und als eine Einheit das darzustellen, was ansonsten für das Denken, das vor dem Tod kapituliert, "getrennt mir heilig, vereint abscheulich"[268] ist.

"Vier güngen den wech,
Twee hingen den wech,
Vier keken den wech"[269]

"Vier hangen,
Tein langen,
Höltern jappup,
Isern klappup."[270]

"Zehn gebogen,
Vier gezogen,
Oorslock unten,
Oorslock oben."[271]

"Vier gingen,
een steit."[272]

Bei diesen Rätseln ist immer noch, mehr oder minder direkt, das Vorbild des Kuh-Rätsels und sein nebenordnendes Strukturprinzip deutlich, auch wenn es manchmal nur noch anklingt, manchmal fast karikiert erscheint. Das Modell einer dreigliedrigen Struktur, das eine äußere Ordnung im Rätsel nachzeichnet, gleichsam in den Worten nachbaut, bewegt sich jedoch in diesen Rätseln schrittweise fort vom Urbild des Kuh-Rätsels. Was übrigbleibt, ist zunächst die Dreigliedrigkeit und ein äußerlich ordnendes Prinzip, darin eine Art Bauplan, der mit drei tragenden Elementen einen Spannungs- und Vorstellungsraum im Innern eines jeden dieser Rätsel zu schaffen vermag. Das unterscheidet sie von den zweigliedrigen Rätseln, deren innere Spannung weniger diesen Charakter eines umrissenen Innenraums, einer kleinen Welt, trägt. Es weist darauf hin, daß es mindestens dreier Elemente bedarf, um mehr als nur eine Linie herzustellen. Der auf diese Weise entstehende Raum in diesen Rätseln ist nichts Äußeres. Es ist der Raum der noch nicht identifizierten Gegenstände und einer noch nicht identifizierten Erfahrung. In jedem dieser Rätsel, die in ihrer Dreiheit ausgeglichen und doch gespannt sind, vollkommen sind und doch eine Auflösung fordern, herrscht eine andere Luft, ein anderer Zustand, ein jeweils mit einem besonderen Vorzeichen versehener Austausch zwischen den beteiligten Elementen. Es ist nicht das flirrende und doch einander immer wieder ähnliche, weil nur auf diese eine Form der Beziehung beschränkte Gegeneinander zweier Antithesen, sondern ein vielfältigeres, ausgedehnteres Feld von Beziehungen, das in jedem der Rätsel immer etwas anders getönt, anders akzentuiert, entsteht.

Auch die folgenden Rätsel lassen noch eine Nähe zu den oben angeführten Beispielen erkennen:

"Oben Haar
und unten Haar
und der Vorwitzige in der Mitte."[273]

"Oben eine Seele,
Unten eine Seele,
In der Mitte Leder."[274]

"Timmerl Tammerl
Tanzt im Kammerl,
Ist ein beinern Gitter vor."[275]

Allen dreien gemein ist ein Zug des Ordnenden, des Strukturierenden, der in den beiden ersten Beispielen Oben und Unten auseinanderhält um ein ganz anders geartetes Etwas in der Mitte oder, im dritten Beispiel, die Beschreibung eines Wesens,

das zwar einen Namen trägt, aber ein unstetes, "tanzendes" Dasein führt und darum in den Schranken eines "beinernen Gitters" gehalten wird, eine Beschreibung, die ebenfalls Ordnung schaffend von innen nach außen geht und die die spürbare Bewegung, die in dem Namen "Timmerl Tammerl" und auch im Tanzen selbst zum Ausdruck kommt, in der knappen, engen und starren Form in Arrest hält: in den Worten "Gitter vor" endet das Rätsel.
Mit einem anderen Gestus treten dagegen Rätsel wie dieses auf:

"Ein Tal voll und ein Land voll,
Und am Ende ists keine Handvoll."[276]

Auch hier ist das Prinzip der Entgegensetzung wirksam, aber es erscheint ganz verändert: es ist eines, das erst "am Ende" auftritt und all das ausstreicht, was zuvor breit und mächtig, zweifach und in genauer Parallelität sich aufbaut, was weite Räume, "Tal" und "Land" ausfüllt, gleich zweimal "voll" macht - und dabei hatten doch die beiden positiven Elemente der ersten Zeile die Erwartung eines Überfließenden, Grenzenlosen geweckt. "Am Ende" läßt das Rätsel von all diesem nicht einmal das übrig, was von den gewöhnlichen Menschenträumen und den gewöhnlichen Menschen übrigbleibt - eine "Handvoll". Vielmehr betont es, ohne Tiefsinn und Betulichkeit, die Negation: die "Fakten zählen" hier, "keine Handvoll" bleibt, ein Negatives pur.
Aber der Zug von Negativität in diesem Rätsel steht nicht allein. Daneben ist ebenso präsent der eines Staunens, eines Verblüfftseins, auch dieses wohl transparent auf mehr als nur den gemeinten Nebel: daß es das tatsächlich geben kann, so viel - und doch gar nichts Greifbares, nichts, was bleibt, worauf man verweisen, worauf man bauen kann - und eben doch eine große, wirkliche Menge.
Was dieses Rätsel auszeichnet, hat etwas mit seiner dreigliedrigen Struktur zu tun. Das Rätsel gibt eine Geschichte wieder mit Anfang, Mitte und Ende, es hat etwas von der Figur des Lebens, etwas Rundes, Abgeschlossenes, das über die unmittelbare Wahrnehmung des gemeinten Gegenstands hinausgeht. Darum ist es ein Rätsel, das einerseits formelhaft und ganz einfach eine sinnlich-konkrete Wahrnehmung festhält und dies so, daß man sie gut fassen, nachvollziehen, weitergeben kann; andererseits aber ist diese Form so, daß sie spürbar macht, daß es hier um etwas Exemplarisches geht, daß es vieles geben kann, was von diesem Rätsel getroffen ist, daß vieles "am Ende keine Handvoll" sein kann. Und dies sagt das Rätsel sowohl ohne Tiefsinn als auch ohne Angst.

Die dreigliedrige Form gewinnt als Form etwas Universelles. Sie kann in ihren kleinen abgeschlossenen und doch durchlässigen Kosmos die unterschiedlichsten Dinge, ehrwürdige und sublime ebenso wie banale und simple, aufnehmen; sie kann ihnen zu einem Ausdruck verhelfen, kann sie in ein anderes Licht setzen - oder überhaupt ins Licht:

"Er diente Gott,
tat keine Sünde,
und ist doch nicht selig geworden."[277]

Vorbild dieses Rätsels sind Rätselformen aus dem Leben der Klöster, die seit dem Mittelalter bekannt sind. Ihr Ursprung dürfte jedoch wesentlich weiter zurückliegen, in esoterischen Wissensfragen direkt kultischer Zusammenhänge. In der Form direkt examinierender biblischer und religiöser Rätsel haben sich Rätsel dieser Art lange erhalten, im Straßburger Rätselbuch sind drei eigene Kapitel vorgesehen für die Rätsel "Von Gott", "Von den Heiligen" und "Von dem Gebet" und in großer Zahl finden sie sich bis in die Sammlungen des 19. Jahrhunderts. Bei dem oben zitierten Rätsel ist die Sache etwas anders. Die Folie des Rätsels ist zweifellos gemäß dieser Tradition die Frage nach einem Bestandteil der biblischen Geschichte. Aber dieser Bestandteil ist zu marginal, zu bedeutungslos für die biblische Geschichte selbst, als daß es in der Frage in einem ernsthaft katechetischen Sinn um das Gefragte, den Palmesel nämlich, auf dem Jesus zu Beginn seines Leidens in die Stadt Jerusalem einritt, gehen könnte. Für das Rätsel jedoch ist der Palmesel gerade darum wichtig: er steht, neben der oder gegen die biblische und die Heilsgeschichte, für eine andere Geschichte, für die derjenigen, die immer draußen bleiben, immer "bedeutungslos" sind, auf deren Rücken sich die große Geschichte abspielt. Was diesem Rätsel eine ganz besondere Ausdruckskraft verleiht, ist, daß es zwei Dinge zugleich tut: in ihm findet etwas Rührendes zu einer sprachlichen Form, die nichts Rührseliges hat und in ihm wird eine Gerechtigkeit eingeklagt, die für die Palmesel der Geschichte weder die Erde noch der Himmel bereithalten. Beides zusammen prägt den Ausdruck dieses Rätsels. Seine Bauform hat den Gestus eines Verfahrens in nuce: es sammelt die Elemente der Beweisaufnahme - "diente Gott", "tat keine Sünde" - und diese beiden Indizien entsprechen einander, sind logisch und folgerichtig und legen nun, als drittem Glied und conclusio nahe, daß auch die immer wieder in Aussicht gestellte Folge eintrete, nach einer Logik der Äquivalenz zwischen diesseitigem und jenseitigem Leben. Dem aber ist nicht so und das Rätsel stellt sich, ein wenig wie mit dem Beharren eines Esels, vor die Welt hin und legt den Finger ebendarauf: "und ist doch nicht selig geworden". In der sizilianischen Version klingt es fast noch stärker: "und wurde doch nicht erlöst", oder, noch wörtlicher übersetzt:

"und rettete sich doch nicht"[278]. Hier verleiht das Rätsel einem das Wort, der an die simple faktische Nichterfüllung gegebener Versprechen erinnert - so weit noch ein Verbündeter des Froschs aus dem Märchen vom Froschkönig; im Rätsel aber geht die Anklage weiter, trifft tiefer: hier richtet sich der Blick auf einen, der als einziger von einem angeblich alle umfassenden Heilsversprechen ausgeschlossen blieb. Die Weltgeschichte hat sich nie um jemanden wie den Esel gekümmert; daß auch die Heilsgeschichte ihn im Stich läßt, artikuliert in der ihrer selbst nicht bewußten, doch an Erfahrung gebildeten Form der Rätsel, daß es immer die gibt, deren man sich bedient und die man vergißt - daß die selber es aber nicht vergessen. Der Esel klagt ein, in den sprachlichen Formen des Präteritums, d. h. der Erfüllung, daß er noch auf die Erfüllung dessen wartet, was auch ihm verheißen wurde. Aber es ist schon nicht mehr die ewige Seligkeit, nach der er sucht, sondern Gerechtigkeit. Und die widerfährt ihm, indem das Rätsel gelöst wird und man seinen Namen errät. Indem der Bedeutungslose dem Vergessen entrissen, erinnert wird, scheint er schon ein wenig versöhnt. Darin üben die Rätsel das, was Walter Benjamin vom Chronisten schreibt, der unterschiedslos große wie kleine Ereignisse hererzählt und "damit der Wahrheit Rechnung trägt, daß nichts, was sich jemals ereignet hat, für die Geschichte verloren zu geben ist"[279].

"Wenn Einer alles Glück der Welt,
Gnade Gottes und selbst die ewige Seligkeit hätte,
was wäre doch noch besser?

Antwort: Wenn wir alle sie hätten."[280]

Die dreigliedrigen Rätsel sind von ihren Inhalten und auch ihren Ausdrucksvaleurs her die verschiedenartigsten. Das hat mit der oben beschriebenen Vollkommenheit, Geschlossenheit und Universalität ihrer Form zu tun, die ein Ganzes in nuce zu fassen und darzustellen vermag. Das läßt sie zu elementaren Weltgliederungsformen werden. Trotz dieser Gemeinsamkeit hat jedes einzelne Rätsel ein eigenes Gesicht und eigenen Ausdruck.

"Eine hohle Mutter,
Ein dürrer Vater
und vier singende Töchter."[281]

"Ein langer, langer Vater,
Eine lange, lange Mutter
Und viele, viele Kinder."[282]

Während diese beiden Rätsel, die ihre Dreigliedrigkeit ausdrücklich an das Modell Vater-Mutter-Kind anlehnen, von einer warmen, natürlichen Evidenz sind, ist das folgende wieder dunkler, beunruhigender:

"Prall feel von'n stall,
wull weenen
un hadd keen ogen."[283]

Dieses Rätsel erzählt eine Geschichte und doch tut es das so, daß sich zunächst nur ein Diffuses, Schweres mitteilt. Diesen Ausdruck unterstreicht die dreigliedrige Form, die dem Rätsel den abgeschlossenen Charakter einer Monade verleiht. In dieser Form kristallisiert sich etwas, das sonst zerfließen müßte. So groß scheint die innere Anspannung zu sein, daß dieses Rätsel gar nichts weiter mitteilen kann als nur ein rohes Geschehen. Es hat darin, auf eine stumme Weise, etwas Sprechendes, als wäre ihm aller Ausdruck wie überflüssiger Zierrat abgeschlagen. Dieses Rätsel ist in bestimmter Weise typisch für all die Rätsel, die sozusagen von Natur aus unauffällig sind. In der großen Menge der "besseren" Rätsel, der klangvolleren, ausgeformteren, reizvolleren, geht solch ein Rätsel unter. Auch die Auflösung ist keine Hilfe; sie ist kaum ratbar und der gemeinte Gegenstand ist so unauffällig und scheinlos wie das Rätsel, eigentlich auch kaum einleuchtend. Dennoch ist dieses Rätsel ein wichtiges Rätsel. Es hält, auf seine scheinlose, ungefällige Weise, mit einem fürchterlichen Lakonismus, etwas fest, was ein Alptraumbild sein könnte. Es weckt fern die Erinnerung an den Sandmann von E. T. A. Hoffmann, bis in das Dialekthafte hinein - nur daß das Element von Panik hier nach innen gewendet zu sein scheint. "Prall" ist Jedermann, ist so sehr er selbst, daß er nicht einmal einen Namen hat, scheint eingezwängt schon in sich selbst zu stecken. Ihm passiert ein Unheil, das in dem dick aufschlagenden Binnenreim der ersten Zeile dieses im übrigen reimlosen Rätsels heftig und doch ganz undramatisch klingt, als wäre es im Grunde das Erwartete. Unerwartet ist erst das, was folgt. Die Klänge und die Bewegung der Betonung unterstreichen die seltsam ausdruckslose Dramatik des Ganzen: die Betonungen auf der ersten und der letzten Silbe der ersten Zeile umklammern die unbetonten beiden mittleren Silben, für die es kein Entkommen gibt. Auch im Klang kehrt der Druck wieder, als die in jeder Zeile neu sich herstellende Spannung zwischen den langgezogenen, gedoppelten Vokalen und den extrem verkürzten mit nachfolgendem verdoppeltem Konsonant, zwischen den "feel", "weenen" und "keen" und den "Prall", "stall", "wull" und "hadd". Auch wenn diese Elemente nicht mit der Bewußtheit eines Stilmittels verwendet sind, sind sie doch nicht zufällig oder indifferent, sondern haben sich im Gebrauch als die Formen erwiesen, die das aufzuneh-

men und zu tragen vermögen, was sie aufnehmen und tragen sollen. Und was sie tragen und als Ausdruck vermitteln, ist das Gefühl eines unerträglich Gepreßten und zugleich haltlos und hilflos Zerfließenden. Und dieses Gefühl, das sich aus den Worten des Rätsels mitteilt, entspricht genau dem beschriebenen Inhalt: daß einem ein Unheil geschieht und er weinen will - und daß er dann bemerkt, daß ihm die Augen fehlen. Nicht einmal das Tröstende eines Ausgangs aus der eigenen panzerartigen Verfassung ist ihm gegeben, nicht einmal ein Durchlaß für Tränen oder Blick. Und es scheint, als läge hier, im allerletzten und auch klanglich eigenständigen Wort "ogen" das Zentrum des Rätsels. Mit den Augen fehlt dem Unglücklichen dieses Rätsels das, was selbst ein Tier besitzt, um auszudrücken, was es nicht sagen kann. Augenlos aber ist er wie ein Stein - und ist doch gerade kein Stein, sondern will weinen.
Was für die reflektierende Betrachtung zu lesen ist als der seiner selbst nicht bewußte Ausdruck davon, daß das Subjekt so sehr gepreßt ist, daß es sogar seiner Ausdrucksmittel beraubt ist, tritt im Rätsel in eine Form, die vielleicht als einzige diesem Ausdruck gerecht wird, weil sie ihn in ihrer eigenen Verfassung konkretisiert, ihm auf diese Weise zur Sprache verhilft, ohne darüber reden zu müssen.

Als letztes dreigliedriges Beispiel soll das Rätsel angeführt werden, das die mörderische Sphinx an alle Vorübergehenden und zuletzt an Ödipus stellte und das durch diesen mythologischen Rahmen als ein prototypisches Rätsel gekennzeichnet ist.

"Des Morgens auf vieren,
Des Mittags auf zweien,
Des Abends auf dreien."[284]

An diesem Rätsel tritt ein Aspekt ganz in den Vordergrund, der in allen Rätseln gegenwärtig ist, in einigen weniger als in anderen, und der die Rätsel von ihren Ursprüngen und ihrer Funktion in der Geschichte her bis heute bestimmend prägt - es ist der Aspekt des Schreckens, den sie verbreiten.
Die Sphinx gehört einer Gattung von Wesen an, die in der ägyptischen Kultur als Mischgebilde aus Löwenleib und Menschenkopf die Macht und Klugheit des Königs darstellten, aber auch Verkörperungen der Götter oder weiblichen Figuren sein konnten. Daß in dieser Darstellung von "höchster physischer Kraft und Denkvermögen"[285] immer auch ein anderes Element vorhanden war, notiert bereit die kurze Darstellung der Tradition der Sphingen von Hans Wolfgang Helck im "Kleinen Pauly", wo bemerkt ist, daß man in der Gestalt der Sphinx "den König gern die Feinde zertretend darstellt"[286]. Dieser Zug des "Den-Gegner-Zertetens" ist allen

Rätseln unauslöschlich beigegeben, umgibt sie wie ein Hof von diesem Ursprung her und stellt sich immer wieder neu durch ihre Form her, die undurchschaubar ist und doch von einem anderen durchschaut sein will und diesen straft, ihn im Extremfall vernichtet und eben "zertritt", wenn er versagt. Dieses Versagen aber ist kein Mißgeschick, denkt man an die vielen, die vor Ödipus von der Sphinx verschlungen wurden oder an die auf Lanzen aufgespießten, rund um das Schloß aufgestellten Köpfe der Freier, die die Fragen der stolzen Prinzessinnen aus den Märchen nicht beantworten konnten. Das Versagen scheint vielmehr der Sinn des Unternehmens zu sein, denn die Frage des Rätsels ist so, daß sie nicht gelöst werden kann - im Grund auch nicht gelöst werden soll, denn in der Überlieferung der Ödipusgeschichte wie auch in den Märchen bedeutet dies im ganz direkten oder in einem übertrageneren Sinn das Ende des Fragenden. Der Gefragte soll dran glauben, - daran nämlich, daß er der Unterlegene, der Nichtige ist.

Hier liegt auch vielleicht der tiefere Grund dafür, daß die meisten Rätsel nicht als Frage formuliert sind sondern als Aussage. Was an ihnen Frage gleichwohl ist, ist ausgelagert aus der sprachlichen Form in die Entgegensetzung von Fragendem und Gefragtem, von welchen beiden in der frühesten Überlieferung immer nur einer übrigbleiben konnte. Der Gefragte wird "in Frage gestellt", in seiner physischen Existenz wie in seiner geistigen; diese Frage, vor die er gestellt wird, ist so massiv, daß die äußere sprachliche Frageform auf diesen Sachverhalt hin transparent wird. Es geht deshalb nicht um das Wort der Lösung, sondern darum, vor dieser Frage, dieser Infragestellung, standzuhalten. Dies gilt in gewissem Sinn für alle Rätsel, für das Sphinx-Rätsel in besonderer Weise. Die Antwort ist zunächst einmal sekundär, im Vordergrund steht das Gegenüber. Daher kommt es auch, daß es oft Rätsel gibt, deren Antworten der Frage kaum standhalten, deren Antworten enttäuschen, ganz fehlen oder mehrfach und ganz unterschiedlich überliefert sind[287]. Die Antwort ist in Rätseln wie dem der Sphinx kein Lösungswort, sondern ein durchmessener Weg, ein durchgestandener Prozeß.

Aber noch in anderer Hinsicht ist das Sphinx-Rätsel exemplarisch:

- Ödipus trifft auf die Sphinx an einem entscheidenden Punkt seines Lebens: hinter ihm liegt der Vatermord, vor ihm der Inzest und die Übernahme der Königswürde. Die Sphinx - für die Renaissance-Philosophie "Allegorie der Wissenschaft", aber auch "des Wissens im allerweitesten Sinn"[288] - unterzieht ihn einer existentiellen Prüfung, vollzieht ein Initiationsritual an Ödipus.
- Ihre Frage ist ein "Halslösungsrätsel" im engen Sinn, daß von der Antwort abhängt, ob der Befragte seinen Hals ret-

tet, "löst", oder nicht.

- Das Rätsel, das gestellt wird, strukturiert das Zentrum der Erfahrung mit allereinfachsten Mitteln: sein "Gegenstand" scheint das Banalste, das "Du selbst"; die Verrätselung geschieht dreigliedrig, ein Zyklus en miniature, mit der vertrauten Metaphorik des Tageslaufs; nichts Dunkel-Inneres, Geheimes tritt aus dem Rätsel.

Und doch zeigt gerade dieses Rätsel deutlich den Zug des mythischen Schreckens, eines Bösen, Tückischen, Menschenfeindlichen. Das Rätsel fragt nach etwas, das sich beständig verändert - "Des Morgens auf vieren,/ Des Mittags auf zweien,/ Des Abends auf dreien" -, ohne einen Sinn darin zu zeigen, nicht einmal im Ganzen regelmäßig wie die Linie Morgen-Mittag-Abend, sondern unregelmäßig vier-zwei-drei. Und man versteht nicht dieses Schwanken der Erscheinung - überdies gerade an dem Punkt, wo das Wesen auf dem Boden zu stehen scheint, was die gleichmäßig sich durchhaltende Präposition "auf" und die oft ja auch mitüberlieferten "Beine" nahelegen. Noch weiter vordringend scheint hier ein Schwanken evoziert zu sein zwischen Vierbeinigem, d.h. Tierischem, Zweibeinigem, d.h. Menschlichem und Dreibeinigem, einem diffus Furchtbaren, einem Ungestalten, Nichtvorstellbaren. All dies Ungewisse und Beunruhigende, das keinen Halt bietet für ein Suchen nach Sinn - und das heißt nach einem Namen für dieses Undenkbare, das sich beständig ändert, läßt das befragte und in der Fragesituation ohnehin unterlegende Wesen starr sein vor Schreck, vor Desorientierung. Die vielen, die vor Ödipus schon vor dieser Frage standen, waren gebannt in ihrer Angst vor dem Unmenschlich-Nichtmenschlichen der Sphinx und dem so Einfachen und doch Gestaltlosen dieser Frage. Sie waren gebannt vor Angst vor einer schillernden, unfaßbaren Frage, an der doch nichts schwierig klingt. Sie waren vor Angst nicht bei sich selbst - und nur dort, bei sich selbst, konnten sie die Lösung finden. Denn dies ist einerseits das Tückische des Sphinx-Rätsels und ist andererseits, in einem gar nicht mehr negativen Sinn, das Exemplarische an diesem Rätsel für viele andere, sowie ein wesentliches Element der Logik und des Gehalts der Rätsel: sie geben, und das gehört noch zum Tückischen, etwas zu erraten, was so naheliegt, daß man nicht darauf kommt, daß man es nicht sieht; wie es ein Rätsel wiederum formuliert:

> "Ich seh' es von weitem,
> Und von nahem nicht."[289]

Darin lag die Unlösbarkeit des Sphinx-Rätsels, daß sie, die Nichtmenschliche, die Lösung dem Menschen geradezu voräffte, so genau und einfach, aber auch so pro-

vozierend entstilisiert und konkret beschreibt die Frage des Rätsels, was der Mensch ist. Was vor allem exemplarisch an diesem Rätsel ist, ist die Tatsache, daß *das* Gefragte nichts anderes ist als *der* Gefragte selbst; daß es nichts Geheimes, keine Mystifikation ist, die im Rätsel geschieht, sondern Aufklärung darüber, wie die Dinge selbst, konkret, materiell, ganz von Nahem besehen, sind.
Das aber vermengt sich in den Rätseln mit dem Element des Angstmachens, mit dem "Netz", in das der Gefragte gelockt wird, damit er sich darin verfängt - das Netz, das im Griechischen "gryphos" heißt, ist eines der Bezeichnungen für Rätsel. Am Ende aber erweist sich das Rätsel der Sphinx als Bluff: keinerlei Geheimnis hütet sie und ihr Sturz ist unweigerlich, sobald sie an einen Menschen gerät, der weiß, wer er ist und der davor keine Angst hat. Darin liegt das Element von Wahrheit in diesem Rätsel.

c) Vier- und mehrgliedrige Rätsel

Die letzte Gruppe innerhalb der ganz allgemein als Weltaufbau- und Gliederungsrätsel bezeichneten Rätsel sind die vier- und mehrgliedrig sich in die Höhe bauenden Formen nach dem Muster etwa des bereits oben zitierten:

"Es sind zwo Stöd,
uf dene zwo Stöd e Höhli,
uf der Höhli e Mülli
oben am Dach zwee Sterne."

Nach dem strukturierenden Prinzip des Widerspruchs und dem der Dreigliedrigkeit ist in dieser letzten Gruppe das Gliederungprinzip äußerlich zunächst einmal durch ein Übereinanderordnen der einzelnen Beschreibungselemente gekennzeichnet. Das zuletzt zitierte Rätsel, das dieselbe Auflösung hat wie das Rätsel der Sphinx, markiert einen ganz anderen Zugang zum Gegenstand, eine andere innere Spannung und Logik, auch einen ganz anderen Gestus und Gehalt. Es stellt eine noch nicht ausgebaute Form dieses Modells dar, das sich hier auf vier Ebenen beschränkt, dabei aber das zentrale konstruktive Prinzip deutlich zum Ausdruck bringt durch die beiden zuordnenden "uf" und das abschließende "oben". In diesem Rätsel prägt sich eine ganz einfache Form aus, mit deren Hilfe sich der Mensch deutlich machen kann, wie ein Ding beschaffen ist, wie es aufgebaut ist - durch ein Zerlegen in Einzelteile und ein Wiederzusammensetzen. Es ist Prinzip des Mit-Klötzen-einen-Turm- Bauens, wobei dieser Turm immer wieder stürzen und neu aufgebaut werden muß, bis die Fragen halbwegs beantwortet sind, wie hoch hinauf es sich türmen läßt, ohne daß alles zusammenstürzt, wie und was das ist, das am Ende schwankend dasteht und schließlich wie derjenige ist, der als Baumeister davorsteht. In dieser Einfachheit wiederholt sich das Modell immer wieder, wird ge-wagter und schwankender, universaler.

"'s stellt e Ma zwo Stange uf,
obe druf a Rungelafaß
und obe druf a Flasche,
obe druf ne Mühle,
obe druf zwei Taglöcher,
obe druf ne Studenwald,
drin springt alles, jung und alt."[290]

Bei diesem Rätsel sind bereits, über der Basis der "zwo Stange", fünf Ebenen mit dem rituell gleichbleibenden "obe druf" übereinandergetürmt. Dieses gleichförmige "obe druf" markiert den Punkt innerhalb des Rätsels, der eines Rituals bedarf - die Angst vor dem nächsten Schritt, der neuen Höhe. Die Schlußzeile ist auch in diesem Rätsel, wie im vorherigen, deutlich abgesetzt von den anderen und mit dem Vorzeichen einer neuen Qualität versehen.
Noch höher hinauf wagt sich ein Beispiel aus der Simrock'schen Sammlung:

"Achtern Aven staehn en paar Klawen,
Op de Klawen da steiht en Tonn,
Op de Tonn daer steiht ein Trechter,
Aewer den Trechter da is en Licker,
Aewer den Licker da is ein Rücker,
Aewer den Rücker da sind twe Kicker,
Aewer den Kickers daer steiht wat Gras,
Dar lopen fette Ossen up un af."[291]

In Rätseln wie diesem, deren Auflösung immer wieder der Mensch ist, geht es um ein Versuchsdenken, das seines Ausgangs nicht gewiß sein kann, das mit Vorsicht etwas zusammensetzt und nicht genau weiß, wo es damit landet und wie lange das Zusammengesetzte hält - und das wohl darum in der Schlußzeile schließlich eine Spur von Übermut nicht unterdrücken kann. Immer gleich ist die objektiv gestellte Aufgabe: die Vertikale zu üben, den aufrechten Gang, herauszufinden, was das für ein Wesen ist, das da entsteht und wie haltbar oder wie zerbrechlich es ist.
Das Modell dieser "Menschenaufbau- und Gliederungsrätsel" erscheint abgewandelt wieder, nun nicht mehr strukturiert durch das übereinanderordnende "auf" oder "über", sondern durch ein "in". Auch hier ist ein konstruktives Grundprinzip am Werk, eine Ordnung wird herstellt, die sich jedoch vom Großen zum Kleineren bewegt, sich nach innen verschachtelt, sich gleichsam nach innen verjüngt. Wie der be-

vorzugte Gegenstand dieses Rätseltyps - das Jahr - verrät, steht hier nicht mehr der Mensch im Mittelpunkt, sondern ein Begreifen der Welt, der Zeit und ihrer Ordnung, ein Wissen, das nicht mehr nach dem einfachen Muster des Klötzchen-Aufeinander-Türmens funktioniert, sondern ein komplizierteres Bild braucht.
Auch hier ist vom Einfacheren sowohl in der Bauweise wie im Gegenstand bis zum Komplexeren eine gemeinsame Grundstruktur zu beobachten.

"In meines Vaters Garten stehen Bäume,
Jeder Baum hat Zweige,
An den Zweigen hängen Wiegen,
In der Wiege liegen Kinder."[292]

Ein sehr bekanntes und in zahlreichen Varianten belegtes Beispiel nach diesem Modell ist dies:

"Ein Baum steht in der ganzen Welt,
Der zweiundfünfzig Nester hält;
In jedem Neste sieben Jungen,
Doch sämtlich sind sie ohne Zungen."[293]

Auch hier ist, ähnlich wie vorher, die Möglichkeit der Ausdehnung gegeben, hier einer Ausdehnung im Sinn größerer Differenzierung nach innen. So finden sich neben dem vierzeiligen Grundmodell verschiedene andere Formen, die die Möglichkeit und darum die Tendenz zur Erweiterung durch analoge Neubildungen veranschaulichen.

"Ein Herr hatte einen großen Garten,
und in dem Garten stand ein großer Baum,
und unter dem Baum saßen zwölf Jungfrauen,
jede Jungfrau hatte vier Schwestern,
jede Schwester hatte sieben Kinder."[294]

"Es war einmal ein sehr großer Garten,
und in dem Garten stand ein großer Baum,
und unter dem Baum standen zwölf Häuser,
hier wohnten zweiundfünfzig Jungfrauen drin,
und jede Frau hatte sieben Kinder,
und jedes Kind war zwölf Ellen lang,
halb hell, halb dunkel."[295]

Als Gemeinsamkeit treten an diesen Rätseln zwei Aspekte auf. Der eine ist der der Verrätselung mit Hilfe des Bildes vom Baum - und von ihm ausgehend dann mit einer Vielzahl von Dingen und Personen, die diesen Baum bewohnen und die wiederum untereinander nach dem "in"-Prinzip gleichsam verbunden sind, d. h. miteinander blutsverwandt sind. Der zweite Aspekt ist der einer gewissen atemlosen Verbindung der immer unübersehbarer werdenden vielen Bestimmungen: ohne eine Absetzung, ohne Punkt oder Pause, ohne Innehalten durchlaufen diese Rätsel ein vielfach gegliedertes Ganzes, dessen wesentliche Bestimmung gerade die zu sein scheint, daß alles Eines ist, daß an jedem Punkt das Ganze ist und daß es zwar eine Ordnung, aber keinen Bruch gibt.
Beide Aspekte sind - neben dem getrageneren Ton dieser Rätsel - etwas wie letzte wahrnehmbare Reste ihres Ursprungs: mit ihren Gegenständen 'Mensch' und 'Zeit' und ihrem in einem großen Atem alles verbindenden kosmologischen Bild besitzen sie Züge, die auch den Priester-Rätseln aus der vedischen Zeit der indischen Kultur eigen sind, wie sie Walter Porzig in seiner Untersuchung über "Das Rätsel im Rigveda"[296] anführt, wo er gleich zu Beginn unterstreicht, daß "die Ordnung der Welt ... der eigentliche Gegenstand aller Rätsel" ist[297].

Abschließend sollen zu dieser Gruppe der Weltaufbau- und Gliederungsrätsel noch zwei Beispiele betrachtet werden, in denen sich etwas wie eine Verschmelzung findet zwischen dem Modell des einfachen Übereinanderordnens und dem der Verbindung von drei oder vier Elementen zu einem lebendigen, komplexen Ganzen, einer kleinen Welt.

"Auf dem Boden Holz;
Auf dem Holz Tuch;
Auf dem Tuch Krieg und Frieden."[298]

"Auf dem Boden Holz;
Auf dem Holz Wolle;
Auf der Wolle Blumen;
Auf den Blumen Liebe."[299]

Diese beiden Rätsel umgibt eine eigentümliche Atmosphäre: sie sind so ruhig und gleichförmig in ihrem Gang, so einfach in den einzelnen Dingen, aus denen sie sich zusammensetzen - nur die Materialien Holz, Wolle, Tuch, die das gestufte Zwischenreich zwischen dem Boden und der Abschlußzeile füllen -, daß es scheint, als sei ihr Blick ein fast bewegungsloser, der über die Jahre gleichmäßig auf die immer gleichen Dinge fällt, sie sieht und doch auch nicht sieht, durch sie hindurchsieht, ein nach innen gewendeter Blick. Tisch und Bett, die beiden Dinge, die hier gesehen werden, sind die beiden klassischen Säulen des Lebens als eines menschlichen, gemeinschaftlichen. Dem auf ihnen ruhenden Blick werden sie zu Bildern: in Schichten wie bei den mittelalterlichen Himmelsmodellen ordnen sich die Stoffe übereinander, vom natürlich Gegebenen des Bodens über das Pflanzliche, Gewachsene zum Produkt des Menschen, dem Bearbeiteten. Obendrauf liegt im ersten der beiden Rätsel "Krieg und Frieden", im zweiten, nach der weiteren Schicht eines nicht nur Notwendigen, zuoberst "Liebe". Diese beiden aus dem ruhigen Gang des Ganzen am Ende ganz weit ausscherenden Schlußzeilen geben den Rätseln eine Spannung, die ihre Ruhe lebendig und leuchtend macht. Denn es ist wohl nicht vor allem Kontemplation hier gemeint, sondern, auch hier, Strukturierung von Erfahrung - hier der Erfahrung, daß "Tisch und Bett", menschliches Leben, eingebettet sind in einen geordneten Kosmos aus Totem und Lebendigem, aus Natürlichem und Gemachtem, Niedrigem und Hohem, Grobem und Feinem; daß Tisch und Bett in einem bildhaften Verständnis auch die Orte des Anfangs, der Erhaltung und des Endes des Lebens sind und daß schließlich aus dem Einfachen und Materiellen auch das hervorgeht, was an Immateriellem und Gewaltigem das Leben der Menschen bestimmt: "Krieg und Frieden" und "Liebe".

Diese beiden letzten Rätsel fallen durch ihre Einfachheit und Ruhe, auch durch eine eigenartige Intensität auf. Es gibt in ihnen kein Verb und doch herrscht, trotz der äußeren Reglosigkeit, Bewegung und Spannung. An ihnen wird ein weiterer Zug dessen erkennbar, was das besondere Vermögen der Rätsel als Formen ausmacht: in kleinen, einfachen Bildern einer komplexen, kaum in diskursive Worte oder Sätze zu fassenden Erfahrung zum Ausdruck zu verhelfen, sie mitteilbar zu machen. Was in mehr als den viermal vier Worten des letzten Rätsels unweigerlich seicht und schlecht pathetisch klingt, findet in dieser Form eine nüchtern-unauffällige und doch sprechende Gestalt.

Ein anderes und doch ähnliches Bild eines verbundenen gestuften Kosmos gibt das folgende Rätsel:

"Rot. es sein sechszerley leben,
bscheidt jr mich der eben,
ich werdt euch danck geben.

Ant. das erst ist ein wechszlichs leben,
als laub grass, baum und anders da do wechst,
das ander ist ein entpfindtlich leben,
als die thier vierfüssig dergleich fögel und fisch,
das drit ist ein vernünftig leben
das die menschen den got und yr natur yr vernunfft geben hot,
das vierd ist ein selig leben.
das sein die engel und heyligen bei got,
das fünfft ist ein verdampt leben,
als die in der hell wölche in der pein nimmer sterben mögen,
das sechst sein die kinder
wölch on taüff sterben die haben weder freyd noch pein."[300]

Ein auffallendes Rätsel ist auch das folgende, das im Bild des Baumes, der oben immer wieder begegnete als Zentralmotiv der Rätsel über die Zeit, den Menschen darstellt und damit zwei Rätselmodelle zu einem verschmelzen läßt.

"Es ist ein Baum,
an dem Baum zwei Zweiglein,
an den Zweiglein zehn Äste,
und auf der Welt das Schönste und Beste
ist nur die Frucht der Zweiglein und Äste."[301]

"In meines vaters garten steht ein baum,
hier ein baum und da ein baum;
in dem baume ist ein nest,
hier ein nest und da ein nest;
in dem nest da ist ein ei,
hier ein ei und da ein ei;
in dem ei da ist ein vogel,
hier ein vogel da ein vogel;
und wer dies kann raten,
darf sich den vogel braten."[302]

"Woss is doss?
A hejcher Tate,
a brejte Mame,
a blinde Tochter,
a meschugener Ejdim?"[303]

"Rot. ein Nagel helt ein eysen.
Ein eysen ein pferdt,
ein man ein schloss.
Ein schloss ein landt."[304]

"Drunna im Schwam steht en grün Haus,
im grün Haus is en weiß Haus,
im weiß Haus is en rot Haus,
un im rot Haus is es voll klene Schwarze.
Was is es?"[305]

"Es ist ein hoher Baum,
in dem Baum ist ein Nest,
in dem Nest ist ein Ei,
tut alle Stund einen Schrei."[306]

"Berg
Und überm Berg Wald,
Mitten am Berg Tal,
Überm Berg Sterne,
Über den Sternen Ufer,
Über den Ufern Ebene,
Über der Ebene Wald,
Mitten im Wald Räuber."[307]

4. Rätsel über Zeit- und Entwicklungsprozesse

Im vorangegangenen Abschnitt ging es um die Rätsel als Formen, mit deren Hilfe sich elementare Wahrnehmungen, Erfahrungen und Unsicherheiten strukturieren und ausdrücken lassen, um einen zunächst vorrangig formalen, äußeren Aspekt. In diesem Abschnitt soll es zunächst um einen inhaltlichen Aspekt gehen, den eines gemeinsamen Erfahrungs- und Problemfelds. Das mag als nicht stimmig erscheinen. Zugrunde liegt jedoch eine Überlegung: die Rätsel werden hier untersucht als besondere Sprach- und Erkenntnisformen, von dem her, was sie zu leisten vermögen für diejenigen, die sie benutzen. Dabei kann man jedoch unterscheiden zwischen zwei Qualitäten von Leistung. Eine besteht darin, daß die Rätsel tradierte und durch diese Tradition standardisierte Formen darstellen, die elementare, aber diffuse Empfindungen durch ebenso elementare, aber bestimmt strukturierte Modelle überhaupt sagbar machen, d.h. für das Subjekt selbst faßbar und anderen mitteilbar machen. Die andere Leistung besteht darin, daß es bestimmte sprachliche Räume gibt, innerhalb deren man ohne Angst über Dinge sprechen kann, über die ansonsten zu reden riskant ist. Innerhalb der Rätsel finden sich beide Leistungen, die Unterscheidung ist auch nicht immer in aller Strenge durchzuführen, aber sie markiert doch zwei Akzente, die sich in der Analyse der Rätseltexte unterscheiden lassen, d.h. Rätsel, an denen mehr eine durch die verschiedenen Inhalte sich durchhaltende Form im Vordergrund steht und solche, an denen es in unterschiedlichen Formen stets um ein gemeinsames Thema geht. Während es also zuvor in dem Kapitel über die Weltaufbau- und Gliederungsrätsel um den ersten Aspekt ging, soll es jetzt um den zweiten gehen.

Rätsel scheint es über alles zu geben, aber andererseits fällt auf, daß es zu einer Reihe von Erfahrungsbereichen besonders viele Rätsel gibt. Diese Bereiche sind vor allem die, die mit Unsicherheit und Angst besetzt sind. Ein erster Bereich, der hier in dieser Weise betrachtet werden soll, ist der der Zeit und der Entwicklungsprozesse.

Das Rätsel der Sphinx an Ödipus gehörte bereits hierher. Es ist ein prägnantes und sprechendes Beispiel eines dreigliedrigen Rätsels, aber es besitzt seine Prägnanz und Berühmtheit sicher auch aus seinem Inhalt. Der ist der Mensch, jedoch der Mensch mit dem besonderen Akzent eines Wesens in der Zeit, eingefügt in ein zyklisches, naturhaftes Auf und Nieder, ein Werden und Vergehen. In den Rätseln findet sich jedoch das Thema der Zeit und der Veränderung des Lebendigen noch mit anderen Akzenten versehen und in anderen Formen. Besonders ausgeprägt sind dabei, gerade gegen das Zyklische des Sphinx-Rätsels, diejenigen Rätsel, in denen im Zusammenhang mit der Auffassung und Erfahrung von Zeit die Elemente des Widerspruchs und der Gewalt bestimmend sind.

Es mag sich einwenden lassen, daß ja bereits zuvor Rätsel über die Zeit, nämlich alle die mit der Auflösung des Jahres, behandelt wurden, an einem Ort mithin, wo sie nicht hingehörten. Sie sind jedoch bewußt dort eingeordnet worden, weil in diesen Rätseln das formale, ordnende Element sehr im Vordergrund steht und sie im Zusammenhang mit dem Schema eines mehrgliedrigen Übereinanderordnens deutlicher in ihrer Besonderheit sichtbar werden als unter der weniger äußerlich bestimmten, thematischen Perspektive, die nun angelegt werden soll.

Weit verbreitet und sicher ältesten Ursprungs sind die Rätsel über die Zeit, die dem Wechsel von Tag und Nacht oder der Darstellung der Zeitverhältnisse gelten. Dabei verbindet sich in diesen Rätseln das Element des Andauernden, Beständigen, ja sogar der Einheit mit dem des Wechsels und der Entgegensetzung.

"Es sind ein paar mit mann und weib,
sie haben beide einen leib,
wo der eine kommt, muß der andere weichen."[308]

"Ich habe zwei Tauben:
eine weiß und eine schwarz.
Mit der weißen vergnüg ich mich,
Mit der schwarzen ruh ich aus."[309]

Und sogar aus Persien, von etwa 1000 v. Chr., finden sich verwandte Beispiele:

"Es sind zwei treffliche Pferde,
das eine schwarz wie Pech, das andere hell wie Kristall;
sie laufen eilend voreinander her,
aber niemals erreicht eins das andere."[310]

"Ich habe zwölf Blumen,
und jede trägt dreißig Blüten;
halb weiß und halb schwarz,
wenn eine geht, kommt die andere."[311]

In diesen Rätseln erscheinen die abstrakten zeitlichen Einheiten in Bildern dargestellt, in ihrem Verhältnis zueinander bestimmt und dem Begreifen nähergebracht. Die Darstellung ist der Versuch einer Konkretisierung und Veranschaulichung einer Dimension, die als solche nicht faßbar ist. Die Rätsel beschränken sich in diesen Beispielen auf ein Erklären, sie greifen nicht in das dargestellte Phänomen ein, fügen ihm nichts zu. Das ist anders in anderen Rätseln über die Zeit.
Ein besonders ausgeprägtes ist das folgende:

"Hinten wird's länger,
Vorne wird's kürzer."[312]

Es ist in verschiedener Hinsicht exemplarisch: es ist von einer blitzlichtartigen Kürze und Schärfe und ist schon zu Ende, bevor man begonnen hat, seiner Beschreibung wirklich zuzuhören. Es entzieht dem Befragten völlig den Boden, desorientiert ihn ganz, weil er, der ohnehin sich nirgends halten kann an diesem Vorbeihuschenden, zudem nur versteht, daß das zu Erratende überall, wo es ist - und es zeigt sich als nur hinten und vorne - sich beständig verändert. Diese Veränderung geschieht, so scheint es, mit der gleichen Geschwindigkeit wie das ganze Gebilde dieses Rätsels auftaucht und wieder verschwindet. Zeit ist Gegenstand dieses Rätsels, ist aber auch ganz direkt und konkret Element seiner Erscheinung - Zeit wird spürbar in diesem Rätsel. Was schließlich als ein letztes Element Verwirrung verursacht, ist eine Umkehrung der selbstverständlich und aus Gewohnheit angenommenen Verhältnisse: denkt man nicht weiter darüber nach, dann wächst für uns gewöhnlich das, was vor uns liegt und ein Entstehen ist implizit damit verknüpft, daß es unter unserem Blick, vor unseren Augen stattfindet. Was vor uns liegt, entfaltet, streckt und dehnt sich, immer mehr kommt in den Blick oder kommt zustande. Diese unreflektierte Vorstellung mag eine neuere sein, eine, die einem unbewußten Fortschrittsdenken entspringt und Nahrung findet in den verschiedenartigen Entdeckungen, die die Welt des Menschen ständig erweitern; sie mag auch eine infantile sein und den sich beständig erweiternden Horizont eines allmählich heranwachsenden Menschen wiederspiegeln; oder schließlich ist es möglich, daß sie in Zusammenhang zu denken ist mit der Erwartung eines "ewigen Lebens", das anbricht, wenn das zeitliche Leben am Ende angelangt ist, und auf dessen grenzenlose innere und äußere Ausdehnung hin das Leben der christlich geprägten Menschen ausgerichtet ist.

Daß eine Vorstellung oder nur das bewußtlose Gefühl solcher Verhältnisse besteht, wie sie das Rätsel mit einem Mal umstößt, wird einem spürbar an der Verwirrung, die dieses Rätsel verursacht, in dem nun auf einmal sich dort alles ausdehnt, wo man es nicht im Blick hat und dagegen ein Schrumpfen da stattfindet, wo man hinschaut und das Gegenteil erwartet.

Was in diesem Rätsel geschieht, in seinen Worten Ausdruck findet, ist das plötzliche, schlagartige Erfassen einer Wirklichkeit - und zwar so, wie diese sich dem Blick des erwachsenen, des bewußtgewordenen und sich auf sein irdisches Leben richtenden Menschen zeigt. Was Schrecken und Desillusionierung, auch Bedrohung sein kann, übersetzt sich in diesem Rätsel in ein Bild, mit dem Aussöhnung und Frieden möglich sind. Die Auflösung des Rätsels wird mit "Der Weg" angegeben - obwohl auch Antworten wie "die Zeit" oder "das Leben", die oft gegeben werden, nicht falsch sind. In der Antwort "Der Weg" ist jedoch ein Element unterstrichen, das für das, was dieses Rätsel leistet, nicht gleichgültig ist. Es steht nämlich hier nicht das Objektive, Nichtmenschliche der Lebenszeit als eines Gestaltlosen, Qualitätslosen und nur im Verrinnen zu Messenden im Mittelpunkt, nicht also Zeit gleichsam als das Material der Sanduhr, sondern Zeit als ein Durchmessenes, Durchschrittenes, als zurückgelegte Strecke Wegs. Der Unterschied ist einer ums Ganze; denn bei dem Weg, wie ihn dieses Rätsel präsentiert, geht der Blick von dem aus, der den Weg zurücklegt, als Subjekt seiner Erfahrung und Geschichte; die Sanduhr dagegen ist die Allegorie eines gesichtslosen, nicht greifbaren und nicht begreifbaren Schicksals, das auch das, was es gewährt, nur unter dem Vorzeichen des Verrinnens, des Nichtsübriglassens gewährt. Aus diesem Rätsel spricht keinerlei metaphysischer

Trost, auch keine Drohung irgendeiner Art. Es spricht die geteilte Erfahrung der Menschen, und der Rätselsteller selbst ist ebenso betroffen davon wie der, der das Rätsel lösen soll. Etwas Solidarisches, Authentisches, Sparsames drückt sich hier aus, Erinnerung daran, daß der Weg immer einer ist und dieser eine bleibt, daß er selbst nicht kürzer und nicht länger wird, sondern eine bruchlose Einheit ist; daß nur der sich bewegt, der ihn zurücklegt und daß dieser zwar vor sich immer weniger hat, seit er beginnt zu leben, daß er aber hinter sich diesen Weg hat, gelebtes Leben und nicht Nichts.

Jede Interpretation dieser Art überfrachtet in gewissem Sinn notwendigerweise das Rätsel, mit dem sie sich beschäftigt. An diesem Beispiel tritt das vielleicht besonders eklatant in Erscheinung, da das Rätsel extrem kurz und einfach ist. Es ist gerade das Eigentümliche an den Rätseln als Sprach- und Erkenntnisformen, daß sie Gehalte und Erfahrung transportieren können, ohne sie hinzublättern, herzusagen, sie dadurch zugleich zu hoch und zu platt zu machen und überdies festzulegen. Andererseits aber überfrachtet eben darum die Interpretation die Rätsel auch nicht, denn, sofern überhaupt nur zu halten ist, was sie darzulegen sucht, so ist dies in einer nichtsdiskursiven Form, als Ausdruck, in den "Einfachen Formen" der Rätsel zwar enthalten, aber auch eingeschlossen; es fällt nicht auf. Ein Problem besteht dennoch einzig für die Interpretation, auch für sie allein besteht ein Mangel, ein Defizientes; den Rätseln fehlt nichts, schon gar nicht die Interpretation. Das wird an diesem Rätsel auch darum so deutlich, weil das Thema eines ist, vor dem die diskursive Rede leerläuft, bei allem Bemühen. Es ist ein Thema, das nicht "in den Griff" zu bekommen ist und vielleicht darum gerade in den nichtexpliziten, konzentrierten Betrachtungs- und Ausdrucksformen der Rätsel gut aufgehoben ist.

In dem oben interpretierten Rätsel vom Weg tritt ein weiteres Element hervor, das für die Darstellung, die die Rätsel von Zeit und Entwicklungsprozessen geben, wichtig ist. Es ist das Element des Schockhaften. Was in diesem Rätsel als blitzartige Kürze und Schärfe, als etwas Desorientierendes aufgefaßt wird, rührt daher, daß schlagartig etwas ganz klar und zugleich ganz anders als gewohnt dargestellt wird. Wie ein Schock treffen die Worte des Rätsels in ein diffuses Knäuel aus unklaren Gefühlen und Erfahrungen, an die man gewöhnlich am liebsten gar nicht rührt. Sie treiben etwas auf die Spitze - und es scheint, als sei es im Grunde die Verdrängung des Themas selbst, die von dem Rätsel aufgegriffen und mit ihrem eigenen extremen Gegenbild konfrontiert wird. In anderen Worten: gegen das diffuse und unklare Nicht-zur-Kenntnis-Nehmen des Verrinnens der Zeit stellt das Rätsel einen extrem knappen, klaren, kein Ausweichen zulassenden Widerspruch, ohne Beschönigung und falsche Tröstung, aber auch ohne etwas, das Angst erregen wollte. Was vor anderem zum Ausdruck kommt, ist - und dies ist wohl die Erfahrung, um die es diesem Rätsel gehen mag - der unvermittelbare und zerreißende Widerspruch innerhalb des Lebens, daß es ist und nicht dauert, daß es ist und immerzu vergeht, der Widerspruch zwischen "schon" und "noch". Daß Erfahrung von Zeit die eines solchen Widerspruchs ist, hält das Rätsel in seiner Form und seinen Worten fest.

Der Widerspruch ist eines der zentralen Motive für die Darstellung von Zeit und Zeitlichem in den Rätseln. Immer wieder taucht er auf und fast immer in einer extremen Zuspitzung.

"Die Söhne machen die Väter."[313]

Auch in diesem Beispiel tritt schlagartig die besondere Perspektive der Rätsel hervor. Zeit erscheint für die Erfahrung als etwas wesentlich in Widerspruch Verfaßtes, nicht als eine Kette des Lebens, nicht ein kontinuierliches Sichfortpflanzen des Vaters je wieder in den Sohn, sondern das gerade, krasse, zunächst ganz undenkbare, revolutionäre Gegenteil: das Unterste wird nach oben gekehrt, das Erzeugte wird zum Erzeuger, das Zweite zum Ersten. Wie bei dem vorigen, ebenfalls sizilianischen Rätsel, spricht hier einer in ruhigen, nüchternen, unerschütterlichen Worten, nichts von Ge-heimniskrämerei oder Tiefsinn, keine Metaphysik, aber auch keinerlei beschreibendes, veranschaulichendes Wort, kein Schmuck, nichts Verzichtbares. Er sagt, daß etwas radikal anders ist als im übrigen, gewohnten Leben, wo die Väter die Söhne machen - hier ist es umgekehrt, hier ist es das Kleinere, aus dem das Größere hervorgeht. Nur auf einen einzigen Punkt richtet sich die Konzentration dieses Satzes: daß es nicht auf die großen Zeiträume ankommt, sondern auf die kleinen, aus denen sich die großen allerst zusammensetzen; daß sich, im Großen wie im Kleinen, alles an den kleinen Einheiten entscheidet, daß sie es sind, die zählen und die die großen hervorbringen. Es ist darin ein polemisches Rätsel, das gegen den großen Atem der Geschichte und gegen die Vertröstungen oder die Kalküle auf das Kommende einzig gelten läßt, was klein, unbedeutend, aber jetzt ist. Die Worte dieses Rätsels sind vielleicht auch darum so apodiktisch und kurz.
Dieses Rätsel ist das genaue Gegenteil eines anderen, das kaum ein Volksrätsel sein kann, weil es so perfekt gebaut und so leer ist, dabei jedoch so schwierig, daß auch nur die Formulierung des Rätsels richtig zu verstehen Mühe macht; zudem sind, und das ist noch eindrucksvoller, der Gehalt und die Tendenz genau entgegengesetzt.

"Ich werde gestern sein,
Bin morgen dagewesen."[314]

Zunächst ist man verwirrt von dem ständigen Schwanken und Sichwandeln der Zeit. Sie erscheint ganz materiell in den Worten als ein "Alles fließt", als ein Zukünftiges und ein Vergangenes. Dabei ist beides, Zukünftiges wie Vergangenes, und das verwirrt gänzlich, immer ineins - und ist doch, besieht man es sich genau und läßt sich nicht verwirren, nur Tautologie: die zweite Zeile sagt nichts anderes als die erste. Hier wird mit unscharfen Aussichten und Kontinuitäten gefoppt, denn am Ende fehlt das immer, was die Auflösung ist, das Heute. Das Rätsel spricht von etwas, das immer nur ein Vergangenes sein wird, tut dies aber äußerst kunstvoll und suggeriert damit Realität: es verlagert jedoch nur das Element der Vergangenheit aus dem Adverb "gestern" der ersten Zeile in die Verbform "bin dagewesen" der zweiten und umgekehrt das Element der Zukunft von der Verbform "werde" der ersten Zeile in das Adverb "morgen" der zweiten. Es geschieht, entgegen dem ersten Eindruck, gerade nichts, nicht nur keine Veränderung, nicht einmal Bewegung. Nichts fließt, nur die Abwesenheit des Jetzt dauert an.

Noch einmal, dagegen, ein anderes aus der Pitré'schen Sammlung:

"Alle sechs Felder ein Grenzstein."[315]

Auch dieses Rätsel ist wieder ein extrem einfaches. Es hat nicht einmal den Zierrat eines Widerspruchs oder einer Parallelität in der Konstruktion; es ist völlig scheinlos. Zeit begegnet hier als Raum, und dieser Raum wiederum als Arbeitsraum, als Wegstrecke, als ein konkretes Gegenüber. Die Zeit ist ein Gegliedertes, sie hat ein Gesicht. Das Subjekt orientiert sich in ihr, es hat einen Punkt des Ankommens vor Augen und Boden unter den Füßen. In diesem Rätsel kommt die Erfahrung eines Lebens zum Ausdruck, das nichts besitzt, was ihm Glanz gibt außer der Arbeit über sechs Tage der Woche hinweg. Einzig der Sonntag unterbricht diesen Lauf und gewährt dem, der die Felder unter den Füßen hat, einen Punkt des Innehaltens, des Ausruhens, der Besinnung, des Blicks. Das hält das Rätsel fest, drückt es auf eine genaue und sprechende Weise aus.

Ein anderes Rätsel, das hierher gehört, ist das folgende:

"Jeder will't warden
un keener will't wäsen."[316]

Oder in der hochdeutschen Fassung:

"Was will ein jeder werden,
Was will doch keiner sein?"[317]

Auch hier erscheint die Zeit mit Widerspruchsvollem verknüpft: mit der seltsamen Feststellung, die als solche in der alltäglichen Wahrnehmung gar nicht in Erscheinung tritt, obwohl sie unablässig und in allem präsent ist, daß jeder alt werden will und keiner alt sein will. Hier besteht plötzlich ein Widerspruch zwischen "werden" und "sein", wo gewöhnlich gilt, daß, zumindest für die Bereiche, in denen es um ein Wollen der Menschen geht, am Ende eines langen und kontinuierlichen "Werdens" ein "Sein" das Ziel ist. In diesem Rätsel aber ist, wieder einmal, alles anders, alles umgekehrt: hier will ein jeder werden und wenn er es endlich geworden ist, will er es nicht mehr sein. Dieser Widerspruch ist jedoch noch ein äußerer. Der wirkliche Widerspruch ist einer innerhalb des Lebens selbst: daß es ist und dauern soll und daß es ungeschmälert, ungemindert dauern soll - nie weniger werdend, nie anders als in seiner Fülle. Hier wird deutlich, daß das Rätsel sich zunächst der Zweideutigkeit des Ausdrucks "alt werden" verdankt. Einmal wird "alt werden" aufgefaßt im Sinne von Andauern der Fülle des Lebens, märchenhafte siebenmal siebzig Jahre, und andererseits "alt werden" im Sinn von schwach, krank, hilfsbedürftig, hinfällig werden. Das Rätsel faßt die Zweideutigkeit auf und benutzt sie, führt sie erst richtig vor Augen - und dies, um die zugrundeliegende Zweideutigkeit der Erfahrung aussprechen zu können. Daß der Widerspruch auf dieser Ebene besteht und unauflöslich bestehen bleibt, davon gibt das Rätsel Zeugnis.

"Alles geit rin und alles geit rin."[318]

Dieses Rätsel, das mit dem vorherigen in der Auflösung fast identisch ist, ist in seiner Form und seinem Ausdruck anders. Im Vordergrund steht hier überdeutlich die Wiederholung, die nicht vollständiger möglich ist; die Worte wiederholen sich in identischer Form und Folge und, als wäre dem nicht genug, sie sind verbunden durch "und". Dieses unscheinbare, in einem oberflächlichen Verständnis nichts bedeutende Wörtchen entwickelt jedoch eine seltsame, erst leise, dann immer stärker werdende Kraft. Es entbindet aus sich die Tendenz zu endloser Wiederholung unter dem immer neuen Anschluß mit "und", kreiselnd immer identisch und immer weiter. Und in diesem Ton, diesem dem Rätsel anhaftenden inneren Rhythmus besteht, was es wesentlich prägt und was es vor allem ausdrückt: die Erfahrung von Zeit als eines Strudels, in den alles ohne Unterschied hineingezogen wird, alles gleichermaßen Opfer einer gesichtslosen, gleichförmigen Gewalt, die sich in dem Wort "und" ausdrückt. Das Rätsel stellt eine Sprachform dar, in der eine Erfahrung von Zeit und Geschichte Ausdruck findet, die vor aller selbstbewußten und individuellen, vor aller begrifflich reflektierten Erfahrung liegt, Zeit als ein alles verschlingendes Mahlwerk.

Die Wahrnehmung von Zeit und Entwicklungsprozessen als Gewalt taucht in den Rätseln explizit weniger im Zusammenhang mit dem Altern des Menschen auf denn als Beobachtung an Dingen der alltäglichen Erfahrung. Vielleicht sind aus diesem Grund Pflanzen wie Flachs, Hanf oder Tabak, die extreme Veränderungsprozesse durchlaufen, auffallend häufig Gegenstände von Rätseln.

"Als ich war jung und schön,
trug ich eine blaue kron;
als ich war alt und steif,
banden sie mir einen band um's leib;
dann ward ich geknüppelt und geschlagen,
und von kaiser und könig getragen."[319]

Wossidlo überliefert sehr viele Varianten dieses Rätsels, unter anderem auch die folgende, schöne, von der er anmerkt, daß sie von einer Tagelöhnerfrau mitgeteilt wurde:

"Als ich jung war, war ich schön,
nachher werd ich grau.
nachher werd ich wieder schön,
dann dien ich mann und frau.
und werd ich dann nun nicht mehr acht't,
so werd ich klug der welt gemacht."[320]

Ganz entsprechend auch ein sizilianisches Beispiel:

"Grün bin ich, bin so geboren,
ich trage auf dem Kopf eine schöne Blume;
aber dann werde ich angekettet
und im Wasser gefangen gehalten;
dann zwischen Nägeln und Dornen
verrenken sie mir die Nieren."[321]

In diesen Beispielen wird das Schicksal einer Pflanze zum Bild, das den Gang eines menschlichen Lebens veranschaulicht. Derjenige, der im Rätsel spricht, ist die

Pflanze; der Gestus jedoch und die Häufigkeit dieser Rätsel sowie nicht zuletzt die mit einer gewissen Auffälligkeit immer wieder verwendete Ich-Form legen den Gedanken nahe, daß es sich hier um Formen handelt, in denen allegorisch dargestellt wird, was allen Menschen "blüht": in Dienst genommen zu werden von einem Prozess, über den man nicht mehr verfügt, der am Einzelnen als Gewalt abläuft, ein Prozeß, der anderen als den eigenen Zwecken dient und aus dem man anders, gezeichnet, hervorgeht.

"Als Pflanze steig ich aus der Erde,
Du quälest mich zu hartem Stein,
Und soll ich dir recht nutzbar sein,
Machst du, daß ich zu Wasser werde."[322]

Ein letztes Rätsel von dieser Art soll betrachtet werden, um an ihm zusammenzufassen, was die Rätsel als Sprach- und Erkenntnisformen zum Thema der Zeit und der Entwicklung zu sagen haben, was sie leisten.

"As ik lütt wier, künn ik vier dwingen;
as ik groot wier, künn ik hügel un barg' ümwringen;
as ik doot wier, müsst ik vör fürsten un herren up de tafel stahn,
un mit de bruut na 'n danzsaal gahn."[323]

Ins Hochdeutsche übertragen lautet dieses Rätsel etwa so: "Als ich klein war, konnt' ich vier bezwingen; als ich groß war, konnte ich Hügel und Berge umgraben; als ich tot war, mußt' ich vor Fürsten und Herren auf der Tafel stehn und mit der Braut zum Tanzsaal gehen." Wossidlo vermerkt, daß dieses Rätsel "allgemein" sei und belegt dies mit zahlreichen Varianten. Abgesehen von diesem objektiven Tatbestand, ist das Rätsel formal nicht sonderlich hervorstechend, ausgefeilt. Es hat, vor allem, einen schwerfälligen Ton. Es besteht aus vier Zeilen, die, mit Ausnahme der Schlußzeile, alle einen vollständigen, abgeschlossenen Satz bilden, zudem jedesmal einen Satz, der aus Neben- und Hauptsatz besteht. Die drei Sätze sind genau parallel gebaut, nichts schert aus, nichts geht einen eigenen Weg. Der, der spricht, ebenfalls in Ich-Form - Wossidlo, der die Häufigkeit dieser Struktur bemerkt, bildet in seiner Rätselsammlung nach diesem Kriterium eine eigene Gruppe der "Ich-Rätsel", von der die hier behandelten Beispiele jedoch nur einen Ausschnitt darstellen - spricht gerade so, wie man meint, daß einer sprechen müsse, der auf vier Beinen geht: gleichförmig, ohne Schwanken, zwischen Apathie und Resignation oder auch nur in Schwermut angesichts seiner körperlichen Schwere. Seine Lebenszeit ist in die drei Stationen von "lütt", "groot" und "doot" gegliedert, und das wird so mitgeteilt, als sei es das Selbstverständlichste: alles in seiner Ordnung, einer Ordnung, die im Joch Gestalt annimmt. In der Fülle der Kraft am Anfang "künn ik vier dwingen"("konnt' ich vier bezwingen"), auf dem Höhepunkt seiner Entwicklung "künn ik hügel un barg' ümwringen" ("konnt ich Hügel und Berge umgraben"): in den beiden ersten Zeilen ist parallel zu dieser Aussage der jeweilige Hauptsatz immer geprägt vom Modalverb "können", Ausdruck der Fülle von Kraft, von Unangreifbarkeit, Unüberwältigbarkeit. In der dritten Zeile neigt sich die Entwicklung zum Ende: der Satz beginnt schon mit "as ik doot wier" - und krasser könnte ein Gegensatz kaum sein als dieser zwischen dem Ende der zweiten und dem Beginn der dritten Zeile - und setzt sich dann fort nicht mehr mit "können", sondern mit "müssen", drückt auch auf der Ebene des Verbs aus, daß alles anders ist, zu Ende. Der vormals so Mächtige erzählt jetzt von sich selbst als dem, was auf der Tafel der Herren in der Schüssel dampft oder was, als Fußbekleidung allerdings nur, die Braut zum Tanz begleitet. Was übrig geblieben ist von der Fülle der Beherrschung der Welt - und zwar der Welt im Sinn von belebter wie unbelebter Natur, von "vier" ebenso wie "hügel un barg", - ist das extreme, groteske Gegenteil: aufgezehrt zu werden oder als Schuhsohle Verwendung zu finden, verarbeitet zu werden, gänzlich unkenntlich. Es ist am Ende nur noch die Stimme, die bleibt, um davon Zeugnis zu geben. Das tut sie im Rätsel, in einer Form, die nicht Meinung oder Urteil ist, sondern die den Entwicklungsgang eines Lebens in den nüchternen Stationen eines Erinnerungs- und Vergegenwärtigungswegs festhält. Das Rätsel hat nichts dagegen aufzubieten, aber es ist doch nicht seiner selbst so verlustig gegangen, daß es nicht noch sagen, nennen wollte, was das für ein Leben war. Und in diesem Eingedenken, dem das Rätsel Raum und Gestalt gewährt, ist selbst ein solches und auch als solches noch exemplarisch gemeintes Leben nicht spurlos vergangen. Daß das Rätsel das leistet, ist nichts geringes.

5. Rätsel über Leben und Tod

Wenn für die Form der Rätsel die Prinzipien des Widerspruchs und eines bildlichen Sprechens bestimmend sind, so sind es für ihren Inhalt die Fragen, die mit dem Anfang und Ende des Lebens und mit dem Verhältnis des Lebendigen zum Toten zu tun haben. Es ist als Thema nicht das einzige der Rätsel, aber es ist eines, das in vielen verschiedenen Rätseln, wenn man genau hinsieht, auftaucht, auch in Rätseln, die zunächst einmal ganz anderen Gegenständen gelten. Neben dem Thema der Sexualität ist dieses vielleicht das wichtigste, umfangreichste und ausgeprägteste Thema, das in den Rätseln verhandelt wird. In diesen Rätseln tauchen Strukturen wie Widerspruch oder Drei- und Viergliedrigkeit wieder auf, die bereits vorher behandelt wurden, die als Bauformen aber hier vor dem Gewicht und der Intensität des dargestellten Inhalts zurücktreten. Die Frage nach Leben und Tod umschreibt einen Bereich, der ein klassischer Tabubereich ist, in dem Fragen nicht direkt gestellt und ebensowenig direkt beantwortet werden können, ein Bereich, der nicht zur Verfügung steht wie andere, der Angst macht und Unsicherheit, weil jeder sich bedroht weiß und keiner einen Ausweg kennt. Es ist ein Thema, das überall eindringt und manchmal wie eine Brille erscheint, mit der alle Dinge betrachtet werden. In diesem Zug von Omnipräsenz der Wahrnehmung des Todes drückt sich etwas von der universalen Bedrohung aus, die von diesem ausgeht.

"Der Tote begräbt den Lebendigen."[324]

Das Rätsel ist wie ein Schlag ins Gesicht oder ein Knüppel zwischen die Beine der Lebendigen, die das Rätsel hören. Wieder haben wir es hier mit dem Motiv der Umkehrung einer vertrauten, Sicherheit gewährenden Auffassung zu tun und mit einem extrem zugespitzten und ebenfalls extrem knapp als ein Faktisches behaupteten Widerspruch. Toter und Lebendiger stehen sich als Antagonisten am Anfang und Ende der Zeile gegenüber - und schon in dieser klaren Entgegensetzung liegt ein Tun des Rätsels, eine Energie, diese Scheidung klar zu machen und aufrechtzuerhalten gegen die Strebungen der Vermischung, des Übergeifens der Welt der Toten in die der Lebenden. Daß der Konflikt nicht ausgestanden ist, spricht das Rätsel indirekt in der starken Spannung seiner Konstruktion aus, direkt aber in der Begegnung, die dann doch stattfindet: in der Mitte treffen Totes und Lebendes aufeinander, ohne alle Ausweichmöglichkeit, im "begräbt".
Das Rätsel greift die einstmals alltägliche Beobachtung auf, wie die Asche das Feuer begräbt und auf diese Weise löscht; aber die einfache und konkrete Beobachtung kippt gleichsam plötzlich um und wird transparent auf eine grundsätzliche, beunruhigende Frage: ob es sich mit den Menschen genauso verhält. Immer wieder ist das die Frage, immer wieder thematisieren die Rätsel diese Ungewißheit, in so knappen Formen wie im obigen Beispiel oder in langen, die in ausgestaltete Rahmenerzählungen eingelassen sind, wie dieser:

"Rot. do du lebst do lept auch ich,
du hast gern gefangen mich
nun bistu todt und hast mich
darumb ich sterb was hilffst dich."[325]

Dieses sehr alte, auch bei Simrock und, in einer westfälischen Fassung, bei Schupp mitgeteilte Rätsel stellt eine einzige große Verschlingung von Motiven des Todes und solchen des Lebens dar, mit einem bedrohlichen Schwanken der Grenzen, einem Übergehen des einen ins andere und dem Tod, der das letzte Wort behält. Die hier wiedergegebene älteste Version aus dem Straßburger Rätselbuch ist die klarste: in einem sehr direkten Sinn kreist das Rätsel um das Thema des Lebendig- oder Totseins und verwirrt restlos mit seinem beständigen Wechseln, von Nochleben zu Gelebthaben, Töten und Sterben, Jagen und Gejagtwerden, Habenwollen und Gefangensein, Intentionalem und Fatalem - ein Strudel von Worten und Vorstellungen, in dem Jäger wie Gejagter ohne Halten verschwinden. Sinnlosigkeit und eine gestaltlose Bedrohung liegen über diesem Rätsel und bereits darin leistet es etwas: es erlaubt es, die wesentlichen Empfindungen der Menschen angesichts des Todes in einem erzählten Gebilde darzustellen und zu artikulieren.

> "Rot. Was ist das, ein lebendiger uff
> eim todten sass und als der todt lachen thet,
> starb der lebendig uff der stedt."[326]

Auch hier wieder erscheint ein Toter - ein beinah feixender überdies, möchte man meinen, und ein besonders unheimlicher, denn er lacht und verursacht gerade damit den Tod des Lebendigen. Auch hier findet sich wieder die Entgegensetzung in extremer Spannung, der Kampf um Leben und Tod, der zwischen Leben und Tod selbst stattfindet. Deutlicher aber als bei den vorigen Beispielen scheint in diesem letzten zu sein, daß die gemeinten konkreten Gegenstände des Rätsels unwesentlich wirken, gesucht oder zufällig gefunden, insgesamt zu leicht angesichts dessen, was in der Verrätselung an Spannung spürbar wird. Es ist eben nicht um den Gegenstand der Antwort zu tun, sondern um diese Spannung. In ihr findet die alte Angst Ausdruck, daß der, der sich "oben" sitzen weiß als Lebendiger im Gefühl seiner natürlichen Überlegenheit, durch ein lächerliches Nichts zuschanden wird, unvermittelt und ohne das geringste, was dies hindern und ihn schützen könnte.

In einer Vielzahl von Beispielen begegnet dieses Motiv immer wieder; und es fällt auf, wie sich gerade die Rätsel zu diesem Themenkreis auszeichnen durch starke Bilder, schockierende Verknüpfungen und Wechsel, eine nicht abreißende Kette neuer Formen.
Ganz einfach im Verhältnis zu den beiden letzten das folgende, wieder aus dem Straßburger Rätselbuch:

"Ein frag. Wo treibt der todt den lebendigen auss seinem nest."[327]

Dagegen eine ungeheure Dramatisierung und Direktheit, alptraumhafte Bilder in diesem Rätsel aus Sizilien:

"Tot, haarlos und geht schreiend umher."

Und in der Variante, noch etwas ausgemalter:

"Tot, haarlos, mit abgezogener Haut
geht er schreiend durch die Straßen
und brüllt wie ein Besessener."[328]

In diesem Beispiel ist in unerwarteter Deutlichkeit ein uralter, kollektiver, jedoch kaum öffentlich auszusprechender Schrecken in ein Bild gefaßt: der der Wiederkehr, hier sogar einer wahnsinnigen, wie rächenden Wiederkehr der Toten. Was normalerweise als Angst ständig kleingehalten oder ganz verdrängt werden muß, darf hier geäußert, fast illustriert dargestellt werden. Es kann mitgeteilt und so geteilt werden und gemeinsam kann man sich dessen versichern, daß es doch nur die Trommel sei, die da umgehe.

Etwas Groteskes bekommt das Thema in einem schottischen Rätsel, das Karl Müllenhoff zitiert, das aber in einer plattdeutschen Fassung auch unter den "Räthselmärchen" in Simrocks Deutschem Räthselbuch erscheint:

"I sat wi' my love, and I drank wi' my love,
and my love she gave me light."[329]

Nicht so extrem wie in diesem Beispiel wird in zwei deutschen Rätseln in einer ebenfalls leicht grotesken, dabei aber auch karikierenden, eine Spur unernsten Form die Angst vor Alter und Tod artikuliert und bekämpft:

"Wer hat die Füße in der Hand,
Die Zähne in der Tasche,
Die Augen im Beutel?"[330]

"Was ist nackter als nackt,
So nackt, daß es knackt?"[331]

Besonders deutlich ist an diesen beiden Formen das Moment der Vrfremdung durch Isolierung: der Stock in der Hand als zusätzlicher "Fuß", das Gebiß in der Tasche und die Brille im Beutel - die Hilfsmittel, für die auch die Umgangssprache gern das ersetzte Organ, d.h. "meine Zähne" oder "vier Augen" als Bezeichnung verwendet, sind hier ganz abgetrennt vom Gesamt des Menschen, versprengte Stücke, Dinge, die man, wie Schnur oder Stein, in der Tasche tragen kann. Dadurch jedoch erscheint das Wesen, das allein durch die Körperteile, die wie Dinge in den Taschen liegen, beschrieben ist, als etwas Gespenstisches oder nur Komisches; verfremdet wird es in jedem Fall. Das zweite Beispiel arbeitet mit einem anderen Verfahren der Verfremdung: hier wirken die onomatopoetischen Laute des viermaligen "(k)nackt" und ihres Binnen- und Endreims zusammen, um ein groteskes Bild einer extremen Nacktheit - der des Skeletts nämlich - und vor allem den unmittelbaren Eindruck eines "Knackens", eine spürbare Nähe des Skeletts gleichsam entstehen zu lassen. Dem Rätsel wohnt ein Ton inne - und Töne bilden sein Zentrum - , der dem Zuhörer zuleibe rücken will und dies auch schafft. Daß es in all den unterschiedlichen Formen gleichwohl immer die Spannung zwischen Lebendem und Totem ist, um die es in diesen Rätseln zentral geht - und nicht um einzelne verrätselte Gegenstände, auch nicht um besondere Formen der Darstellung -, wird sichtbar in den in ihrer Bildlichkeit weniger eindrucksvollen, durchschnittlicheren Rätseln zum Thema wie den folgenden:

"Fünf schieben und zehn ziehen,
ziehen den Toten das Ufer hoch."[332]

"Nach vielen Jahren gestorben,
wird er nun von einem Lebenden getragen
und trägt auf den Schultern einen andern Lebenden."[333]

"Anfangs war er mit Knochen,
jetzt ist er ohne Knochen,
und trägt immerzu
einen mit Knochen."[334]

Und auf mecklenburgisch:

"Drecht fleesch und drückt fleesch,
is sülwst von fleesch und bloot,
hat doch keen fleesch und bloot."[335]

Die Spannung zwischen Lebendem und Toten drückt sich jedoch nicht nur in Schrecken und Bildern einer heillosen Unterlegenheit des Lebendigen aus. Es finden sich auch, wenngleich zahlenmäßig weniger, Rätsel mit dem Ausdruck einer Solidarität, einer den Gegensatz von Lebendem und Totem übergreifenden Einheit des Lebens, zu der der Anfang des Lebens ebenso hinzugehört wie das Ende.

"Als ich klein war, ernährten mich die großen,
und als ich groß war, ernährt ich die kleinen;
und als ich tot war, trug ich die lebendigen
wohl über die lebendigen."[336]

Das Straßburger Rätselbuch, fast vierhundert Jahre früher, überliefert das Rätsel kaum verändert:

"Rot. was ist das, do es lebt do speysst es die lebendigen /
do es todt was do beschirmpt es die lebendigen.
es trug die lebendigen und ging uff den lebendigen."[337]

Auch in diesem Rätsel findet sich die Gegenüberstellung von "lebendig" und "tot". Der Ton des Rätsel aber ist geprägt durch die Verben, die fast durchgängig positive Konnotationen haben: "speisen", "beschirmen" und "tragen" in der älteren Version, in der jüngeren ein ausdrücklich reziprokes Verhältnis im Sinn einer Solidargemeinschaft: "Als ich klein war, ernährten mich die grossen,/ und als ich gross war, ernährt ich die kleinen; ..." Das Rätsel setzt sich ein drittes Mal in der gleichen Weise fort: " ... und als ich tot war, trug ich ...": hier ist der Tod kein Bruch, kein radikales Ende, sondern Übergang in eine andere Weise, innerhalb einer Gemeinschaft eine Funktion zu besitzen. Das wird in diesem Rätsel durch die äußere Parallelität der Sätze besonders unterstrichen.

Aber nichts ist in den Rätseln so, daß man darauf bauen kann: es kann alles kippen und sich als das Gegenteil dessen erweisen, als was es zuvor erschien. So findet sich auch für das Motiv einer Solidarität zwischen Lebendem und Totem ein anderes Rätselbeispiel, in dem dieses harmonistische Bild umschlägt in den alten Schauder, der wegen der zuvor versuchten größeren Nähe mit noch mehr Grauen als zuvor verbunden ist:

"Ein Toter und ein Lebendiger
bauten ein Haus, bauten ein dunkles Zimmer;
tritt der Lebendige ein, küßt ihn der Tote."[338]

Zu den Rätseln über das thematische Feld 'Leben und Tod' gehörten in gewissem Sinn auch die Rätsel über Sexualität. Sie sind hier in ein eigenes Kapitel ausgelagert worden, weil zum einen diese Rätsel sehr zahlreich sind, zum anderen aber und wesentlicher, weil sie als überwiegend und ganz offen doppeldeutige eine andere Struktur haben als die übrigen hier untersuchten Rätsel. Das Thema Leben und Tod ist in ihnen zwar oft objektiv viel stärker wirksam als es den Anschein haben mag, aber dies gilt doch nur für eine so sehr nach innen gerichtete Analyse, daß davor das ebenso wesentliche äußere, unmittelbare Geschehen und die dort angesiedelte Funktion dieser Rätsel zu kurz kommen.

Ein thematischer Bereich der Rätsel soll hier noch zur Sprache kommen, der zu den Rätseln über 'Leben und Tod' ebenso gehört wie zu denen über 'Zeit und Entwicklungsprozesse' und zu denen über 'Sexualität'.

"Und der Mandelbaum ist erblüht:
Vier Augen und vierzig Finger."[339]

"Ich weiß etwas,
ist kugelrund,
vier Augen, vierzig Nägel."[340]

"Mit einem - ich glaub mich allein,
Mit zweien - ich bin bei euch;
Mit dreien - warum?
Mit vieren - was soll ich tun?
Mit fünfen - ich würd es gern wissen;
Mit sechsen - ich richte die Schleifen,
Mit sieben - ich mache Schulden,
Mit achten - ich ergebe mich drein,
Mit neunen - ich übe schon mal."[341]

Die beiden ersten Rätsel können als eines gelten, da in ihnen das verätselnde Element identisch ist und sie nur, wenngleich nicht gleichgültige, Variationen des Rahmens aufweisen. Insgesamt unterscheiden sich diese Rätsel, deren Gegenstand fast gleich ist, sehr voneinander.
Das erste ist ein typisches Rätsel im Sinn der Kürze der Form, des einfachen Nennens eines so nicht vorzustellenden Gegenstandes - "vier Augen, vierzig Nägel" -, der Einfachheit der Worte und des Baus. Es verrätselt etwas, das in jeder der beiden Varianten auf eine eigene Art aufgefaßt ist - in der ersten als ein "Erblühen", das unverstellt und nicht klischeehaft als ein "Wunder der Natur" wahrgenommen wird,

angesichts dessen man staunt wie vor den Mandelblüten nach den Monaten des Winters. In der zweiten Variante ist es weniger dieser innere Aspekt eines Wunderbaren als der äußere eines Erstaunlichen, Wunderlichen, wohl auch Befremdlichen und Irritierenden: "kugelrund". Beiden Formen ist jedoch die grundsätzliche Sehweise gemein: sie sieht nicht nur, was sie vor Augen hat, sondern das gesamte Wesen, sichtbar und noch nicht direkt sichtbar, sieht eben vier Augen und vierzig Nägel. Denn diese Sehweise sieht nicht nur mit den Augen, sondern auch mit der Erwartung eines Neuen, mit einem Organ für die Wahrnehmung dessen, was möglich wäre oder möglich ist.
Das zweite Rätsel ist ganz anders. Schon die Form ist auffallend, eine Art Selbstgespräch, das andererseits doch auch in der Gegenwart anderer stattfindet; auch die Stimmung ist kaum zu fixieren zwischen einem Zug von Angst, Einsamkeit, von Hilflosigkeit und Bedrängnis, und andererseits einem Zug von allgemeinem Sich-lustig-Machen über ein Problem, das allen aus nächster Nähe in allen, auch den brutalen Spielarten vertraut ist, ein Element von Dorfklamotte; vielleicht ist das Rätsel auch nur ein Produkt des Männerwitzes. Schließlich hat es, und dieses Element ist hier zum ersten Mal in dieser Deutlichkeit an einem Rätsel zu bemerken, objektiv die Aufgabe, "aufzuklären", d.h. anschaulich und verständlich zu machen, wie die Schwangerschaft, die von außen jeder sehen kann, von innen sich "anfühlt", in welchen Schritten sie sich entwickelt, wie lange sie dauert, was zu geschehen hat. Daß Rätsel auch eine so sachliche Funktion wie die Information haben, wird deutlich, wenn man sich vor Augen hält, welche Informationsquellen für die nicht gebildeten Bevölkerungsschichten bestanden, bevor es Bücher, Zeitschriften und die Massenmedien gab und welche Quellen nicht von vornherein zensiert oder zensierend waren; andererseits aber zeigen auch die Themen, die bis heute zum Beispiel in Kinderreimen verhandelt werden[342], wie groß das Bedürfnis danach ist, die riskanten Fragen nach Sexualität und allem, was damit zusammenhängt, immer wieder und in verschiedenen Formen zu formulieren, die bruchstückhaften Informationen gemeinsam mit anderen zu vergleichen und zu überprüfen. Ganz ähnlich verhält es sich mit den Rätseln, die in einer noch weniger aufgeklärten Welt unter den Erwachsenen über die gleichen Themen in Umlauf waren. Die Notwendigkeit - eine von außen oder von innen diktierte, - verdeckt zu sprechen, wenn man denn überhaupt sprechen wollte oder mußte, bestand und besteht für die Kinder ebenso wie für Erwachsene in bestimmten historischen und gesellschaftlichen Verhältnissen weiter. Die Rätsel hatten und haben zuweilen immer noch auch in diesem Zusammenhang die Funktion, Erfahrung und Wissen probeweise auszudrücken, mitzuteilen und zu überprüfen.

6. Kosmologien federlos

Innerhalb der Menge von Rätseln gibt es 'große' und 'kleine' Formen - nicht im Sinn ihres äußeren, sondern in dem eines gleichsam inneren Umfangs, im Sinn ihrer Ausdruckskraft, ihrer Intensität. Es läßt sich vielleicht am ehesten so beschreiben, daß einzelne Rätsel etwas wie Wegmarken darzustellen scheinen innerhalb des Ganges der menschlichen Gattungsgeschichte. In ihren Formen, die durch die Zeit und den Gebrauch geglättet und gehärtet sind, kristallisiert sich jeweils eine Erfahrung an einem besonderen Krisenpunkt dieser Entwicklung. Ein Rätsel dieser Art ist das von der Kuh, das hier im Zusammenhang der drei- und viergliedrigen Strukturen behandelt wurde. Ein anderes soll im Mittelpunkt dieses Kapitels stehen.
In einer Fassung, die Antti Aarne in seinen "Vergleichenden Rätselforschungen" als "volkstümlich"[343] bezeichnet, lautet es:

> "Es kam ein vogel federlos
> der flog auf den baum blätterlos,
> da kam die jungfer mundelos
> und fraß den vogel federlos."[344]

Aarne vermerkt, daß diese Fassung des Rätsels aus der Wetterau stamme und dokumentiert in seiner sorgfältigen und umfangreichen Abhandlung Belege aus den unterschiedlichsten Ländern für dieses Rätsel, das "sich im Volke über den größten Teil Europas verbreitet hat. Wir haben Aufzeichnungen aus Ungarn, Deutschland, von den Färö-Inseln, den Skandinavischen Ländern, Rumänien, Osteuropa, Serbien und Kaukasien. In Osteuropa ist das Rätseln bei den Völkern verschiedener Stämme, wenigstens bei den Gross- und Kleinrussen, den Letten und Litauern bekannt."[345] Auch beschreibt und erläutert er eingehend die unterschiedlichen sprachlichen Gestaltungen der überlieferten Formen, die Fragen nach Vier- oder Sechszeiligkeit des gesamten Rätsels oder nach der Darstellung der Sonne als 'Mann fußlos' wie in den ältesten Belegen oder als 'Frau mundlos' wie in den jüngeren. Für alle über die hier angestellten Analysen hinausgehenden Einzelfragen zur Entwicklung und zu den Varianten der Textgestalt verweisen wir daher auf diese Untersuchung. Im Zusammenhang unserer Fragestellung sind einige wenige prägnante Ausformungen dieses Rätsels ausreichend, da es darum geht, herauszufinden, was dieses Rätsel als Sprach- und Erkenntnisform darstellt, ausdrückt und leistet. Dies geschieht jedoch in einem Sinn, der sich zwar auf die bestimmte sprachliche Gestalt des jeweiligen Rätsels bezieht, aber auf die Sprachgestalt einer wesentlich nicht schriftlichen und das heißt nicht standardisierten Ausdrucksform. An einem Rätsel wie dem vom "Vogel federlos" wird besonders deutlich, daß das Gewicht und die Bedeutung einzelner Textvarianten weit geringer sind als Gewicht und Bedeutung des Ausdrucks des Rätsels als Ganzem, in einer Form, die in einigen Gegenden womöglich zufällig genauso, in anderen fast genauso oder etwas abweichend existiert.

Das Rätsel vom "Vogel federlos", das in der Sammlung des Symphosius ebensowenig enthalten ist wie in der Aenigmatographia des Humanisten Nicolaus Reusner von 1602, findet sich dagegen in der Handschrift von der Insel Reichenau aus dem 9. oder 1o. Jahrhundert, in der folgenden lateinischen, sechszeiligen Fassung:

"Volavit volucer sine plumis,
Sedit in arbore sine foliis,
Venit homo absque manibus,
Conscendit illam sine pedibus,
Assavit illum sine igne,
Comedit illum sine ore."[346]

Dies ist das älteste bekannte deutsche Rätsel, hier in seiner ältesten bisher schriftlich belegten, noch lateinischen Fassung; schon die aus einer Münchener Handschrift aus dem 15. Jahrhundert stammende Fassung ist vierzeilig, aber auch sie zeigt noch die Sonne als fußlosen Mann:

"Vidi avem sine pennis,
volantem in arbore sine ramis,
venit vir sine pede,
comedit avem sine ore."[347]

Vierzeilig ist das Rätsel im Straßburger Rätselbuch und in fast allen späteren Fassungen. Im Straßburger Rätselbuch, 1505, heißt es:

"Rot. es flog ein vogel federloss
uff ein baum blatloss
kam die fraw mundtloss
frass den vogel federloss."[348]

Simrock gibt das Rätsel 1850 fast identisch wieder:

"Es flog ein Vogel federlos
Auf einen Baum blattlos:
Da kam die Frau mundlos
Und aß den Vogel federlos."[349]

Bei Wossidlo schließlich, am Ende des 19. Jahrhunderts, ist das Rätsel im Grunde immer noch so, wie es spätestens 1505 gewesen war, lediglich hier wieder ohne die Simrocksche Bereinigung des "frass" in "aß" und damit zurückgeführt zu dem ursprünglichen und richtigeren "Nahrung aufnehmen (von Tie-ren); <vulg.> viel essen, schlingen, gierig u. unfein essen (von Menschen); <fig.; umg.> ... sich zerstörend, zersetzend ausbreiten ..."[350] - zum "fressen":

"Dor flööch 'n vagel fedderlos
up den boom blattlos.
dor keem de jungfer mundelos
un freet den vagel fedderlos
von den boom blattlos."[351]

Auch Archer Taylor zitiert in seiner 1951 erschienenen Sammlung englischer Volksrätsel[352] eine Fassung dieses Rätsels:

"White bird featherless
Flew down from Paradise,
Perched upon the castel wall;
Up came Lord John landless,
Took it up handless,
And rode away horseless
To the King's white hall."[353]

Es erscheint seltsam schief, sich einem Rätsel wie diesem mit den Formen analytischer, wissenschaftlicher Rede zu nähern: es hat eine so entschieden andere Sprache und einen so eigenen Ausdruck, daß alles, was nicht gleichsam die gleiche Schwere, das gleiche Dunkel, das gleiche Gleichmaß hat, an dem Rätsel abgleitet. Dies ist ein erstes - und vielleicht auch das letzte - Empfinden; gleichwohl kann man das Rätsel untersuchen. Vor allem anderen ist dabei sein Ton auffallend: der dunkle, schwere Gang der Worte läßt, noch ohne genauer auf den Inhalt zu sehen, einen Hintergrund von Zaubersprüchen und magischen Formeln spüren. Ein solcher ist wirklich zu belegen - obwohl auch ohne den Beleg dem Eindruck kein Abbruch geschähe - mit Formeln, die aus Sprüchen aus Medizinbüchern des 4. nachchristlichen Jahrhunderts stammen und teilweise dem Rätsel so sehr ähneln, daß man direkte Einflüsse vermuten kann. In einem Medizinbuch des Marcellus von Bordeaux findet sich der folgende Spruch:

"Stolpus a caelo cecidit,
hunc morbum pastores invenerunt,
sine manibus collegerunt,
sine igne coxerunt,
sine dentibus comederunt."[354]

Ein Zusammenhang zwischen diesem Zauberspruch und dem Rätsel wird in der Forschung nicht bestritten, unklar ist jedoch bis heute, welcher der beiden Texte zuerst exisierte. Überdies tauchte in den sechziger Jahren durch die Arbeiten von Gerhard Eis noch eine weitere, verwirrende Parallelstelle auf, die als ein arabischer Roßzauber einem ägyptischen Hof-Tierarzt aus dem 14. Jahrhundert zugesprochen wird:

"Ich ging in ein Tal,
dort fand ich einen Baum ohne Äste,
auf dem saß ein Vogel ohne Füße,
ich ergriff ihn ohne Hände,
schlachtete ihn ohne Messer,
briet ihn ohne Feuer,
verzehrte ihn ohne Zähne.
Geh, Kolik, heraus aus diesem Tier."[355]

Die angeführten Texte veranschaulichen insgesamt dreierlei: zum einen, wie verbreitet und wie fest die überlieferten Formen und Formeln der Rätsel waren; zum anderen, wie schwer es ist, innerhalb der Menge offenbar zusammenhängender Formen mit Gewißheit zu bestimmen, was Vorbild und was Übernahme, Anlehnung, Erinnerung, Abbild ist; und schließlich drittens, wie stark sich in den unterschiedlichen Formen ein gemeinsamer Ausdruck wahrnehmen läßt, für den die ungelösten Fragen der Entstehungs- und Überlieferungsgeschichte kaum eine Bedeutung haben. Um diesen Ausdruck geht es in unserer Untersuchung: festzustellen, mit welchen Sprachformen welcher Ausdruck zustandekommt und welcher Erkenntnis er dient oder sich verdankt.

Das Rätsel vom Schnee und von der Sonne, d.h. vom Vogel federlos und von der Frau mundlos, ist in seinem Ausdruck bestimmt vom dunklen, zauberischen Ton seiner formelhaften Prägungen. Die Auflösung, Schnee und Sonne, ist zwar nicht gleichgültig, aber doch auch nicht entscheidend dafür, daß dieses Rätsel eines der eindrücklichsten im europäischen Sprachraum ist.

Sein Klang ist schwer und gleichförmig durch ein trochäisches Versmaß, das dem Gang der Zeilen etwas Kompaktes, Auswegloses verleiht. Der Druck, der über dem Rätsel liegt, läßt an keiner Stelle nach. Er verstärkt sich vielmehr noch, wenn jeweils die kleinen unbetonten Silben in "Vogel" und "federlos" der ersten und vierten Zeile verschwinden zugunsten dreier erratisch nebeneinanderstehender schwerer Betonungen im "baum blattlos" und "frau mundlos" in den beiden mittleren Zeilen.

Verschiedene Elemente treten zusammen, die die Wirkung dieses Rätsels ausmachen; eines ist der Rhythmus, ein anderes die Wirkung der Vokale. Schaut man genauer auf die Lautgebung der ungemilderten Straßburger Fassung, so findet man insgesamt fünfundzwanzig Silben, d.h. fünfundzwanzig Vokale oder Diphtonge, die den Klang dieses Rätsels prägen. Von ihnen sind, rein quantitativ gesehen, noch knapp die Hälfte hell, "e", "ei" oder "ie", genau ausgezählt sind es elf. Sieht man jedoch nicht nur die reinen Mengenverhältnisse, sondern sortiert danach, welche der betonten, und das heißt der klanglich hervortretenden Vokale hell sind, so verändert sich das Bild. Nun fällt nur noch ganze zweimal eine Betonung auf eine helle Silbe, überdies zweimal beim gleichen Wort, dem "federlos" der ersten und letzten Zeile. Alle übrigen betonten Silben sind ausnahmslos von den dunklen Lauten, "a", "au", "o" und "u" bestimmt, wodurch auf der Ebene des Klangs der Eindruck der Schwere und Düsterkeit, den der Rhythmus bewirkte, wiederholt und verstärkt wird. Mehr noch als Rhythmus und Lautfärbung ist es aber etwas in seinem Inhalt Dunkles, das über dem Rätsel liegt und in der Geschlossenheit der Form und der eigentümlichen Formelhaftigkeit der Bilder Gestalt gewinnt.

An Anfang und Ende dieses Rätsels steht, verschlüsselt, der zu erratende Gegenstand. Er tritt mit einem eigenen, besonderen Namen auf, wie es in einer kleineren Zahl von Rätseln vorkommt, während die Mehrzahl ihren Gegenstand nicht mit einem Namen nennt, sondern in der Beschreibung seiner Eigenschaften darstellt. Hier ist es anders, und der Unterschied ist nicht zu übersehen: der Akzent liegt hier nicht auf der Beschreibung, sondern auf einem Erzählen. Ähnlich wie im Rätsel von "Prall feel von'n stall" wird auch in diesem eine Geschichte erzählt von einem, dem etwas Wesentliches fehlt: dem einen die Augen zum Weinen, dem andern die Federn zum Fliegen. Beim Vogel federlos ist jedoch nicht nur die Geschichte extremer, sondern vor allem die Form mächtiger. Das Opfer tritt in beiden Rätsel sofort ins Bild, im Rätsel vom Vogel federlos beschließt es in gleicher Gestalt den Text. Dadurch fehlt diesem Rätsel an seinem Ende die Offenheit, die das Dunkel des Inhalts in einem Gestus der Form auffängt und mildert. So aber findet man sich am

Ende vor der gleichen undurchdringlichen Mauer wie zu Anfang, wie vor einem Block, eingeschlossen von allen Seiten.
Als würden die beiden inneren Zeilen auf den Druck von außen reagieren, scheinen sie sich gegen das Ende zusammenzuducken. Sie nehmen sich in sich selbst zurück, verkürzen sich, halten den Atem an: die drei betonten Silben am Ende der beiden Mittelzeilen haben etwas Beklemmendes, Lähmendes, aber auch etwas extrem Verlassenes, vermitteln den Eindruck einer zugleich schweren wie erstarrten, allen Lebens beraubten Welt.
Auch die Worte und Wortformen strömen Enge und Druck aus: dazu trägt vor allem der in diesem Rätsel stark hervortretende Stabreim bei. Er ist ein aus Texten wie beispielsweise den Merseburger Zaubersprüchen bekanntes, archaisches Mittel einer magischen, vermöge der stabenden Wortanfänge bindungsmächtigen, formelhaften Sprache. Peter Rühmkorf nennt diese Formeln "Zwingformeln" und führt dazu aus: "Ob ... die stabende Bindung besonders bemüht auf Recht und Ordnung hält und das Bestehende durch wiederholendes Nachkerben in den Rang des Unumstößlichen zu setzen sucht, bleibt dabei als Frage ... interessant ... Immerhin scheinen mir solche Zwingformeln wie 'Schimpf und Schande' oder 'Schmutz und Schund' oder 'Blut und Boden' eher zu den herrschaftstreuen unter den poetischen Einbindungsmitteln zu zählen, ganz zu schweigen von stabgereimten Ergebenheitsbezeigungen wie 'Grüß Gott' und 'Heil Hitler' und 'Für Führer, Volk und Vaterland'."[356] Daß der Stabreim gerade auch in diesem Rätsel, wie Rühmkorf behauptet, "unbedenklich Widersprüche austreibt"[357], erscheint umso einleuchtender, als die stabenden Worte, bzw. genauer die damit bezeichneten Dinge in sich keinerlei Konsistenz, keinen Bestand haben: was ihnen an Wirklichkeit fehlt, kompensiert der Stabreim durch die Suggestion eines Positiven, durch die Produktion einer magischen Wirklichkeit.

Was an diesem Rätsel vor anderem wirkt, ist die formelhafte Wiederkehr der Bestimmung all derer, die in dem Rätsel auftreten: immer wieder gleich erscheinen sie als solche, die etwas "-los" sind, denen etwas genommen ist, als "federlos", "blattlos", "mundlos". Alle Akteure des Rätsels haben in dem privativen Suffix ihres einzigen qualifizierenden Adjektivs einen Platz bezeichnet, an dem etwas, das dasein sollte, durchgestrichen, wie abgeschnitten ist. Das Suffix ist positive Markierung einer Verstümmelung, einer Wunde gleichsam. Die gleichförmige und immer wieder unbegreifliche Wiederkehr eben dieses Elements, das wesentlich die Rätselhaftigkeit und Unverständlichkeit des Rätsels, aber auch seine Düsterkeit und Bedrohlichkeit zustandebringt, prägt mehr als alles andere den Ton dieses Rätsels. Dem in jeder Zeile notierten Zustand der Privation aber entspricht, in anderer Weise, wieder der

Stabreim: er bringt in das Rätsel einen gleichförmig und ungerührt malmenden Klang, wie mächtige Kinnladen, zwischen denen alles so endet wie der Protagonist des Rätsels, der "federlos" schon von Anfang an war und am Ende auch noch gefressen wird.

Viele verschiedene Stränge laufen in diesem Rätsel zusammen. Über die bereits dargestellten, mehr auf die äußere sprachliche Gestalt des Rätsels bezogenen Elemente hinaus ist - auf einer abstrakteren Ebene - noch die Form der Bestimmung des Gegenstands wichtig. Sie funktioniert zunächst einmal nach einem, in dieser oder ähnlicher Weise in den Rätseln häufig begegnenden Modell

"Es ist ein Garten
Und ist doch kein Garten;
Es ist ein Haus
Und ist doch kein Haus;
Es ist ein Tisch
Und ist doch kein Tisch."[358]

Hier wird ein Gegenstand bestimmt als einerseits und zunächst "ein Garten", d.h. als in gewisser Hinsicht "ein Garten", dann aber und genauer besehen als "kein Garten"; oder, in anderen Fällen, als "Hat ein Rücken und kann nicht liegen,/ hat zwei Flügel und kann nicht fliegen,/ hat ein Bein und kann nicht stehen"[359] - d.h. als versehen mit einer Qualität, aber doch nicht imstande, das zu tun, was diese Qualität gewöhnlich zu tun erlaubt. Gleichsam übersetzt in die Form des "Garten"-Rätsel heißt das, daß es ein Rücken ist, aber doch, weil er nicht liegen kann, auch kein Rücken.
Auf diese Weise eine Sache zu beschreiben, ist einer der grundlegendsten Mechanismen des Denkens. Er ist jedem vertraut aus den Erklärungen, die man als Kind bekommen hat oder Kindern gibt, wenn man etwa sagt, daß der Nebel eine Wolke sei, die nur nicht so dick und fest und deutlich umgrenzt wie eine Wolke sei. Dieser Mechanismus ist der Kern des logischen Prinzips der Definition einer Sache durch "genus proximum" und "differentia specifica". Und schließlich beschreibt und analysiert Claude Lévy-Strauss in seinem "Wilden Denken" ein Denken, das in vieler Hinsicht dem der Rätsel verwandt ist: auch dieses sucht in allem und vor allem, Verbindungen herzustellen; auch ihm ist das Vorhandensein der Verbindungen wesentlicher als die Beschaffenheit dieser Verbindungen; auch es ist ein Denken, das die Welt wahrnimmt unter den Vorzeichen von Kontiguität und Ähnlichkeit und das zu seinen Ordnungen gelangt durch den Tausch von Ähnlichkeiten gegen Unterschiede[360], d.h. aber, erst einmal Ähnlichkeiten feststellt, um sie dann schrittweise abzubauen und Unterschiede einzuführen.

Eine extreme Ausformung dieses archaischen Musters der Bestimmung eines Gegenstands ist die im Rätsel vom Vogel federlos. Hier ist, was sonst in weitläufigen erzählenden Zusammenhängen dargestellt wird oder was in den zuvor angeführten beiden Rätselbeispielen in zwei Sätzen oder Halbsätzen ausgedrückt war, auf zwei Worte reduziert. Dadurch ist die Spannung aufs äußerste zugespitzt. Keinerlei Raum lassen die Worte mehr für eine Bewegung des Denkens zwischen den Polen des A-Seins und doch nicht A-Seins. Es scheint, als hätte ein extremer Druck eine lange und verzweigte Geschichte zu diesem Rätsel komprimiert, - ein Druck, der nicht nachläßt, sondern sich fortsetzt im Ausdruck der Starre, der Düsterkeit und der Bedrängung.

Was das Rätsel in seinen vier Zeilen - diese Form wird von Antti Aarne in seiner vergleichenden Untersuchung als die ursprüngliche angesehen[361] - wiedergibt, ist als Geschichte noch erkennbar: jede Zeile markiert einen neuen Schritt, von einer Bewegung des Ausgangs in der ersten Zeile, über eine erste Station, den Ort einer versuchten Ansiedelung in der zweiten, bis zum Erscheinen eines Gegners, der für die extrem sparsamen Verhältnisse des Rätsels als ein stärkerer gekennzeichnet ist: er "kam", während der Vogel "flog". In den Verben ist ein Unterschied gesetzt zwischen dem eine Spur schwereren, mächtigeren, dem Boden verbundenen "kommen" und der Bewegungsform eines Luftwesens. Deutlicher wird dies noch, und in genauer Parallelität zu den unterschiedlichen Akzenten der Verben, in den Substantiven: die Frau auf der einen Seite, größer, stärker, Figur eines Autochthonen, und der Vogel, eine Handvoll ungeschütztes Lebendiges. In der letzten Zeile erfüllt sich schließlich ein Weg, der sich von Anfang an abzuzeichnen schien in den Verstümmelungen, die die Worte in ihren Suffixen markierten - der Schutzlose war ja nicht nur von vornherein der Schwächere, sondern zudem "federlos" schon bei seinem ersten Schritt, so wie der Ort, an dem er sich niederließ, von Beginn an ohne die Zeichen des Lebens, "blattlos", war.

Daß die Frau "mundlos" "frißt", ist im ganzen Rätsel vielleicht der geringste Widerspruch: das Rätsel ist ein einziges, intensives Bild, eine Ausdrucksfigur, die an keiner Stelle als Deskription eines Faktischen auftritt, sondern als zusammengedrängte namenlose Erfahrung. Daß nicht anders zu sagen ist, was hier gesagt sein will, erscheint in den gleichsam leeren Augen der privativen Suffixe in jeder Zeile. Nur negativ und nur darzustellen, in ein Bild zu komprimieren ist, was hier Ausdruck sucht: der Weg eines ungeschützten, hoffnungslos unterlegenen Einzelnen in eine kalte, reglose Welt - der Baum ist blattlos, während ansonsten der Baum in der Sprache der Rätsel, und nicht nur in ihr, sich mit dem Bild eines Lebens in Fülle verbindet -, in der er auf einen Gegner trifft, von dem er, ohne Grund und ohne Kampf, verschlungen wird.

Was an der dargestellten Geschichte besonders dumpf und bedrückend wirkt, ist das Konsequente des Ablaufs einer Kette von Negativem, das Unweigerliche des Vollzugs - als gehe ein Sog vom verschlingenden Loch der "mundlosen" Frau aus. Das Rätsel erzählt das Geschehende, als erfülle sich ein Schicksal. Und dies ist der Ton, der, durch Stabreim und Rhythmus, durch die Suffixe wie Wunden an den Adjektiven, durch den extrem verknappten Gang der Erzählung, durch einzelne Worte hindurch, das ganze Rätsel prägt: daß es ein "Schicksalsrätsel" ist, eines, dessen Intensität und Ausdruckskraft sich der Tatsache verdankt, daß hier etwas Universelles in der Sprache eine Gestalt annimmt.
Dieses 'Universelle' ist die Erfahrung der Negativität. Sie ist die Erfahrung, die den Übergang der Menschheit aus einer mythischen Welt in eine philosophische markiert, aus einer Welt mit positiven Bildern und Formeln für die Darstellung und die Erklärung des Zusammenhangs alles Seienden in eine Welt, in der im Zentrum ein Subjekt steht, das sich selbst überlassen ist, das denkend, philosophierend, aus eigener Kraft einen Weg finden muß und Formeln, um seiner Angst Herr zu werden. Das Rätsel vom 'Vogel federlos' läßt sich lesen als eine Form, die diese Erfahrung und Angst zu artikulieren sucht. Die Erfahrung einer alles durchsetzenden Negativität, die aus dem Rätsel als Not und gleichsam physisch erlittene Gewalt in den Verstümmelungen in jeder Zeile sich mitteilt, sucht in den modellhaften Formeln dieses Rätsels einen Weg der Bewältigung durch Darstellung. Das Rätsel artikuliert in einer noch dem Mythos verpflichteten Sprache, einer Sprache der "verbalen Ikonographie", wie Robert von Ranke-Graves die Sprache des Mythos definiert[362], die Not der Menschen in einer Welt, in der auch die Mythen nicht mehr tragfähig sind und die nur noch durch ihre Negativität bestimmt ist, durch "federlos", "blattlos", "mundlos". Das Rätsel streicht auch Hoffnungen auf eine letztendliche Rettung durch: der "Vogel federlos" - und es fällt schwer, hier nicht an die zumindest objektive Parallele zu Platons berühmter Definition des Menschen als eines 'zweifüßigen federlosen Lebewesens', eben eines 'Vogels federlos' zu denken - wird am Ende gefressen, er verschwindet so spurlos wie er herkunftslos am Anfang aufgetreten war.

Aber vom Ton des Rätsel geht noch ein grundsätzlicherer Anspruch aus: es stellt den Versuch dar, mit negativen Elementen dennoch das Bild eines Ganzen, womöglich einer Welt zu umreißen. Dabei scheint es so, als sei es genötigt, Verzicht zu tun auf die positiven Bilder und Gestalten, selbst auf die positiv zu zeichnenden Ungeheuer. Deren Zug des Menschenfresserischen ist übergegangen an die Alliteration, die Akteure im Rätsel sind durchgängig durch die Abwesenheit ihrer Qualitäten bestimmt, sind Ungeheuer der Negativität. Das Rätsel läßt sich lesen als ein

Schritt des Übergangs von der Vorstellung eines Kosmos, der mit positiven Bildern und Gestalten bevölkert ist, zu einem anderen Kosmos, der von ganz neuen und noch unvorstellbaren Wesen beherrscht ist, von Prinzipien.

Dieser Grundzug des Rätsels, exemplarisch und en miniature eine ganze Auffassung der Welt zum Ausdruck zu bringen, macht es zu einem kosmologischen Rätsel - allerdings zu einem, das keine positive Welterklärung bietet, sondern das eher, in seinen Formen, Grundlegung einer Theorie eines "deus absconditus" ist.
Für eine solche Deutung spricht auch die Auflösung des Rätsels: sie ist einerseits, verglichen mit dem Gewicht der Rätselfrage, zu unbestimmt, zu inkonsistent, zu wenig spezifisch, tritt weit weniger unter den anderen Rätselauflösungen hervor als die Frage unter den anderen Rätseln - und läßt dadurch vermuten, daß die Auflösung selbst weniger bedeutsam ist als die Frage. Andererseits weisen die Gegenstände "Schnee und Sonne" auf ein kosmologisches Geschehen, einen ganz weit gesteckten Raum der Geltung des Rätsels. Ob man so weit gehen kann, an eine Metaphorik Mensch-Schnee oder Schneeflocke zu denken, soll hier nicht erörtert werden, da die Rätsel als nicht individuelle, nicht schriftliche und das heißt nicht intentionale Formen ohnehin Metaphorik nur in einem von der Literatur unterschiedenen, objektiven Sinn kennen.

Die These, das Rätsel vom 'Vogel federlos' als ein kosmologisches Rätsel zu lesen, das ein Universelles in einer Formel konzentriert, findet Unterstützung in der Tatsache, daß die Formel, die in diesem Rätsel so bestimmend hervortritt, als Ausdruck wie als Ausgedrücktes, selbst universell wird. Immer wieder begegnet in den Rätseln das privative Element in seinen verschiedenen oben dargestellten Ausprägungen als ein wesentliches Verrätselungselement, als ein Charakteristikum der Sprache der Rätsel:

"Es lief ein häschen wohl wacker,
wohl über den grundlosen acker,
wohl über den grossen nordsee,
lief schneller wie sturm und reh."

Und dasselbe Rätsel in einer noch deutlicheren Dialektvariante:

"Dor leep 'n lütt hünning
in deeplos grünning,
in deeplos acker, in deeplos see,
künn düller lopen als hasen un reh."[363]

Robert von Ranke-Graves zitiert das folgende Rätsel aus einer walisischen Sammlung, die im "Red Book of Hergest" aus dem 13. Jahrhundert enthalten ist:

"Entdecke, was dies ist:
Das starke Wesen von vor der Flut
Ohne Fleisch, ohne Bein,
Ohne Ader, ohne Blut,
Ohne Kopf, ohne Füße ...
Im Feld, im Wald ...
Ohne Hand, ohne Fuß.
Auch ist es so weit
Wie das Antlitz der Erde,
Und es ward nie geboren
noch gesehn ..."[364].

Wossidlo, der den universellen Zug der negativen Bestimmung wahrnimmt, richtet in seiner Sammlung eine eigene Gruppe ein für die Rätsel "Dor flööch 'n vagel. Dor leep 'n hund." - nach dem Vorbild der Rätsel von Schnee und Sonne und vom Gedanken. Hier sind alle die Beispiele versammelt, in denen das im Rätsel vom 'Vogel federlos' im Extrem ausgebildete Prinzip "A-Sein aber nicht A-Qualität besitzen" wiederkehrt, oft kaum noch erkennbar, im volkstümlichen Gebrauch oft entschärft und verunklärt, aber immer deutlich als ein äußerst produktives Prinzip, eines, das die Tendenz hat, sich an allen Gegenständen zu erproben:

"Dor flööch 'n vagel fedderlos
un sett 't sik up den boom blattelos.
dor keem de jungfer mündlichroot
un nehm den vagel fedderlos
von den boom blattelos."[365]

"Keem 'n vagel fäderlos,
flööch up 'n boom bläderlos.
keem de jungfer wundergross,
hülp den vagel fäderlos."[366]

"Dor keem 'n vagel fäderlos,
de sett't sik in der wiesen schooss.
dor keem de jungfer lichtenstrahl (.?.) "[367]

"Up den boom flederich
seet de fru zederich.
dor keem de fru mummtumm
un erlöst de fru zederich
von den boom flederich."[368]

7. Doppeldeutige und obszöne Rätsel

Bei der Suche nach einer angemessenen Bezeichnung für diese Gruppe von Rätseln zeigt sich, daß es, weil es vielleicht ein richtiges Verhältnis zur Sexualität noch gar nicht gibt, auch keine richtigen Worte gibt, um über Sexualität und sexuelle Fragen, Wünsche, Ängste zu sprechen. An den Rätseln, die hier betrachtet werden sollen, ist in gewissem Sinn nichts doppeldeutiger als an vielen anderen Rätseln, wenngleich in ihnen der Doppelsinn selbst schon ein Sinn ist, anders als in vielen anderen Rätseln. Auch obszön kann man sie nicht gut nennen, wenn man mit diesem Wort das meint, was es in der Regel bedeutet: etwas "Unanständiges", "Schamloses". Eher läßt sich das Wort verwenden, wenn man es wörtlich versteht als auf das bezogen, was sich 'ob scae-num', "außerhalb der Szene, Bühne" findet und "was nicht gezeigt werden darf"[369], was Anstoß erregt, wenn es dennoch gezeigt wird. In diesem Sinn trifft das Wort 'obszön' die Rätsel: sie sprechen über etwas, das "nicht gezeigt werden darf" und sie tun dies in einer Weise, die sich sozusagen ständig "außerhalb der Szene" bewegt.

"Wuppdi, ik will hüüt abend up di,
ik will di pimperellen,
de buuk de sall di swellen."[370]

"Hartmann, swartmann,
de bi uns' mäten in't bedd kamm,
wull uns' mäten hirkenpirken,
dat mäten wull nich still liggen.
as dat mäten still lach,
hirkenpirkt he de ganze nacht."[371]

Ganz besonders, von dieser Art, noch:

"Ich ging die strasse wohl auf und ab,
da begegnet mir ein kleiner mann,
der bot mir seine liebe an.
ich sprach: ich hab allein 'n mann,
der mich wohl lieben kann."[372]

Dieses letzte Beispiel, das mit dem vorletzten zusammengehört, dieselbe Auflösung hat und in Wossidlos Sammlung als die Grundform für das "Hartmann, swartmann"-Rätsel geführt wird, hat eine Liste von anderen, kleingedruckten Formulierungen für die hier so prononciert salonfähige hochdeutsche dritte Zeile. Die fällt ohnehin auf wegen ihrer Offenheit, mit der sie die Ebene der Doppeldeutigkeit verläßt zugunsten einer ausgesprochenen Eindeutigkeit, die jedoch im Rätsel dann auch eine solche nicht bleibt. In den nicht mehr hochdeutschen Varianten aber ist tatsächlich - und fast unabhängig vom Rätselganzen - etwas offen, tritt etwas nach außen. Wossidlo notiert: "Dor keem 'n lütten swarten un säd, he wull mi pigeln un pogeln, picken un pulwern; he bööd mi dat klafutern an; he wull mi fimmeln un fummeln, fimmeln fammeln un fummeln, fitzefummeln, fixfummeln, fickfummeln, fixfusseln, finseln un funseln, funzeln un fanzeln, fippfuppern, fippfippern; hickeln un prickeln, riddeln un diddeln, hillerzillern, husseln un busseln (pusseln, fusseln), huddeln un buddeln, huddelpuddeln, hüppeln un püppeln, hummeln un fummeln."[373]
Ganz deutlich wird an der Vielzahl und der Art der Verben, die den Beischlaf bezeichnen, ihn gleichsam leibhaftig in der Sprache nach- oder vorbilden, wie bestimmend für die Rätsel die Tatsache ist, daß sie mit ihren Formen sprachliche Räume bereitstellen, in denen es möglich ist, solcherlei Aktivitäten zu entwickeln und ihnen sogar zu frönen, d.h. das, was konkret oft unmöglich, verboten, ungewiß, unbekannt, beunruhigend, tabu, riskant ist, in der Sprache gleichsam in allen Positionen auszuprobieren. Die Rätsel erlauben das, weil sie, um mit den Worten der Definition des Obszönen zu sprechen, "innerhalb der Szene, Bühne" ja vom Floh sprechen und damit keinen Grund zum Anstoß geben. Die Doppeldeutigkeit, die keine solche ist, weil die zweite Deutung, der Floh, keinerlei Tragfähigkeit und Konsistenz hat vor der ersten Deutung, der sexuellen, wird sorgsam gepflegt: gerade sie ist das Feigenblatt, das die Scham verdeckt, die erst dann verletzt wird, wenn alles "bloßliegt", wenn nicht einmal mehr die Möglichkeit gegeben ist, eine so winzige und durchsichtige Erklärung wie "Der Floh" über das ganze brodelnde und lustvoll offene Rätsel zu ziehen.

Deutlich ist an diesem Rätsel auch, daß es nicht eine bestimmte Form ist, die hier im Mittelpunkt steht: Rätsel wie dieses sind ganz überwiegend eher formlos, haben keine scharfen äußeren Konturen, erzählen eher in fast freier Rede dahin. Das aber ist, wie das Beispiel vom Floh zeigt, Teil der Funktion des Rätsels: es muß offen bleiben für den, der es benutzt, es nach seiner Erfahrung, der besonderen Färbung seiner Vorstellung, seiner Sprache zu formen, d.h. wesentlich selbst das Wort oder die Worte zu gestalten, die den Raum füllen, den das Rätsel öffnet. Damit hängt die gerade bei diesem Rätseltyp deutliche Tendenz zur Neu- und Umbildung des ganzen Rätsels, seine Übertragung auf andere Gegenstände zusammen. Da es darum geht, mittels dieser Rätsel ungestraft Energien zu lösen und zu befriedigen, ist es nicht das bestimmte Rätsel, das von Interesse ist, sondern die Möglichkeit der unbegrenzten Ausweitung des Modells, der Umsetzung von fast allem, was begegnet und was nur irgendwo einen Anknüpfungspunkt bietet, Floh, Schlüssel, Butterfaß, Keks, Mehlsack, Teig, Spinnrad, in sexuelle Bilder.

"Isern vadder steek isern mudder
von de pirrparr in se snirrsnarr,
dat ehr dat oll lief upknarr."[374]

"Isers vader steckt isers moder
in de plirrplurr,
dat ehr de buuk gnurrt."[375]

"Uns' vadder steek sinen plirrerplarrer
in uns' oll mudder ehr slirreslarre,
dat ell de adern zwutschen."[376]

Weitere Beispiele dieser Art wären noch viele anzuführen; ihnen allen ist eine Vielzahl von Varianten gemein, innerhalb derer sich auffallend häufig die Doppelstruktur der spezifischen Verben findet, die auch an den oben angeführten Formen zu bemerken war. Ob es heißt "pigeln un pogeln", eine Verbindung zweier Worte, oder "hillerzillern", "huddelpuddeln" oder "fippfippern", ein Wort, das mit seinem Echo zusammengeschmolzen wird zu einem neuen Wort; in beiden Fällen bestätigen sich Peter Rümkorfs Überlegungen über "Zusammenhang und Zusammenklang", "akustisch-musikalische Gleitmittel" und den Anklang als ein "Gesellungs- und Vergesellschaftungsmittel", die er in seiner "Naturgeschichte des Reims und der menschlichen Anklangsnerven" dargestellt hat[377].

Während in den letztgenannten Beispielen noch die Kinderperspektive auf das Tun von Vater und Mutter durchscheint, ist in anderen Rätseln der Blick mehr auf die eigenartig fremden, anziehenden und abstoßenden Glieder und Körperstücke gerichtet, die dem Vollzug jenes "pumpenellen, pumperillen, buppernellen, pimpernellen, petrinellen, peternellen, pickenellen, putschenellen, pernillen, pibupillen, rüterellen, futenellen, knuppernellen, krokodillen, karellen, kanillen" dienen[378]. Hier spätestens beginnt sich das Bild zu wandeln. Was zuvor allenfalls in der Beharrlichkeit des Wiederholenmüssens, in der Energie, die nach immer neuen Worten sucht, in der gewissen Starre der Anlage mancher Bilder spürbar wird, daß hier nämlich auch Angst zu bewältigen ist und böse Geister ausgetrieben werden müssen, das wird in anderen Rätseln deutlicher. Insgesamt kann man behaupten, daß in den Rätseln, die Sexualität verhandeln, in verschiedensten Gestalten riskante Gebiete erforscht, ein Umgang erprobt, Angst vor einem Tabu aufs Korn genommen und gemindert werden soll.

"Der König von Ägypten,
der hatt'n ding, das wippte,
er konnt es nicht verkaufen,
er musst es selber brauchen."[379]

Auch ohne die parallelen Formen bereits zu kennen, klingt aus dem Rätsel besonders die zweite Zeile hervor: um das "ding, das wippte", geht es hier, nur seinetwegen wird der "König von Ägypten" bemüht und die beiden letzten Zeilen, die eigentlich wenig sinnvoll sind, machen eine, wiederum zweideutig zu verstehende Geschichte um das herum, was wenigstens in den Worten benutzt sein will. Und tatsächlich ist dieses Element dasjenige, das beharrlich und gleichförmig in den ansonsten sich verändernden Rätseln aufgenommen wird:

"Peterzillenpipp,
ik heff 'n ding, dat wippt,
dat licht mi twischen twee knaken.
wer dies wohl kann raten,
wer's sich wohl kann denken,
dem will ich eine weinkalteschale schenken."[380]

"Peterzill un pipp,
ik heff'n ding, dat wippt,
en rodes ding mang witte knaken
de dat röddt, sall bi mi slapen."[381]

"Zige zige zipp,
ik heff'n ding, dat wippt,
sitt twischen twee knaken,
kann 't wippen nich laten."[382]

"Use Jann Lange,
Sat up de Klastange;
Weide de Wind,
Bummelte dat Ding."[383]

"Uns' knecht Knuust
hett 'n ding as 'ne fuust,
weiht de wind,
so bammelt dat ding."[384]

Hier ist das "Ding" im Blick, das bei allem Stolz des "Habens" - dies ist das Wort, das sich bezeichnenderweise in den meisten Fällen mit dem "Ding" verbindet - eine Spur des Befremdlichen doch nicht abzulegen vermag. Das "Wippen" selbst hat bereits rasch sexuelle Konnotationen, ist mit dem Stolz auf das, was wippt, auch dann noch verbunden, wenn es sich nur um eine Feder am Hut oder kleine Zöpfchen handelt. In diesem Fall aber, beim "Ding", klingt in der Verdinglichung, die ihm geschieht, ein Zug des Fremden, der Distanzierung im Stolz mit.
Unlösbar vermischt sind diese beiden Aspekte, der des Beunruhigenden und der des Lustvollen, wenn es um das andere "Ding", das "Loch", geht.

"Um und um rauh,
Mitten geht Wasser raus."[385]

"Ein Schenkel hier, ein Schenkel da,
Und in der Mitte das Cacaracà."[386]

"Ruge ruge runzel,
wo ruuch is dien ollfunzel,
wo ruuch is dien oll stachlig ding,
rad' mal, was is dat?"[387]

"Eine rauhe hab ich,
vor dem bauch trag ich,
junggesellen fürcht't euch nicht,
meine rauhe beißt euch nicht."[388]

"Unner hoor, baben hoor,
dat de leew gott mi't lock bewohr,
dat keen böös ding rinner fohr."[389]

Simrock bringt dieses letzte Rätsel in seiner Sammlung in weniger anstößiger Form, ohne "Ding" und ohne "Loch", ansonsten aber offensichtlich dasselbe Rätsel:

"Um und um Haar,
Gott bewahr,
Daß nichts Böses hineinfahr."[390]

"Gott bewahre,
ringsum haare,
in der mitt ein schlitz,
wo das wasser raus spritzt."[391]

"Ich ging durch ein Gäßlein,
Begegnet mir ein schwarz Pfäfflein;
Eh ich konnt sagen och,
Saß er mir schon im Loch."[392]

"Dor seet en oll fru up'n stohl,
de eet knipping;
de keek sik mang de been,
se sehch den düwel sitten.
düwel, sittst dor, hest hoor, hest hoor um't gatt,
eetst von knipping ok wol wat?"[393]

Bei der Behandlung der weiblichen Sexualität ist der Ausdruck, der aus einer solchen Reihe von Beispielen sich zusammenfügt, deutlich unterschieden von dem, der bei der Behandlung der männlichen vorherrscht. Viel stärker treten hier die Züge des Beunruhigenden hervor. Die Beunruhigung ist eine zweifache: zum einen ist sie die dessen, der mit dem "Loch" versehen ist und ausdrücklich Gottes Hilfe anruft, um sich zu schützen vor Übergriffen, wie sie das vorletzte Beispiel veranschaulicht; zum anderen ist die Beunruhigung auf Seiten derer, die sich bedroht fühlen durch dieses Etwas, das, in der Tradition des mythischen vagina-dentata-Motivs, zuweilen als "Rauhe" oder als "stachlig Ding", häufiger noch als ein eigentlich Nichtseiendes, ein Nicht-Etwas beschrieben wird, als nur "Um und um", als "Loch", "Schlitz" oder aber purer Schrecken eines Unvorstellbaren: "Cacaraca". Wie das "Ding, das wippte", bloßes "Ding" war, ist es hier bloßes Nicht-Etwas, "Loch" an sich, das bedrohlich wirkt.

In einem anderen als dem üblichen Sinn sind diese Rätsel zweideutig: nicht, daß es um Sexualität geht, ist das Anstoßerregende, sondern daß so viel Bedrohung von ihr ausgeht, daß sie so diffus und groß, so gestaltlos Angst macht. Gegen die Mächtigkeit dieser Angst, gegen dieses Skandalon, suchen die Rätsel anzutreten: sie suchen immer neue, freundliche, ermunternde Worte - die Liste der Verben, die Wossidlo verzeichnet; sie karikieren und verfremden - das Ding, das im Wind bammelt; sie geben Auskunft - Haare, rauh, stachlig, Schlitz, Wasser; sie lassen dem Gedanken Raum, daß es das gibt, so inständig, lautstark und wortreich Gott um den Schutz der Unschuld zu bitten, bis sich endlich jemand findet, der sie einem nimmt.

"Rus us em Sack,
ni ins Loch,
dann rum im Loch.
Rus us em Loch,
ni in Sack."[394]

Am Ende aber bleibt die Angst, die nicht fortzureden ist. Gegen sie scheint in Rätseln wie dem letzten als äußerstes Mittel das 'Totmachen' des Ängstigenden anzutreten - die extreme Verdinglichung, Mechanisierung des Sexuellen, ein Bann über dem Geschlechtsakt, der alles gerinnen, versteinern läßt. In diesen Rätseln tritt nichts Lustvolles mehr hervor, nichts Plapperndes oder auch nur eine Spur Freies; hier herrscht ein mechanisches Geschehen. Dieses aber, und das ist entscheidend, ist nicht primär dem gemeinten Geschehen der Rätsellösung, d.h. dem Schließen, geschuldet - der gleiche Gegenstand findet ganz andere Verrätselungen ("Was kriecht ins Loch und läßt die Pfote draußen?"); die Mechanisierung und damit die Abtötung des Lebendigen sind hier die Mittel, um auf der Ebene der obszönen Bedeutung das Bedrohliche der Sexualität auszutreiben, es ganz in den Griff zu bekommen. Etwas wie Wut in dem blicklosen Tun und die Trostlosigkeit, am Ende genauso dazustehen wie am Anfang, mit dem "Ding" "im Sack", scheinen der Preis zu sein. Viele Rätsel finden sich, in denen dieses Geschäft, immergleich, als ein pures "rein-raus", freudlos, aber auch angstloser, in der Sprache verrichtet werden muß.

"Reinsteck' ich's grade, steif und fest,
Raushol' ich's schlaff und krumm."[395]

"Der Vater läßt ihn hart werden
Und die Mutter macht ihn langsam wieder weich."[396]

"Haarig von außen, haarig von innen,
Heb' das Bein und steck' es rein."[397]

Die Rätsel, die ganz allgemein von dem reden, "was nicht gezeigt werden darf", sind so verschieden in ihrem Ton und ihrem Ausdruck wie die Erfahrung der tabuierten Bereiche, hier der Sexualität und der Exkremente, und die Formen des Umgangs mit ihnen. Bestimmend ist dabei in entscheidendem Maß der kulturelle und gesellschaftliche Kontext. Dieser Zusammenhang, der Gegenstand einer Kultur- und Sozialgeschichte des Obszönen, der Sexualität und des Geschlechterverhältnisses ist, soll hier nicht weiter berührt werden. Lediglich festzustellen ist, daß schon die Rätsel Unterschiede verraten: ein eindeutiges und mächtiges Überwiegen des Analen und Fäkalischen im Straßburger Rätselbuch, auch noch, wenngleich etwas geringer, in neueren deutschen Sammlungen wie bei Simrock oder Wossidlo, während das Genitale und Sexuelle weit stärker in den italienischen Rätseln im Vordergrund steht, wenn es um im wörtlichen Sinn 'obszöne' Rätsel geht. Seltsam rührend und ganz sicher falsch ist jedoch die Vermutung Simrocks in der Nachrede zu seinem Rätselbuch, daß "der Schein des Unanständigen ein eigenthümlicher Zug des deutschen Räthsels ist."[398]

Es bleibt - wie die Untersuchungen Ernest Bornemanns, aber auch schon die frühen "Exkurse in den literarischen Untergrund" von Peter Rühmkorf[399] belegen - , daß das, was auf der "Bühne" der Gesellschaft verboten ist, was als öffentlich nicht Auszusprechendes und auch nicht zu Denkendes gesetzt ist, andere Wege findet, um sich mitzuteilen und auszudrücken. Die Rätsel sind dazu wie wenig anderes geeignet: sie lassen sich nicht festlegen auf die Worte, die sie benutzen, sie dürfen über etwas sprechen, was als buchstäblich Ungesagtes von den Worten dennoch mal nahegelegt, mal ferngerückt wird; oder, noch einmal umgekehrt, sie erlauben sich, jenseits aller Erlaubtheit, etwas zu sagen, aber immer haben sie die Rechtfertigung, als eine allseits praktizierte und anerkannte List, parat, daß sie vom Verbotenen ja nicht ge-sprochen hätten, sondern vom Banalsten des Erlaubten, Schlüssel, Keks oder Butterfaß.

Das gilt für viele 'obszöne' Rätsel, manche aber sind eine Spur anders. Auch sie sprechen nicht von den suggerierten Dingen, sondern von anderen, harmlosen; trotzdem sind sie manchmal im Ton, im gewählten Bild anders, einfallsreicher - und das heißt z. B. weniger mechanisch, weniger standardisiert, auch einfacher, manchmal weniger lautstark und heftig, offener und das heißt näher bei sich selbst.

Spürbar anders im Ton sind die 'obszönen' Rätsel aus dem arabischen Raum, die aus einer von Enno Littmann zusammengestellten und ins Deutsche übertragenen Sammlung stammen:

"Spreize die Beine und faß mich an,
An deinen Busen leg mich dann,
Dreh mich auch hin und her,
Und bewege dich, daß ich es hören kann."[400]

"Reib es und stoß es und warte eine kurze Zeit,
Bis daß heraustropft etwas Flüssigkeit!"[401]

Aber auch bei Wossidlo und bei Pitré finden sich Rätsel, die zum Bereich der 'obszönen' gehören, sich aber doch von anderen der gleichen Art unterscheiden. Es ist dabei schwer auszumachen und noch schwerer festzulegen, was sie unterscheidet; insgesamt bleiben solche Überlegungen in gewissem Sinne bodenlos, da das Feld des Obszönen zu komplex ist und hier nicht Gegenstand sein kann und selbst das, was davon in den Rätseln begegnet, sich in der individuellen Auffassung allzu unterschiedlich darstellt. Dennoch ist es schwer, alles, was sich im Feld der obszönen Rätsel findet, als eins anzusehen. Was einen Unterschied markiert, ist vielleicht zu fassen als die Tatsache, daß in einigen Rätseln weniger verstellt ist, wovon die Rede ist, daß in ihnen eine Spur Lust oder auch nur "Spaß an der Freude" durchscheint und eine Spur weniger Angst und Bedrohliches.

"Haar und Haar
vereinen sich des Nachts."[402]

"Ruge ruge dubennest,
mang de been is't allerbest,
vör'n noors is kriech,
mang de been is hochtiet."[403]

"Up den kopp knäbelwark,
up den buuk häbelwark,
kümmt 'n up de hoor,
denn is de freud dor."

Mit den Varianten:

"Up 'n buuk grabbelwark,
up 'n stiert funzelwark ..."

oder:

"Up den buuk is dräwelwark,
vör de fingern knäbelwark ..."[404]

Ein letztes Rätsel soll hier noch betrachtet werden, das nichts Obszönes oder Doppeldeutiges hat und dennoch hierher gehört, weil in ihm ebenfalls etwas zur Sprache kommt, was ansonsten "nicht gezeigt werden darf" und in den Raum "außerhalb der Szene" verbannt ist. Es geht auch hier um Sexualität und Geschlechterspannung, jedoch um eine, die mit besonderem Tabu belegt ist: die inzestuöse.

"Sie ist mein und ich kann sie nicht besitzen,
Und einem anderen muß ich sie geben."[405]

Dieses Rätsel ist auffallend durch seine Offenheit und Unmittelbarkeit, mit der es die Trauer und den Schmerz des Bruders mitteilt, der seine Schwester einem anderen überlassen muß, statt sie selbst zu besitzen. "Nicht besitzen können" und "geben müssen" einerseits und "nicht besitzen können" und dennoch "mein" sind die beiden bestimmenden Widersprüche, die das Rätsel prägen, beide wie Flügel um das Scharnier dessen, was so sehr im Mittelpunkt dieses Rätsels steht: das "nicht besitzen können". Stärker als diese gleichsam perfekte Architektur der Widersprüche aber ist der Ton des Rätsels, der als etwas ganz Unperfektes, Direktes und fast Sinnliches aus dem Konstruierten hervortritt. So wie zweifach zugespitzt der logische Widerspruch in den Worten des Rätsels erscheint, so erscheint in seinem Ausdruck der Widerspruch des Gefühls, daß der, der solches Verlangen nach seiner Schwester trägt, sie doch "nicht besitzen kann", ein unlogischer und dennoch für das Gefühl und für ein quasi magisches Denken ein ganz logischer Gedanke.
In der Sprachform des Rätsel ist es möglich, ein solches Gefühl und ein solches Verlangen überhaupt zu äußern, und der Einzelne muß seinem Druck nicht stumm ausgeliefert bleiben, weil es keine Form gibt, seinem Verlangen zu gesellschaftlich toleriertem Ausdruck zu verhelfen. Auch die Weise, in der das, was so mächtig und unsagbar umtreibt, nun in Sprache gebracht wird, ist so, daß das zu Sagende nicht erst entstellt und verzerrt, gleichsam unkenntlich gemacht werden muß, um "unter die Leute" gehen zu können - es ist die Form des Rätsels, die ihm den Schutz ihrer Uneigentlichkeit gewährt: keiner erwartet, daß das Rätsel Klartext spricht und sucht daher kompliziertere und fernerliegende Antworten. Das Rätsel erlaubt es, die Angst vor dem Inzesttabu und damit die Macht des Tabus ein wenig zu mindern: es ist nicht mehr durchgängig mächtig, sondern das Rätsel stellt einen Raum bereit, in dem es nur "in Werken" gemieden werden muß, nicht aber "in Worten und Gedanken". Es tritt auf als ein Verunmöglichtes, unmißverständlich aber als das Ersehnte. Die Worte, mit denen dies zum Ausdruck gebracht wird, müssen sich nicht aller Empfindungen entledigen, um Ausdruck werden zu können, sondern dürfen etwas Direktes, Sinnliches bewahren.
Daß ein solches Rätsel als eine volktümlich im Gebrauch befindliche Form, zudem im Sizilien des 19. Jahrhunderts, möglich ist, zeigt an einem markanten Beispiel noch einmal, wie die Rätsel, als Formen allgemein, einen Raum eröffnen, in dem riskante und mit Angst besetzte Erfahrungsbereiche des Lebens mit geringerer Angst in Worten zum Ausdruck gebracht werden können.

8. Restposten "Kleine Formen"

Die Rätsel sind Texte, die sich der Klassifizierung widersetzen; immer wieder sind verschiedene Ordnungssysteme versucht worden - von Wossidlo und von Pitré beispielsweise, während Simrock die Rätsel in seinen beiden Bänden gänzlich ohne irgendeine Ordnung aneinanderreiht, nur mit Nummern gekennzeichnet. Wossidlo[406] unterscheidet ganz grob in "Sachenrätsel" - das sind Robert Petschs "wirkliche Rätsel"[407] -, "Scherzrätsel und Rätselfragen. Aufgabenrätsel. Wortspielrätsel. Namenrätsel" und in eine dritte große Gruppe der "Halslösungsrätsel und Rätselmärchen". Innerhalb der "Sachenrätsel", um die es in der vorliegenden Untersuchung allein geht, gliedert er sowohl nach formalen wie nach inhaltlichen Gesichtspunkten, in "1. Gesprächsrätsel, 2. Mehrere Tiere, 3. Ortsnamenrätsel, 4. Dor steit 'ne bloom, 'n boom u.ä., 5. Ich-Rätsel, 6. Dor flööch 'n vagel. Dor leep 'n hund, 7. Polickerpolacker, Wippup un Wappup u. ä., 8. Ruge ruge rell u. ä., 9. Verwandtschaftliche Verhältnisse, 10. Gestalt, Körperteile, Aussehen, Tracht, Farbe, 11. Kleinere Rätsel, 12. Verschiedene Rätsel, 13. Volkstümliche Rätsel". Pitré stellt seiner Textsammlung eine zweihundert Seiten umfassende systematische Abhandlung voraus, innerhalb der anschließenden Texte unterscheidet er in "Rätsel" und einen großen bunten Rest. Die eigentlichen Rätsel jedoch gliedert er nicht, sondern ordnet sie in 921 Nummern, zu denen oft verschiedene, in Buchstaben angefügte Varianten gehören, nach dem Anfangsbuchstaben ihres Lösungsworts.
Auch in dieser Arbeit wurde ein Versuch der Gliederung des Rätselmaterials unternommen. Er entspricht dem Ansatz der Arbeit, der Sprachformen und Erkenntnisformen betrachten möchte, d.h. Oberflächenanalyse und Tiefenanalyse der Ausdrucksformen gleichermaßen betreiben möchte: die äußere Gestalt des Textes soll untersucht werden, aber auch die Weise, wie dieser mit welchen Inhalten umgeht, welchen Erfahrungen er gilt, was er leistet. So verknüpft zwischen Formen und Inhalten der Ansatz ist, so sind die Gesichtspunkte der Gliederung der Rätsel formale und inhaltliche. Bei der Gliederung ging es vor allem darum, solche Einteilungen vorzunehmen, die geeignet wären zu helfen, das jeweils Besondere, Sprechende, Formende und Geformte an den verschiedenen Rätseln zu verdeutlichen. Das aber war bzw. ist nicht etwas, das sich in eine einheitliche Systematik einfügt, sondern es umschließt Aspekte der Form wie des Inhalts.

Bei einer Einteilung dieser Art sind diejenigen Formen von Rätseln erfaßt, die, durch Elemente ihrer Form oder ihres Inhalts, deutlich machen können, daß sie be-

sondere Sprach- und Erkenntnisformen darstellen. Die ausgewählten Rätsel, die dabei im einzelnen betrachtet wurden, haben exemplarische Funktion.
Ein paar vereinzelte sind jedoch bislang ausgeschlossen geblieben. Was sie verbindet, ist, daß sie "kleine" Formen sind, Rätsel, deren Besonderes und Sprechendes ihre Unscheinbarkeit, Einfachheit und Kleinheit ist.
Als Beispiele sollen hier drei Rätsel stehen; eines ist das mündlich bis heute bekannte vom Handtuch:

> "Was hängt an der Wand
> Und gibt jedem die Hand?"[408]

Das andere ist:

> "Es steht ein Großvater in der Ecke,
> Wer reinkommt, streichelt ihn."[409]

> "Tags schauen sie sich an,
> Nachts küssen sie sich."[410]

In diesen drei Rätseln herrscht die gleiche eigentümliche Atmosphäre: eine seltsame Klarheit, etwas (Ein-)Leuchtendes der benutzten Bilder, eine Ruhe und Freundlichkeit der Betrachtung, eine besondere Verfassung der Wahrnehmung. Dabei fällt auf, daß es in einem engen Sinn Gegenständliches ist, was in allen drei Beispielen verrätselt ist - Handtuch, Kachelofen, Türflügel - , Dinge, die jeden Tag viele Male angeschaut werden, denen jede Poesie abgeht und die doch in dem Bild, das das jeweilige Rätsel von ihnen gibt, als andere, neue erscheinen. Es ist mit diesen Dingen etwas geschehen, was in sie selbst eingreift und sie verändert.
Wodurch diese Veränderung stattfindet und dank welcher Kraft, darauf finden sich in den Worten der Rätsel selbst die Hinweise: im ersten Fall "gibt jedem die Hand", im zweiten "Wer reinkommt, streichelt ihn", im dritten "küssen sie sich". In allen drei Beispielen wird ein enger, physischer Kontakt hergestellt zwischen Zweien, die sich an einem Punkt, in einem besonderen Moment treffen, ansonsten aber getrennt sind. Im letzten Rätsel ist das ganz ausdrücklich gemacht, den ganzen "Tag" über "schauen sie sich an", und aus der Fortführung wird deutlich, daß es bei diesem Anschauen nicht um den auch darin bereits hergestellten Kontakt geht, sondern um das Gegenteil: ein Verharren im Zustand eines unbewegten Gegenübers, berührungslos, verbindungslos, ohne Austausch. Ähnliches ist, etwas weniger explizit, in den beiden anderen Rätseln ausgedrückt: auch hier ist ein erster Zustand des

"Hängt an der Wand" im einen Fall, des "steht in der Ecke" im anderen beschrieben. In beiden Fällen ist das Statische, Beziehungslose des Zustands ausgedrückt durch die beiden Verben "hängen" und "stehen" und, auf einer zweiten Ebene gleichsam noch einmal, durch die Ortsangaben "an der Wand" und "in der Ecke", die beide das Feste unterstreichen. Dieser in allen drei Rätseln ähnliche Ausgangszustand schlägt aber mit einem Mal um - und genau mit diesem Umschlag wird aus der Beschreibung eines Tatsächlichen ein Rätsel: auf einmal tritt das, was in seinem Normalzustand an der Wand hängt, so, daß man es gar nicht wahrnimmt, in einen anderen Zustand - es rührt sich und rührt den an, der an ihm vorbeikommt, es ist nicht mehr starres Ding, sondern es sucht Beziehung und stellt sie her. Im zweiten Rätsel ist es, ein wenig verändert, ähnlich: da "kommt" jemand "rein - und etwas Unvermitteltes, Absichtloses und zugleich Allgemeines spricht aus diesem einfachen Verb - und der Zustand der Starre und Beziehungslosigkeit, der bisher geherrscht hatte, ist mit einem Mal gebrochen und der Hereinkommende, in diesem Rätsel also nicht das verrätselte Ding, "streichelt" den, der zuvor so starr allein dastand.
Im dritten Rätsel, in dem der Umschlag an die Tageszeiten geknüpft und damit weniger abrupt erscheint, ist die sich herstellende Beziehung dafür umso enger, wärmer.
Die drei Rätsel bringen allesamt eine Wahrnehmung zum Ausdruck, die sich an das alltäglich-konkrete Geschehen des Händetrocknens, des Händewärmens und der abendlich geschlossenen Tür- bzw. Torflügel knüpft. Dessen Starre durchschlagen sie mit ihrem Blick und entfachen in den auf ihre Funktionen reduzierten, isolierten Objekten das Leben, von dem in ihren Worten etwas wiedergegeben ist. Die Rätsel nehmen damit wahr, was an Gegenständlichem die Welt der Erfahrung ausmacht, aber sie tun dies anders als die auf Nutzbarkeit und Zwecke ausgerichtete Vernunft.

Die Wahrnehmung, die in den Rätseln sich artikuliert, ist eine, die aus zwei gegensätzlichen Impulsen entspringt. Der eine, verwandt dem Blick der barocken Allegoriker, läßt von den Gegenständen alles Leben und alle Beziehung abfließen, löst sie aus ihren natürlichen Zusammenhängen heraus und sucht, aus der Versenkung in die Betrachtung des stillgestellten Bruchstücks, die Erkenntnis eines Ganzen zu gewinnen. So tritt in den Rätseln der konzentrierte Blick auf die unbedeutenden Accessoires des alltäglichen Lebens entgegen, und dieser Blick expliziert sich sogar selbst in einem Rätsel, einem sehr schönen - vom Auge:

> "Es ist eine kleine Türe,
> Aber die ganze Welt kann dadurch gehen."[411]

Der andere Impuls ist der genau entgegengesetzte, nicht minder deutliche, der, verwandt dem "Wilden Denken", zunächst und vor allem Beziehungen sucht und selber herstellt: es geht darum, daß alles mit allem verbunden ist, nichts nur für sich bleibt. Beide Impulse zusammen bestimmen die Wahrnehmung der Rätsel, wie sie sich in den zuletzt angeführten Beispielen ausdrückt. Zusammen zeichnen sie, in einer "kleinen" Form, nicht im Besitz eines "Besserwissens", ohne Begriffe und ohne Ausmalungen, in einem winzigen Bild den Raum eines nicht mehr konfligierenden Verhältnisses zwischen einem Zustand "für sich" und einem Zustand "mit anderen".
Was in diesen "kleinen" Rätseln sich ausprägt und Gestalt annimmt, ist ein Denken, das die isolierte Verfassung der Gegenstände wie der Subjekte durchbricht, über sie hinweg- oder durch sie hindurchgeht, sich nicht an sie stößt. An die Stelle der Starre und Vereinzelung unter dem Diktat der Dienstbarkeit eines jeden Dinges für ein anderes tritt der Austausch und die Beziehung eines jeden Dinges mit jedem. Der Mensch unterscheidet sich dabei nicht wesentlich vom Rest der Welt, er ist ein "Ding" unter den anderen, der im einen Fall selbst die Beziehung herstellt, zu dem im anderen von einem anderen "Ding" die Beziehung hergestellt wird. So ist auch die Beziehung, die entsteht, eine unter Gleichwertigen, Gleichberechtigten: es gibt keine prästabilierten Ordnungen und die Ordnung, die sich herstellt, ist keine hierarchische. Die Trennungen sind aufgehoben, an ihre Stelle tritt etwas Neues: ein friedlicher, nicht chaotischer und doch anarchischer, universeller Austausch.

Was diese Rätsel suchen, ist Beziehung, und diese ist es, die sie in allem wahrnehmen und zugleich herstellen. Sie ist es auch, die den Rätselcharakter dieser Gebilde schafft in einer Welt, die von einem "domestizierten Denken"[412] geprägt ist, das sich auf die Herstellung und Einhaltung von Abständen gründet, auf Vereinzelungen und Trennungen. Das Beziehungsdenken der Rätsel ist es schließlich auch, das ihnen ihren Zug von Bildhaftigkeit und Einfachheit mitteilt, etwas Leuchtendes, Konzentriertes und doch Unscheinbares, einen Ausdruck, in dem ein Element der äußeren Beschaffenheit mit dem einer inneren Verfassung zusammengeht. In den Reiz, den gerade diese "kleinen" Rätsel ausüben, gehen als nicht Geringstes eine begriffslose Erinnerung und Sehnsucht ein, die im Bild gleichsam in ein Dasein noch vor der Vereinzelung der Subjekte und vor der Trennung von Subjekt und Objekt zurückreichen. Dies ist es vielleicht, was sie so klar, nah und einfach erscheinen läßt: in ihnen gewinnt etwas Ausdruck und Gestalt, was nicht der Entfremdung unterliegt.

III. Schluß

A. Die Rätsel: Auswertung und Zusammenfassung

1. Form als Inhalt

Es wurde gesagt, daß in einer Untersuchung, wie sie hier gedacht ist, die Oberflächenanalyse nicht von der Tiefenanalyse zu trennen ist, weil in den Rätsel in besonders dichter Weise die äußeren Elemente mit den inneren verknüpft sind. Insgesamt kann man jedoch, für diese Art von Gebilden, von einem Überwiegen der Form sprechen, davon, daß die Form der Rätsel selbst zu einem wesentlichen Inhalt, manchmal zu dem wesentlichen Inhalt überhaupt wird. Damit ist allerdings eine Form gemeint, die nur dank der Inhalte lebendig und Form überhaupt ist.

Der wichtigste Grund für die Bedeutung, die die Form für die Rätsel besitzt, ist, daß es für den größten Teil der Rätsel vor allem weiteren darum geht, überhaupt sprechen zu können. Denn sie sind Formen, die sich in Gelände begeben und einem Wissen gelten, das ohne das Dazwischentreten der verrätselnden Form nicht angstfrei zu haben ist. Ohne diese Formen als vorgegebene, überlieferte Vermittlungsinstanzen wären Äußerung und Ausdruck und ein tastendes Vorstoßen in das, was innerhalb der eigenen Erfahrung an Beunruhigendem liegt, so nicht möglich.
Das ist ganz unmittelbar einleuchtend bei den doppeldeutigen und obszönen Rätseln, die bis in ihre Form hinein unterscheiden zwischen dem, wovon sie explizit sprechen - einem 'Harmlosen' -, und dem, wovon sie wirklich handeln, einem Riskanten. Hier eröffnen die Rätsel den Raum für eine nicht im selben Maße wie sonst zensierte Phantasie, für Möglichkeiten der Annäherung und Wiederentfernung, gleichsam eines Probehandelns in den Worten, für das Testen der Reaktionen der Umwelt, eines Versicherns der Bedrohlichkeit eines Dings oder einer Erfahrung, des Austauschs von Bildern, Phantasien, Bedrängungen, Wissen, Wünschen. Gerade für den Bereich der 'obszönen' Rätsel ist daher die Rolle der Gemeinschaft, innerhalb deren in der Regel die Rätsel ihren "Sitz im Leben" hatten, d.h. gestellt wurden, besonders wichtig.
Die Bedeutung der Form selbst aber als eines Gebildes - und nicht so sehr als einer Sozialform - ist deutlicher, weil weniger natürlich evident, in Rätseln wie dem vom "Vogel federlos" (cf. hier II. B. 6.) oder dem von "Prall feel von'n stall" (cf. hier II. B. 3.b). In diesen Rätseln drückt sich durch ihre Form etwas aus, teilt sich dem Hörer mit; dagegen bleibt, was die Worte inhaltlich sagen, unverständlich. Was aus diesen

Rätseln spricht, knüpft sich zwar an die Worte, aber es dringt fast mehr aus den Zwischenräumen zwischen den Worten, aus den Tönen, aus Elementen der Form wie dem beständig am Zeilenende wiederkehrenden Suffix "-los", in dessen Rachen eines "Nichts" jede Zeile hineinläuft, um dort verschluckt zu werden wie der Vogel selbst von der mundlosen Frau. Gerade hieraus tritt hervor, was den Ausdruck dieses Rätsels wesentlich prägt und was an ihm das Element ist, das in der Form und vor allem in ihr einen Inhalt transportiert: so unfaßbar und undenkbar wie ein Gefressenwerden von einem mundlosen Wesen, so unfaßbar und undenkbar ist die Erfahrung, die das Rätsel nur in diesem formelhaften, sich selbst nicht begreifenden Reden, in einer fast abstrakten Wiederholung des Sachverhalts der "Privation" zum Ausdruck bringt: die verschlingende Kraft der Negativität. Die zugespitzte Form des Rätsels leistet dies: eine Erfahrung aufzunehmen und auszudrücken, die der beschreibenden, sich selbst explizierenden Sätze nicht mächtig ist, die sich als Erfahrung nicht reflektierend besitzt, die einzig in einem Moment Form werden kann - aus Bildern, Klängen und dem Gestus einer Sprache, die dunkel ist, weil sie Formel eines Dunklen ist. Eben dafür sprechen die Übernahmen gerade dieses formelhaften Elements in anderen Rätseln, die teils noch ihre Verwandtschaft mit dem "Vogel federlos" zeigen, teils aber sich schon - bis auf das privative Element - weit von ihm entfernt haben.

Auch von Seiten der beiden amerikanischen Rätselforscher Pepicello und Green wird dieses Rätsel einer Gruppe von Rätseln zugeordnet, die auf besonderen äußerlich formalen Mustern basieren[413], wodurch sie aus den Interpretationsmodellen, wie sie gewöhnlich an vertraute grammatische oder stilistische Figuren angelegt werden, herausfallen. Es ist dadurch unmöglich, für solche Rätsel Regeln ihrer Konstruktion und Auflösung zu formulieren - zum Glück für den kreativen Impuls in ihnen, wie die beiden Forscher kommentieren[414]. Wichtig erscheint uns in diesem Zusammenhang besonders die abschließende Feststellung der beiden, in welcher sie, nach aller begrifflichen Anstrengung zuvor, doch auch nicht mehr zu sagen vermögen - und es spricht gerade dies *für* die Autoren - als: "We can do little more than say their 'logic' make sense"[415]: am Ende steht das Rätsel selbst als eine eigene, in sich schlüssige und doch nicht "erklärbare" Form, an der, über ein gewisses Maß hinaus, Beschreibungen und Analysen abgleiten, die sich verständlich macht, ohne daß einer sie "versteht" - als Form.

In einem anderen Sinn tritt die Bedeutung der Form der Rätsel entgegen in den Beispielen, die von Zeit und Entwicklung, Leben und Tod und dem Aufbau der Welt handeln. Diese Rätsel versuchen, en miniature Raum und Zeit, die elementaren Kategorien der Erfahrung, darzustellen und zu begreifen. Sie üben etwas im

Modell; auch sie versuchen eine Annäherung: sie geben einem gestaltlos Verlaufenden eine Struktur, bringen so gefährliche Themen wie das Verhältnis der Lebenden zu den Toten zur Sprache, sie zeigen ein Bild vom Aufbau des Menschen und seiner Welt. Dabei sind sie selbst Formen, die aus Zeit hervorgegangen sind, sich in Zeit gebildet haben. Sie stellen eine Form bereit, die keiner gemacht, die jeder übernommen und an der eigenen Erfahrung überprüft und gehärtet hat, eine Form, die sich in der Zeit gerundet, verdichtet hat, an der alles abgefallen ist, was keine Funktion hat - und die selbst Zeitliches und die Erfahrung von Zeitlichem darstellt und strukturiert. In dieser Affinität der Rätselform zum Gegenstand der Erfahrung der Zeitlichkeit liegt vielleicht auch ein Grund dafür, daß dieses Thema in den Rätseln so bestimmend ist. Aber auch hier gilt, daß es weniger um die im einzelnen ausgesagten Inhalte geht, als um die Form, sie zu fassen, sie in Strukturen zu zwingen, in denen sie doch nicht gezwungen, sondern dargestellt, in einen winzigen Ausschnitt gefaßt sind - wie es, als Beispiel, das Rätsel vom Weg in seiner zugleich radikalen und zerreißenden wie ausgeglichenen und harmonischen Form tut. Nicht zuletzt darin faßt es etwas von der Erfahrung der Zeit.

Noch einmal anders ist die Bedeutung der Form der Rätsel, wenn man das Augenmerk darauf richtet, was diese Form vor allem prägt: auf das Prinzip des Widerspruchs zum einen und das eines Redens in Bildern zum anderen. In den Rätseln wird geduldet, was in der normalen Sprache ausgeschlossen ist, und dies nicht nur, was die Inhalte betrifft, sondern auch, was die Formen betrifft. Ein Reden in Widersprüchen, das in einem normalsprachlichen Kontext sinnlos ist und negative Reaktionen hervorruft bis hin zur Einstufung und Behandlung als Irrereden, ist in den Rätseln Regel, Charakteristikum, Form und Inhalt. Das so beharrliche Festhalten der Rätsel am Prinzip des Widerspruchs und die Tatsache, daß dieses Element, in unterschiedlichster äußerlicher Ausformung, oft zum ersten und einzigen Inhalt wird - erinnern wir uns noch einmal an das Beispiel aus dem Straßburger Rätselbuch "... das weich ist hart,/ das schwach ist starck,/ vill ist wennig."[416] -, zeigen, daß es in diesen Rätseln darum geht, einen Widerstand zu leisten, gerade das zu tun und festzuhalten, was nirgendwo geht, nirgendwo integriert werden kann. Hier dagegen ist es das Einzige, die Regel. Damit aber ist eine Form gesetzt und bei jedem neuen Rätselstellen erneut gesetzt, die, als Form, behauptet: die Welt gilt nicht, zumindest aber doch, sie gilt nicht allein und als einzige, es gibt andere Regeln, andere Welten, es gibt nicht zu Sanktionierendes. Und ebenso: die Verpflichtung zum Klarreden ist nicht universell, es gibt auch ihr Gegenteil, die Rede in Widersprüchen, mit ihrem Recht und ihrer Vernunft. Dem Klarreden-Müssen sich zu widersetzen, gehört zum Widersetzlichen im Charakter der Rätsel.

Neben diesem Element des Widerstands ist in der widersprüchlichen Form der Rätsel noch ein zweiter Zug zu erkennen. Widerspruch ist, auch in den Rätseln, als Regel und nicht als Ausnahmezustand, immer ein Konflikt, nichts Bequemes. Er entspricht einer Erfahrung des Nichtübereinstimmens, einer spannungsreichen und auch schmerzvollen Erfahrung. Daß die Rätsel dieses Element des Widerspruchs so prononciert in sich ausbilden, zeugt davon, daß sie einen Impuls darstellen, diese Spannung auszuhalten. Sie bilden das nach, worunter sie leiden, und sie suchen einen Weg hindurch - dennoch zu einer Auflösung, zu einer einheitlichen, nicht mehr widersprüchlichen Antwort. Denn in jedem Widerspruch, den sie darstellen, stellen sie einen Gegenstand dar, der widersprüchlich ist und dennoch einer ist, der nicht zerrissen wird vom Widerspruch, sondern erhellt und gefüllt.

Ein dem Widerspruch in manchem verwandtes Prinzip in der Form der Rätsel ist das Reden in Bildern, das aber in eine andere Richtung weist als jener. Bildersprechen ist, und hier liegt die Verwandtschaft zwischen beiden Elementen, ebenfalls verpönt, ausgegrenzt, sondersprachlich, wird in gewissem Sinn für unverbindlich genommen. Weiter ist es dem Widerspruchsprinzip darin verwandt, daß es ebenfalls die Trennungen, die die Sprache und die Welt der Zwecke vornehmen, nicht anerkennt, sich ihnen nicht unterwirft. Wie die Rätsel behaupten, '... weich ist hart/ viel ist wenig', so behaupten sie ebenso "Es ist eine kleine Tür und die ganze Welt kann dadurch gehen". Bildersprechen, für die Stilistik 'Metaphorik', realisiert einen Impuls, der weit über stilistische Gegebenheiten hinausreicht: "Übertragung" findet statt zwischen den Bereichen der Wirklichkeit, die getrennt sind und es bleiben sollen, Vermischung findet statt, wo die Entmischung mühe- und druckvoll hergestellt wurde und aufrechterhalten bleiben muß. Bildersprechen läßt eines eintreten für ein anderes, zeigt sinnliche und unsinnliche Ähnlichkeiten zwischen getrennten ebenso wie zwischen nahen Dingen; es schafft ein prinzipiell unbegrenztes Netz realer oder potentieller Beziehungen, die in den Bildern der Sprache Gestalt und wirkende Kraft werden. Auch in ihrem Zug des Sprechens in Bildern widersetzen sich die Rätsel der Reduktion aufs Prinzip der Funktionalität. Zugleich entsprechen sie einer Sehnsucht der Menschen nach Bildern, nach Figuren eines versöhnten Lebens, in welchem Trennungen nicht mehr bestehen und dennoch nicht eines das andere verschlingt.
Ein letzter Gesichtspunkt ist in diesem Zusammenhang noch zu nennen und das ist der, daß ein Sprechen in Bildern vielleicht als einzige Form des Sprechens auszudrücken und darzustellen vermag, was keinen Namen hat. Was beispielsweise "Glück" ist oder "Alter", was "wirklich" die Dinge der Erfahrung sind, etwa in dem Sinn, wie ihn Francis Ponge in seiner "Einführung in den Kieselstein"[417] nach-

zuzeichnen sucht, derlei namenloses Wissen, wortlose Utopien eines inneren und nichtidentifizierenden "Wissens", sind, wenn überhaupt, nur in einer Sprache möglich, die sich nicht restlos ihrem Gegenstand nähert, sondern die ihn in Bildern, als einen namenlosen, nicht identifiziert, ausdrückt.

Ein letzter Gesichtspunkt, der für die Beurteilung der Rätsel als Formen wichtig ist, ist ihre Universalität. Das Gewicht einer Form ist den vielen verschiedenen Rätseln in den unterschiedlichsten kulturellen Zusammenhängen gemein. Als jeweils überlieferte und sprachlich nach relativ wenigen Grundmustern sich immer wieder abwandelnde Formen sind sie grundsätzlich von jedem und überall benutzbar - sie sind Instrumente eines Ausdrucks und einer Kommunikation, die sowohl von einem Einzelnen wie von einer Gemeinschaft gebraucht und verstanden werden können und keinem Sanktionen eintragen. Ihre Form ist es, die sie schützt, indem sie das Gesagte vor dem Festgenageltwerden auf einen Inhalt sichert; und die Form ist es, durch Widerspruch und Bildersprechen, die sich aus allen Begrenzungen und Festlegungen herausnimmt, grenzenlos macht.
In einem solchen Sinn ist für die Rätsel von einem Überwiegen ihrer Form zu reden, besser davon, daß ihre besondere Sprachform zugleich die Form ihrer Erkenntnis und damit zugleich ihr entscheidender Inhalt ist, Form als Inhalt zu lesen ist.

2. Formen von Form

Bei der Frage, welche Formen im einzelnen nun die Rätsel prägen, stellt sich die am Anfang gestellte Frage nach der Definition der Rätselform als Ganzer in neuer Schärfe. Die Rätsel selbst als konkrete Gebilde widersetzen sich wirksam jeder Definition und dennoch kann es einem wissenschaftlichen Beschreibungversuch nicht erlassen bleiben, sich um eine solche Definition zu bemühen. In diesem Sinn sind die Rätsel zu bestimmen als kurze, mündliche, feste Formen, Brenngläser aus Sprache, mit deren Hilfe sich Erfahrungen darstellen und ausdrücken lassen, die anders nicht auszudrücken wären, indem sie als eine in sich nicht identische Aussage, als eine objektive oder direkte Frage formuliert und zum Erraten aufgeben werden können. Mehr von der Definition der Rätsel sagt allerdings vielleicht ein Rätsel selbst wie das aus Wossidlos Sammlung, das lautet: "Wat geit rund üm'n boom/ un kann nich rin kamen?"[418]

Im Einzelnen und Konkreteren lassen sich eher Antworten finden auf die Frage nach den Formen der Form 'Rätsel'. Da treten vor allem die einfachen Strukturierungsmodelle der Zweigliedrigkeit, der Dreigliedrigkeit und der Vier-und Mehrgliedrigkeit hervor. Deren Bedeutung, die oben im einzelnen dargestellt wurde, liegt grundsätzlich in ihrer Qualität, elementare und universelle Formen für die Auffassung und Darstellung von Erfahrungsmaterial zu sein, Grundformen einer Annäherung an noch Unsicheres und der gleichzeitigen Distanzierung von ihm.

Zweigliedrigkeit meint dabei in der weitaus größten Zahl der Fälle eine Verfassung in Gegensätzen, in einer reduzierten und verdichteten Spannung, die sich in Gestalt von Widerspruch und Paradox realisiert und äußerlich jedem Spannungspol eine der beiden Rätselhälften, seien dies Worte ("Baum blattlos"), Zeilenabschnitte ("Die Söhne machen die Väter") oder ganze Zeilen ("Erst steckte ich in meinem Herrn,/ nun steckt mein Herr in mir") zuweist. Dabei ist die Wirkung des Gegensatzes in der Regel umso stärker, je kürzer die Form insgesamt ist. Darüberhinaus zeigt sich im Überwiegen der zweigliedrigen, paradoxen Form das auch außerhalb der Rätsel anzutreffende Phänomen, daß gerade in dieser Form sich die "höheren Wahrheiten", in Theologie, Philosophie, aber auch in der politischen Sprache[419] formulieren - d.h. in einer Form, die sich dem unmittelbaren Verstandenwerden durch Jedermann zunächst einmal verschließt und erst nach Erbringung besonderer Leistungen Einlaß in ihren Sinn gewährt. Dabei ist in den Rätseln die Tendenz dieser Form der der Eingeweihtensprache in Theologie oder Philosophie entgegengesetzt - zumindest für die nicht mehr magischen Jahrhunderte. In den Rätseln dient die paradoxe Formulierung nicht der Mystifizierung und dem Ausschluß, sondern dem Schutz vor dem Eingriff: es ist gerade diese Form, die innerhalb der Rätsel eine Art von Freiraum schafft, die die Redeweise einer hermetischen Sprache nachahmt, um sie zu entmächtigen, zu bannen, ein wenig auszutricksen und zu unterlaufen.[420]

Die dreigliedrige Form der Rätsel ist vor allem bestimmt als eine, die ein Ganzes in einer Komplexität zu erfassen und darzustellen sucht. Dieses Ganze kann dabei sehr unterschiedlich sein: es kann ein Organisches wie die menschliche oder eine tierische Gestalt sein (weniger im direkten Sinn der anatomischen Struktur als in dem eines grundlegenden Organisationsmodells des Daseins), es kann ein Einzelelement sein, an dem die Darstellung eines organischen Ablaufs des Wachsens und Reifens, des Anfangs und Endes eines Wesens möglich ist oder es kann schließlich ein Blick auf ein Bruchstück der Wirklichkeit sein, in dem sich das Bild einer Welt konzentriert. Gerade diese letzteren Rätsel, die in sich einen winzigen Kosmos, festgemacht an einem Ding oder Wort, bergen, sind oft besonders sprechend, wie das angeführte Beispiel von der ewigen Seligkeit[421] oder das vom Palmesel[422]. Sie sind, was für die Rätsel allgemein gilt, in besonders eindringlicher Weise: als Formen Modelle für ein Begreifen, Betrachtungsformen. Was sie in sich beschließen, ist nicht so sehr das Gegenständliche, das in der Auflösung genannt wird, als vor anderem ein Raum (cf. dazu die Interpretationen der dreigliedrigen Rätsel nach dem Modell des Kuh-Rätsels, II.B.3.b). Dieser entsteht aus der Konstellation der drei Glieder des Rätsels, die zueinander nicht so sehr in der polaren und unbeweglichen Entgegensetzung der zweigliedrigen Rätsel stehen als in einer zwar gespannten, aber beweglichen Korrespondenz. Die Glieder des Rätsels umgrenzen einen Raum, in welchem der Gegenstand des Rätsels als noch unidentifizierter sich selbst darstellen kann. Es ist ein Raum, der zwischen den Gegenstand und sein Benanntwerden als Raum für ein Erkennen gelegt ist - ein Erkennen, das aus einem vielfältigen Austausch, einem zwischen dem Ratenden und den gegebenen Elementen des Rätselgegenstands, zwischen dem Ratenden und seiner eigenen Erfahrung und schließlich zwischen Ratendem und Fragendem entspringt.

Den dreigliedrigen Rätseln ist darum in einer besonderen Weise ein Zug der formalen Abgeschlossenheit eigen, der ihren Charakter eines Mikrokosmos, einer Welt en miniature, unterstreicht. Dabei gibt es eine Reihe unterschiedlicher äußerer Ordnungsprinzipien, die die Abfolge der drei Elemente des Rätsels bestimmen: so das der Folge von "vorne, Mitte, hinten" oder auch das einer Entwicklung nach der Ordnung der Tageszeit in "morgens, mittags, abends", eine Ordnung nach Farben wie "weiß, grün, rot" oder eine nach der Familienstruktur in "Vater, Mutter, Kind" oder eine Zahlenordnung wie beim Kuhrätsel in "vier-vier-zwei-zwei". Die Dreigliedrigkeit ist dabei, etwa im Fall der angeführten "Kuh"-Struktur und ihrer Zahlenordnung, manchmal auf vier Glieder erweitert, ohne den Charakter des Ganzen damit wesentlich zu verändern.

Der von seiner inneren Beschaffenheit einfachste Typ der hier betrachteten Rätsel ist der mit vier oder mehr Gliedern, der in der Form eines Übereinandertürmens oder Ineinanderschachtelns eine weitere Variante eines Grundmodells der Wahrnehmung und der Darstellung des Wahrgenommenen zeigt. Vergleichbar dem Reiz, den das Spiel mit Klötzern auf Kinder ausübt, die mit einer auffallenden Beharrlichkeit und Unersättlichkeit erproben, wie hoch ein Turm werden kann, wie er krachend zusammenstürzt und wie er langsam und riskant wieder aufgetürmt wird, scheint ein Reiz und eine Faszination in den konstruktiven Versuchen dieser Rätsel zu liegen, in denen ebenfalls von den bescheidenen viergliedrigen Formen bis zu gewagten und gleichsam schon leise schwankenden achtgliedrigen Beispielen immer wieder dies eine versucht wird: wie hoch hinauf vermag man zu kommen, bis es kracht? Als Wesentliches kommt in diesen Rätseln hinzu, daß der aufgebaute Turm in den Rätseln ganz explizit denjenigen vertritt, der ihn errichtet: in einer großen Zahl von Rätseln dieser Art ist die Auflösung der Mensch. Er ist das vielfach gestufte und in seiner Aufrechtheit immer angefochtene Wesen, das aus allerlei Gerümpel in den Rätseln gemacht ist, aber "oben am Dach zwee Sterne" hat und damit herausragt aus dem, was ungewiß und mangelhaft an ihm ist. Damit bieten die Rätsel in dieser eigentümlich vielgliedrigen, "unpraktischen" Form ein Medium, das geeignet ist, dem Menschen ein Bild seiner selbst an die Hand zu geben - ein Bild, das nichts Überhöhendes hat, sondern plastisch und konkret ist, das niemanden überfordert, für alle gelten kann und doch jedem mehr als nur eine empirische Wirklichkeit zuspricht, jedem etwas über alles Unzulängliche Hinausweisendes einräumt. Dadurch ist in dieser Rätselform ein Modell zugänglich, in dem die Menschen sich selbst darstellen können, sich einerseits von sich selbst distanzieren und sich andererseits in einer versöhnteren Form mit sich selbst wieder identifizieren können.

3. Formen von Inhalt

Bei dem unternommenen Durchgang durch die Rätsel als Sprach- und Erkenntisformen steht am Ende als ein Ergebnis das Übergewicht der Form der Rätsel vor ihrem Inhalt. Dies ist in zwei Richtungen zu deuten: einmal in der Richtung eines zwar nicht absoluten, aber doch grundsätzlichen Vorrangs der Form der Rätsel vor ihren einzelnen bestimmten Inhalten, zum anderen in der Richtung, daß diese Form selbst als der wesentliche Inhalt zu sehen ist.
Inhalt der Rätsel, vor allen einzelnen Stoffen, Gegenständen und auch Gehalten, ist die in der Rätselform gegebene Möglichkeit, unter gemindertem Druck von innen oder außen Erfahrung und Wahrnehmung ausdrücken und mitteilen zu können.
Darüberhinaus sind jedoch auch bestimmte Inhalte erkennbar, die in den Rätseln eine besondere Bedeutung haben. Dabei handelt es sich zunächst einmal um diejenigen Dinge, die innerhalb der unmittelbaren Umgebung der Menschen eine innere oder äußere Affinität zum Rätsel haben, die den Rätseln selbst nahestehen, insofern auch sie nicht mit sich identisch sind und in dieser Nichtidentität ihre besondere Bestimmung haben, d.h. Dinge wie Schatten, Spiegel oder Ei. Weiter sind es Dinge oder Inhalte, die mehr als andere Bedeutung auf sich zu konzentrieren vermögen, Tag und Nacht, die Gestirne, die Kuh, die Schrift, die Augen, das Alter. Eine weitere Gruppe von Rätseln, vom Umfang und von der Bedeutung her wohl die wichtigste, ist die, die von den 'unsagbaren' Dingen zu reden versucht, von Leben, Tod und Sexualität, von dem, was vor anderem Angst macht, wo Unsicherheit und Bedrängnis, auch Drang zum Reden und Austauschen herrschen. Schließlich sind

Formen von Inhalten zu erkennen, die besonders ausgeprägten Vorbildern folgen, wobei diese Vorbilder jedoch nicht nur formal ausgeprägt, sondern auch in ihrem Inhalt treffend sein müssen und das heißt, etwas Wirkliches treffen müssen. Dies gilt beispielsweise für das Rätsel von der Kuh oder besonders für das vom Vogel federlos.

Insgesamt aber wird deutlich, daß es nicht die Inhalte im Sinn der Auflösungen sind, die für die Rätsel bestimmend sind. Die Inhalte, die für die Rätsel wesentlich sind, sind die, die im Durchgang durch die Form des Rätsels, im Rätselstellen, -hören, -lösen und wieder -stellen, sich herstellen. Diese Inhalte jedoch sind andere, nicht mehr gegenständliche, sie haben mit Ei und Kuh kaum noch direkt zu tun. Dennoch verlieren sie diese konkreten Dinge nicht aus dem Blick, denn alles, was die Rätsel leisten und an Inhalten zu transportieren vermögen, vermögen sie nur in dieser an die Dinge geknüpften Form. Sie sind nicht Theorie.
Inhalte in diesem Sinn sind vor allem Entmächtigungen: Entmächtigung des Drucks der Angst vor dem Unbekannten, Verschlingenden, vor Zeit, Alter und Tod; der Angst vor dem Undurchdringlichen des Geschlechterverhältnisses; Entmächtigung des Gestus der mystifizierenden und verdunkelnden, in Angst haltenden Reden; Entmächtigungen der Herrschaftsansprüche derer, die sich für naturhafte Herrscher ausgeben und die doch nur "im Winter ein Herr"[423] sind, oder die in die Tasche stecken, was sogar der Bauer wegwirft[424], oder schließlich, die gefangen in dem stecken müssen, was vorher in ihnen steckte[425]. Aber auch Inhalte wie die Einheit des Lebendigen[426] als einer Einheit aus menschlichem und nichtmenschlichem Leben sowie aus Lebendem und Nichtmehrlebendem sind in den Rätseln enthalten, Memento dessen, daß jeder einem anderen etwas schuldet, keiner ein nur für sich Seiendes ist, jedes Sein ein Beziehungssein ist. Auch die oft in den Rätseln anzutreffende Darstellung der Kulturprozesse als Gewaltprozesse, d.h. das Eingedenken einer Natur, die nicht nur Material der Bearbeitung und Nutzung durch den Menschen ist, hat in diesem Zusammenhang ihren Stellenwert. Weiter - und hier machen sich die fließenden Übergänge zu dem bemerkbar, was die besondere Erkenntnis der Rätsel einerseits oder den Inhalt ihrer spezifischen Formen andererseits ausmacht - ist in den Rätseln enthalten die Betonung der Wahrheit und fast der Notwendigkeit des Widerspruchs, die ständige Wirklichkeit des Gegenteils all dessen, was ist, die Erinnerung daran, daß in jedem Augenblick jedes Element der Wirklichkeit umschlagen und sein Gesicht verändern kann, daß jedes ein Ganzes ist, das sich aus vielen Schichten und Teilen zusammenfügt. Schließlich gehören zum Inhalt der Rätsel einzelne aus den Formen der kommunikativen Rede ausgegrenzte Impulse wie das Sympathiedenken, das Spiel mit Transgressionen und Verzerrungen, übermäßigen Vergrößerungen von Details oder Verkleinerungen von Großem,

ein Spielen auch mit den Grenzen und Ordnungen der Vernunft in solchen Rätseln, in denen alles kippt und gleichsam Ratender und Rätselsteller mitverschluckt werden von einer einzigen großen Bewegung der Einstülpung:

> "Ein frag. es kam ein gast yns wirtz hauss,
> do viel das hauss zum fenster auss
> und blieb der wirt ym gast."[427]

4. Die Rätsel als soziale Veranstaltungen

Die Rätsel sind zweideutig in dem, was sie sagen; sie sind es auch in der Weise, wie sie gebraucht werden. Nebeneinander finden sich der Zug eines wirklich Sozialen, eines nichts und niemanden Ausgrenzenden, und ebenso der eines tief Asozialen, eines Exklusiven, zuweilen Terroristischen, der Zug der Sondersprachlichkeit der Rätsel. Beides ist in der Form der Rätsel verankert, beides mit ihrer Geschichte verknüpft.

Es besteht innerhalb der Forschung Einmütigkeit darüber, daß die Rätsel ihren Ursprung in der Tradition der Zaubersprüche haben dürften, d.h. im Zusammenhang magischer und ritueller Formelsprache. Dies hat z. B. Walter Porzig in seiner bereits angeführten Untersuchung anschaulich dargelegt. Das Sondersprachliche der Rätsel in diesem Zusammenhang meint, daß in ihnen ein Element auszumachen ist, das in eine Zeit zurückreicht, in der das Wort von der Handlung noch nicht restlos getrennt war. Den Worten und dem Gefüge der Worte in den Rätseln haftet noch die Wirkungsmächtigkeit der Formeln an. Sie sind nicht mehr Opferformeln, aber sie beschwören doch - auf eine nicht mehr zauberische Weise - das Bild eines Gegenstands, der selbst nicht genannt wird, aber dennoch präsent gemacht werden soll. Deutlich zu spüren ist das, wenn man unmittelbar nebeneinander ein "normales" Rätsel und eine der vedischen Weisheitsfragen, die der Initiation der jungen Brahmanenschüler dienten, liest:

> "Von hause ich fuhr, von hause ich reiste;
> da sah ich wege auf dem weg,
> weg war unten, weg war darüber,
> und weg war allerwegen."[428]

und:

"Wer ihn gemacht hat, der weiß nichts von ihm;
wer ihn gesehen hat, der ist getrennt von ihm.
Er ist in der Mutter Schoß eingehüllt,
reich an Nachkommenschaft ins Nichts eingegangen."[429]

Die beiden Beispiele sind in doppelter Weise verschränkt und darum besonders aufschlußreich: im ersten, dem Rätsel, fallen die stilistischen Merkmale auf, die als bestimmende Züge der formelhaft-magischen Sprechweise beispielsweise aus den Merseburger Zaubersprüchen bekannt sind - d.h. der Stabreim und die beiden Kurzzeilen in einer Langzeile in der 1. und 3. Rätselzeile - und die Helmut de Boor zufolge "ausschließlich in das Gebiet der Magie" gehören und ihrem Wesen nach "weder heidnisch noch christlich, weder germanisch noch kirchlich" sind, sondern "zeitlos und urtümlich"[430]. Im zweiten Beispiel dagegen, der indischen Ritualfrage, tritt besonders deutlich die paradoxe Formulierung der ersten beiden Zeilen entgegen, die in einer ganzen Folge von Rätseln in fast identischer Weise wiederbegegnet. Dort heißt es zum Beispiel:

"Der es macht, der will es nicht;
Der es trägt, behält es nicht;
Der es kauft, der braucht es nicht;
Der es hat, der weiß es nicht."[431]

Oder bei Pitré:

"Wer es macht, der macht's, um's zu verkaufen;
Wer es kauft, benutzt es nicht;
Wer drinnen ist, der kann's nicht sehn."[432]

Neben der Formelhaftigkeit und der Wirkungsmächtigkeit ist für die Sondersprache der exklusive Charakter wichtig. Daß die Zauberformeln exklusive waren, machte sie ganz wesentlich zu dem, was sie waren. Daß die Rätsel in ihrer widerspruchsvollen, bildhaften, sich verstellenden Sprechweise ebenfalls einen Zug des Exklusiven und des Terroristischen haben, daß sie dadurch Druck ausüben und Unterlegenheit fühlen lassen, läßt sich bis heute feststellen, wenn man ein Rätsel aufgibt: nicht wenige Menschen reagieren abwehrend auf die Form der Rätsel, sträuben sich gerade gegen diesen Zug. Widerstand wird vor allem der Tatsache entgegengesetzt, gefragt zu werden von einem, der bereits weiß, d.h. nicht aus der Notwendigkeit eines Nichtwissens, sondern aus der Lust, einen anderen einer Prüfung zu unterwerfen. Elias Canetti stellt im Zusammenhang seines großen Werks "Masse und Macht" für das Fragen allgemein fest, daß "alles Fragen ein Eindringen ist. Wo es als Mittel der Macht geübt wird, schneidet es wie ein Messer in den Leib des Gefragten. Es ist bekannt, was man da finden kann; man will es aber wirklich finden und berühren. Mit der Sicherheit eines Chirurgen geht man auf die inneren Organe los. Der Chirurg hält sein Opfer am Leben, um Genaueres über es zu erfahren. Er ist eine besondere Art von Chirurg, der bewußt mit lokaler Schmerzerregung arbeitet. Er reizt gewisse Partien des Opfers, um über andere Sicheres zu erfahren."[433] Und kurz darauf: "Die Freiheit der Person liegt zum guten Teil in einem Schutz vor Fragen."[434]

Für die Rätsel gilt das, was Canetti hier ausführt, in besonders zugespitzter Weise. Auch sie stellen ihre Fragen nicht, um zu erfahren, etwas sei Ei, Kuh, Schnee und Sonne oder dergleichen; auch sie prüfen. Dennoch ist der sondersprachliche Charakter, der den Volksrätseln eigen ist, ein anderer als der der Formeln und Sprüche, mit denen sie ihren Ursprung teilen. Sondersprachlich ist an ihnen, daß sie nicht direkt verständlich sind und dies auch nicht sein wollen. Das aber verändert nichts an der Tatsache, daß das, was sie transportieren, kein Geheimwissen ist. Ihre Inhalte sind nicht exklusiv wie es die Inhalte der Weisheitslehren sind oder anderer, in langer Vorbereitungszeit zu erlernender Zusammenhänge des Wissens einer kleinen Gruppe von Eingeweihten. Was in den Rätseln Gegenstand ist, ist das Nächste - aber als solches oft das Unzugänglichste, das Undurchdringlichste und Bedrängendste. Sondersprachlich sind die Rätsel nicht vor allem, um die, die sie fragen, auszuschließen aus dem Kreis eines Wissens, das sie besitzen. Vielmehr sind Rätselsteller und Rätsellöser, das ist das Unterscheidende bei den Rätseln jenseits ihrer magischen Ursprünge, beide gleichermaßen betroffen von dem, was sie suchen und vor dem sie sich verstellen. Die Rätsel sind sondersprachlich, um überhaupt sprechen zu können und weil sie nur so ausdrücken können, was als Impuls ihre Worte anstößt. Natürlich gibt es innerhalb der Menge der Rätsel auch hier Unterschiede, d.h. Beispiele von Rätseln, bei denen die Akzente anders zu setzen wären, wie die Rätsel nach dem Vorbild des Rätsels an Homer oder die Scherzfragen nach dem Typ "Welches sind die schlechtesten Schützen auf der Welt?"[435]. Denen aber haftet schon lange nicht mehr der Schrecken der Frage auf Leben und Tod an; die Rätsel bedrohen nicht mehr physisch. Der Widerstand, der sich gleichwohl oft gegen sie regt - und sehr unmittelbar und heftig regt - gilt, so läßt sich vermuten, mehr ihrem Gestus: einmal dem schon genannten Fragenstellen, obwohl man die Antwort kennt, d.h. dem Unterwerfenwollen durch das Rätsel, zum anderen aber möglicherweise gerade dem Rätselhaften des Sprechens. Damit ist gemeint, daß sich Widerstand regt gegenüber dem nicht "Zweckorientierten" der Rede, dem nicht auf ungehinderte, zielgerichtete Kommunikation zugeschnittenen Sprechen; gegenüber dem nicht "Klaren" und schließlich gegenüber einem diffus als Vermengtes aufgefaßten Reden in Bildern und Beziehungen. Widerstand erregt ein Reden, das sich seinem Gegenstand nicht aus vernünftiger Distanz gegenüberstellt, sondern in ihn einzudringen sucht, etwas von ihm selbst zu treffen und aufzufassen sucht, Spuren vom Gegenstand an sich trägt, sich mit ihm vermischt. Denn sieht man in die Rätsel selbst, so stellt man fest, daß ihre Sprache keine Geheimsprache ist in dem Sinn, daß die Worte chiffriert sind, d.h. in einer definierten Weise jedes Wort durch ein anderes Wort oder Zeichen ersetzt ist, wobei jede Chiffre dem bezeichneten Gegenstand nicht fremder ist als das ersetzte normalsprachliche Wort. In den Rätseln, so wie sie hier betrachtet werden, geschieht etwas anderes: in ihnen kommt das Sondersprachliche zustande durch eine veränderte Perspektive. An die Stelle der gewohnten Perspektive von außen tritt eine Perspektive von innen, eine, die aus der Teilnahme am Gegenstand, aus Umgang und Erfahrung mit ihm, aus einem Aufgeben der Distanz entsteht. Die Perspektive der Rätselsprache geht aus auf die Beziehungen, in denen jeder Gegenstand steht. Sie sucht die Verflochtenheit jedes Einzelnen der Welt mit dem großen unbegrenzten Rest und die Bedeutung des Einzelnen in diesem Ganzen darzustellen. Die Rätsel sind sondersprachlich, weil sie Verrätselungen von Beziehungsformen sind, Beziehungswissen aber zu den ausgegrenzten Bereichen des Wissens gehört. Im rationalen Diskurs hat es nichts zu suchen. In den Rätseln ist diese Sprache geeignet, Verbindung, Beziehung herzustellen: wer die Rätsel lösen soll, soll nicht die einzelnen Worte verstehen - die sind nicht rätselhaft; vielmehr soll er zeigen und zu erkennen geben, daß er ebenfalls von etwas weiß, daß er eine Erfahrung mit dem Gegenstand und eine Beziehung zu ihm teilt, daß er vom Zusammenhang und der Verflochtenheit des Lebendigen weiß und von der Stellung des einzelnen Elements in diesem von Bedeutung und Beziehung strukturierten Kosmos. Nur so versteht man die Rätsel, und so schaffen sie nicht Trennungen, sondern Bündnisse und Solidarität.

In der Rätselfrage, die festzustellen sucht, ob der andere ein Verwandter im Verstehen und in der Erfahrung ist, ob er "dazugehört" oder nicht, ist jedoch ein Rest der Initiationsfrage geblieben. Zugleich liegt darin aber auch der Grund ihres sozialen Wesens im Sinn der Herstellung von Gemeinschaft. In den geselligen Runden, in denen die Rätsel, solange sie tatsächlich im Gebrauch lebendig waren, reihum gestellt wurden und eines das andere auslöste, ähnlich wie es beim Witzeerzählen geschieht, fragen sie nicht so sehr nach dem Wissen des anderen als danach, ob er ähnlich unsicher und unwissend ist, ob er unter ähnlichem Druck steht. Die Rätsel werden zu Möglichkeiten eines Handelns - sie erproben, stellvertretend und en miniature, in einem geschützten und dennoch nicht unverbindlichen Raum, Wege des Denkens, des Darstellens, Annäherungen an noch Ungewisses und einen Umgang mit ihm. Darin haben sie ihre Funktion.

5. Erkenntnis der Rätsel

Die Rätsel haben sich als eigentümliche Formen der Sprache und des Denkens erhalten, weil sie, wenn sie gut sind, auf etwas treffen, was ohne sie so nicht erkennbar wird, weil sie Formen eines Erkennens sind. Und gut sind sie, als Rätsel, nur dann, wenn sie etwas zu erkennen geben, Erkenntnisformen sind.

Das ist einfach gesagt und verhältnismäßig einfach am Beispiel eines Rätsel zu zeigen; schwer ist es in einer allgemeinen und begrifflichen Weise zusammenzufassen. Die Erkenntnis, die die Rätsel ermöglichen, fällt nicht ineins mit dem Benennenkönnen des Gegenstands der Auflösung. Das Rätsel ist erst dann gelöst, wenn man es versteht, d.h. wenn man seinen Weg nachgegangen ist und seine Perspektive teilt. Die Lösung eines Rätsel findet man jedoch nicht durch ein Denken in logisch-linearen Schritten; da scheitert man sehr rasch. Die Lösung geht eher schlagartig auf - als ein plötzliches Treffen des Gemeinten, das sich erhellt, wenn man selbst getroffen ist von ihm, wenn sich eine Beziehung hergestellt hat. Und sie ist als Lösung nicht zwingend, nicht beweisbar; der Weg, der zu ihr geführt hat, kann nicht in umgekehrter Weise noch einmal gemacht werden. Die Erkenntnis der Rätsel ist nicht objektiv, wie sie nicht nur Erkenntnis des Geistes ist, sondern eine auch der Imagination, der Empfindung, der Anteilnahme, der Erinnerung - vieler "unreiner" Organe des menschlichen Erkenntnisvermögens. Sie ist, weiter, als Erkenntnis nicht unabhängig von der Zeit - sie ist aus einem Moment entsprungen, muß diesen nicht überdauern; sie ist nicht abzulösen von dem, woraus sie entstanden ist. Sie ist Erkenntnis auf Rätselart: "Was wir gefangen haben, warfen wir fort und was wir nicht gefangen haben, bringen wir nach Hause."

Das rückt sie vom Mythos ab. Wo dieser die Rückbindung an den Ursprung sucht und alles Entsprungene einreihen möchte in den vom Ursprung sich herschreibenden Zusammenhang, da lösen die Rätsel das Einzelne heraus aus den Zusammenhängen, die ihm fremd sind, aus dem Rahmen der Identifikation. Sie verüben Anschläge auf die Subsumtionslogik, legen die Dinge selbst ein wenig frei und suchen sie zum Sprechen zu bringen. Darauf deutet äußerlich die Tatsache hin, daß sich der Gegenstand in den Rätseln häufig in der "Ich"-Form selbst vorstellt. Die Rätsel machen die Gegenstände radikal zu einzelnen und rücken sie dann in ganz andere, neue Beziehungen. Das Rätsel vom Kachelofen, "Es steht ein Großvater in der Ecke,/ wer reinkommt, streichelt ihn."[436], ist dafür ein Beispiel.

Ein weiteres Moment in der Erkenntis der Rätsel ist ihre Verknüpfung mit Krisenmomenten und mit Angst. An ihren Ursprüngen gehörten die Rätsel zu den Ritualen der Einweihung, aber auch in späterer Zeit wurden sie oft gestellt bei den

Zusammenkünften der Menschen aus Anlaß von Geburten, Begräbnissen, Hochzeiten, bei der Aussaat oder Ernte. Anlässe dieser Art ließen Fragen besonders lebendig werden, die in den Rätseln ihren Ausdruck fanden, in ihnen sich artikulieren und in einer größeren Gemeinschaft vertrauter Personen Antworten suchen konnten. Die Erkennntis der Rätsel richtet sich auf die grundlegenden Fragen nach dem Leben, der Lust, dem Tod, nach Werden und Vergehen des Lebens, nach dem Zusammenhang des Seienden, der Einheit der Natur, nach dem Sinn und dem Recht des Einzelnen im Ganzen und in der Geschichte. Fragen dieser Art kann ein Einzelner normalerweise nicht denken und stellen, kann vor allem aber keine Antworten finden, weil die Fragen so beschaffen sind, daß sie immer den Einzelnen in seinem Verhältnis zum Ganzen und damit auch das Schicksal des Ganzen betreffen. In der Form der Rätsel, d.h im Schutz einer nicht offenen, nicht direkten Sprechweise, und im Schutz einer stellvertretenden Gemeinschaft ist allenfalls ein solches Fragen und Antwortensuchen möglich. Darum ist ein Rätsel nur als eine soziale Form des Sprechens zu realisieren, ist nur so wirklich wirksam.

Zu dem Zug, im Schutz einer Gruppe von Gleichen Vorstöße zu wagen in Gebiete, die ansonsten ohne Angst nicht zu betreten sind, tritt im Inneren der Rätsel ein anarchischer Zug ihrer Erkenntis. Gegen die Hierarchien und Ordnungen, die die Vernunftherrschaft über allen Phänomenen der Wahrnehmung errichtet hat, spricht aus den Rätseln ein Impuls der Nichtfestgelegtheit, der ständigen prinzipiellen Umkehrbarkeit aller Verhältnisse - und ihrer tatsächlichen Umkehrung. In der Erkenntnis der Rätsel ist ein Stachel gegen alle scheinbar naturhafte Über- und Unterordnung deutlich - als die andere Seite eines grundsätzlichen Sympathiedenkens, einer Beziehung eines jeden mit jedem, aber auch als ein Refus gegen das, was der Erfahrung eines sogenannten 'einfachen Volks' immer schon diffus suspekt war: das Für-Natürlich-Ausgeben dessen, was einigen wenigen nützte. Ganz direkt ist davon etwas ausgedrückt in einem Rätsel wie dem "Erst steckte ich in meinem Herrn,/ Nun steckt mein Herr in mir"[437]; nicht weniger erstaunlich und mächtig der Impuls der Umkehrung, des Umsturzes fast, in dem "Der Haken hängt am Fleisch"[438] oder dem Straßburger "Ein frag. Ob der hundt am schwantz hangt oder der schwantz am hund."[439] Wie sehr uns allen "genus proximum" und "differentia specifica", Substanz und Akzidenz, Substantiv und Attribut und die verwandten Ordnungsmuster als ein quasi Natürliches in "Fleisch und Blut" übergegangen sind, merkt man vielleicht am besten an der Wirkung gerade dieses letzten Rätsels. Es erscheint als restloser Unsinn, verrückt - alle Maßstäbe sind ja auch ver-rückt, besser, sind fortgenommen. Und gerade um diesen Zustand ohne jegliche Vorgaben der Zuordnung, der Über- und Unterordnung, des Wesentlichen und des Unwesentlichen, scheint es diesem Rätsel zu gehen. Es geht ihm nicht um die Antwort - die ist keine wirkliche, sondern feixt gleichsam nur über der Ratlosigkeit der Ratenden und erteilt ihr dennoch einen Bescheid. In dem Rätsel geht es um einen demonstrativen Akt: um die Herstellung eines Moments der Anarchie. Daß für einen Augenblick tatsächliche Verwirrung herrscht, tatsächlich das Gefühl, nicht zu wissen, 'ob so herum oder anders herum' die Erde sich dreht, darum geht es in diesem Rätsel. In einem zweiten Schritt, für die Erkenntnis der Rätsel, bedeutet das, in einem Beispiel, wiederum "en miniature", eine nicht selektive, nicht vorab ordnende Wahrnehmung und Erkenntnis zu erproben. Die Hoffnung ist dabei vielleicht mit im Spiel, der Selbstverständlichkeit und Selbstgewißheit der herrschaftlichen Vernunft auf diesen Weise einen kleinen Riß beizubringen und damit vielleicht ein Eingedenken dessen, was anders ist.

B. Ergebnisse und Fragen

Für die Rätsel und ihre begriffliche Behandlung gilt in umgekehrter Weise das Rätsel vom Weg: nach vorne wirds länger, nach hinten kürzer. Es zeigen sich, je mehr man in ihr Denken und Sprechen vorzudringen sucht, immer mehr Wege, Inhalte, Formen. Das zurückgelegte Wegstück verkürzt sich, je länger man sich auf dem Weg befindet. Das mag nichts Spezifisches der Rätsel sein, sondern jeder eingehenden Untersuchung anhaften. In den Rätseln ist es jedoch immer wieder seltsam, daß in den kleinen Formen etwas vorgezeichnet und enthalten ist, dessen man mit den Anstrengungen des Begriffs immer nur unzureichend Herr werden kann. Auch das Wissen darum, daß eben dieses "Herr-Werden-Wollen" das Übel ist, hilft wenig.
Die Erkenntnis der Rätsel ist eine, die sich gleichermaßen an die Formen wie an die Inhalte der bestimmten Rätsel knüpft. Sie ist zu einem wesentlichen Teil Form eines Formlosen, Annäherungsform an etwas, was ansonsten von Angst verstellt ist. Gegen dieses verstellen sich die Rätsel und suchen vorzudringen in das, was sie bedrängt. Ihre Erkenntnis ist keine begriffliche, deduktive, und keine ästhetische, sie ist schon gar nicht Offenbarung. Sie entspringt aus der Teilnahme des Subjekts der Erkenntnis am Gegenstand der Erkenntnis, aus Vermischung und Korrespondenz. Die Rätsel können verstanden werden, wenn sie in ihrem Gegenüber auf ein korrespondierendes Element stoßen, auf eine ähnliche Form der Wahrnehmung und der Erfahrung. Das, was sie an Erkennntis in sich einschließen, wird angestoßen durch Spannung - Spannung durch Widerstand, Widerspruch, Paradoxie, durch Provokation und Vrfremdung, durch Aufhebung von Automatismen und scheinbaren Selbstverständlichkeiten, durch Sinnliches, durch Undenkbares. Was sich in den Sprach- und Erkenntnisformen der Rätsel immer wieder präsentiert als etwas, das "nicht geht" und das sich zugleich, ebenfalls durch die Form der Rätsel, präsentiert als et-

was, das dennoch "gehen muß", denn es gibt ja eine Auflösung des Rätsels, ist die Weigerung, die Trennungen mitzuvollziehen, die das normale Sprechen und Denken vollzogen hat. In den Formen der Rätsel sind die getrennten Pole der Rationalität und der Mimesis, des Ausgesprochenen und des Unausgesprochenen zusammengebunden. Ihre Formen sind Sprachformen nicht als ein System aus Lauten zum Zweck der Verständigung, sondern als Medium von Erfahrung und von Handeln. Sie dienen als Brücken zu Gegenständen der Erfahrung, zu denen man anders nicht gelangen kann.

Es bleibt die Frage bestehen, ob die Rätsel über eine andere Rationalität verfügen als die der normalen, kommunikativen Sprache. Um eine Antwort darauf zu versuchen, ist ein Umweg nötig. Die angeführten Rätsel wurden alle darum angeführt, weil sie über den Reiz eines Nichtausgestandenen, Lebendigen verfügen, der sie schön macht. Für diese Rätsel gilt, daß ihre Schönheit eine solche ist, wie sie der französische Essayist und Philosoph Emile Chartier in einem unscheinbaren Satz definiert: "Ein Gegenstand ist vor allem schön, wenn er an einen anderen erinnert." Hier scheint ein Schlüssel zur Beantwortung der Schlußfrage nach der anderen Rationalität zu liegen. Die Rätsel vefügen über nichts Apartes, sie sind keine Zaubersprüche - weder in dem Sinn, daß sie magische Kraft besäßen noch in dem gegenteiligen, daß sie einer anderen, nicht entfremdeten Rationalität mächtig wären. Sie können lediglich den Menschen dazu verhelfen, ihrer eigenen Erfahrung ein wenig näherzukommen und diese so zu bewältigen. Darüberhinaus ist in ihren Sprach- und Erkenntnisformen etwas festgehalten und ausgedrückt, was daran erinnert, daß es eine andere, mehr als die eine, auf Trennungen und Ausschluß beruhende Rationalität geben mag. Sie erinnern daran - nicht in dem Sinn der Erinnerung an ein jemals schon Besessenes, eher in dem einer Erinnerung eines Nochniegewesenen. Und dieses Vermögen der Rätsel, gelegentlich die Spur einer solchen Erinnerung zu bewirken, ist ein wirkliches, erfahrbares.

1 Cf. Johan Huizinga, Homo ludens. Vom Ursprung der Kultur im Spiel. Hamburg 1972, 11. Aufl. 1972. p. 8.

2 Cf. dagegen Klaus Heinrich, tertium datur. Eine religionsphilosphische Einführung in die Logik. Frankfurt 1981.

3 Wolfgang Schultz, Rätsel. in: Pauly's Realencyclopädie der classischen Altertumswissenschaft, 2. Reihe, 1. Halbband, Stuttgart 1914, Sp. 62-125.

4 Archer Taylor, The literary Riddle before 1600. Berkeley and Los Angeles 1948.

5 Cf. dazu die bibliographischen Angaben am Schluß.

6 Der kleine Pauly. Lexikon der Antike in fünf Bänden. Auf der Grundlage von Pauly's Realencyclopädie der classischen Altertumswissenschaft unter Mitwirkung zahlreicher Fachgelehrter bearbeitet und herausgegeben von Konrat Ziegler, Walther Sontheimer und Hans Gärtner. München 1979, Band 4, Sp. 1334.

7 Eine eigene monographische Untersuchung dieser Sammlung liefert die 1928 in Philadelphia erschienene Dissertation von R. T. Ohl. Aber auch noch zwanzig Jahre später ist die Frage nach der Sammlung des Symphosius offen und Georg Baesecke gibt in seiner Untersuchung über "Das lateinisch-althochdeutsche Reimgebet (Carmen ad Deum) und das Rätsel vom Vogel federlos", Berlin 1948, ganz umstandslos zu, daß "wir nicht einmal das Jahrhundert des Symphosius wissen" und nur vermuten können, daß "die Sammlung gegen Ende der Vandalenherrschaft in Afrika entstanden" ist und ihr Verfasser ein "scolasticus" war.

8 Der kleine Pauly, a.a.O., Band 4, Sp. 1334.

9 Cf. Ernst Robert Curtius, Europäische Literatur und lateinisches Mittelalter. Bern 1948, 9. Aufl., 1978, p. 190.

10 Beliebtheit und Verbreitung der Rätsel gerade im kirchlichen Zusammenhang belegt und illustriert u. a. die Untersuchung von Elfriede Moser-Rath über "Rätselzeugnisse in barocken Predigtwerken".(Cf. genauer die bibliographischen Angaben am Schluß der Arbeit.)

11 Gustav Ehrismann, Geschichte der deutschen Literatur bis zum Ausgang des Mittelalters. 2 Teile in 4 Bänden, München (2. Aufl.) 1927-1935, Neudruck München 1954/1955. Teil I, 1. Band, pp. 55f.

12 Cf. die zitierten Untersuchungen von Georg Baesecke, Robert Petsch, Ludwig Uhland und Andreas Heusler.

13 Cf. dazu Grimmsches Wörterbuch, Stichwort Rätsel, Sp. 194-195. Cf. dazu ebenfalls Mathilde Hain, Rätsel. Stuttgart 1966, p. 4.

14 Andreas Heusler, Die altnordischen Rätsel, in: Zeitschrift des Vereins für Volkskunde, 11. Jahrgang (1901), pp.117-149, hier p. 117.

15 Die Tatsache, daß es sich in beiden Fällen um die gleiche Frage handelt, legt die Vermutung nahe, daß es sich um eine Übernahme handelt. Diese Hypothese wird aber durch A. Heusler entschieden negativ beschieden aufgrund des stark abweichenden Wortlauts. Er macht allerdings zugleich deutlich, daß "das Thema 'Odins Worte an den toten Baldr' traditionell" und "die unlösbare Frage par excellence" war. Cf. ebd., p. 126.

16 Eine gewisse Uneinigkeit herrscht unter den Kommentatoren über die Frage, ob die insgesamt 36 Rätsel der Hervarar-Saga "alle nicht ... aus lateinischen Quellen, sondern aus isländischer Volksüberlieferung

entnommen sind", wie K. S. in Band 6 von "Kindlers Literatur Lexikon, Sp. 4402 behauptet, oder ob "diese Rätsel Verwandte in fremden Literaturen (z. B. in der altenglischen und im späteren Volksrätsel)" haben, wie Mathilde Hain, unter Berufung auf Karl Müllenhoff und Ludwig Uhland, meint - und altenglische Verwandte würden Verbindungen zu den lateinischen Quellen sehr wahrscheinlich machen. Andreas Heusler, der in seiner ausführlichen Untersuchung der "Altnordischen Rätsel" dieser Frage genau und anhand von Textvergleichen nachgeht, hebt hervor, daß beide überlieferten Fassungen der Saga "aus selbständiger mündlicher Überlieferung geschöpft" haben. a.a.O., p. 118.

17 Cf. hier die genauere Darstellung sowie weiterführende Literaturangaben bei Mathilde Hain, a.a.O., pp. 7 ff.

18 Cf. hier zum Beispiel das Rätsel mit der Anm. 319.

19 Cf. zu dieser Frage Hermann Bausinger, Formen der Volkspoesie, Berlin 1968, 2., verbesserte und vermehrte Auflage 1980, pp. 125 ff., bes. pp. 126-7, oder auch, sehr einleuchtend und plastisch, die exemplarische Erörterung dieser Frage bei Volker Schupp, Deutsches Rätselbuch, Stuttgart 1972, pp. 370-387. Schupp endigt seine Ausführungen mit folgenden Worten:"Das Läuse-Rätsel, das ja schon Homer das Leben gekostet hatte, kannte schon Heraklit, es steht u. a. in den Vitae Homeri, im Gelehrtengastmahl des Athenaios (3. Jahrhundert n. Chr.) und kommt mit Bild im 'Hause der griechischen Distichen' zu Pompeji vor; von Symphosius geht es in Alkuins Disputatio über, mehrfach tritt es lateinisch und deutsch in mittelalterlichen Handschriften auf, dann kennt es der Neulateiner Lorichius Hadamarius. Wenn es schließlich von Wossidlo als mecklenburgisches und von Rocholz als alemannisches Dialekträtsel aufgenommen wird, ist es dann ein Volksrätsel oder nicht?" ebd., p. 380.

20 Cf. zu diesen Rätseln Fritz Loewenthal, Studien zum germanischen Rätsel. Heidelberg 1914., M. Hain, a.a.O., pp. 11-18 und die gründliche und instruktive Übersichtsdarstellung von Volker Schupp im Nachwort zu seinem "Deutschen Rätselbuch", a.a.O., pp. 365 ff., hier bes. 387-391.

21 Schupp,a.a.O., p. 389.

22 Dresden 1860, Neudruck Wiesbaden 1969

23 cf. V. Schupp, a.a.O., p. 437.

24 Mit diesem Rätsel wird sich später noch ausführlich zu befassen sein. Für die Frage nach der Herkunft, ob aus dem Deutschen, wie Uhland und Heusler meinen, aus dem Lateinischen, wie Petsch entgegenhält oder aus dem Angelsächsischen, wie Baesecke nachzuweisen sucht, oder aus noch ganz anderen und entfernteren Zusammenhängen, soll hier nur auf die dazu vorhandenen philologischen Einzeluntersuchungen verwiesen werden, d.h. auf: Georg Baesecke, Das lateinisch-althochdeutsche Reimgebet (Carmen ad Deum) und das Rätsel vom Vogel federlos, Berlin 1948; auf Andreas Heusler, Das Rätsel vom Vogel federlos, in: Schweizerisches Archiv für Volkskunde, 24. Band, Basel 1923, pp. 119 ff. sowie auf die direkte Entgegnung auf diesen Beitrag in der folgenden Nummer derselben Zeitschrift: Adolf Jacoby, Das Rätsel vom Vogel federlos, ebd. 25. Band, Basel 1925, pp. 291 ff - und er führt zudem noch eine serbische Quelle an sowie die eines koptischen Hexenmeisters; auf Arno Schmidt, Die Reichenauer Rätsel. in: Zeitschrift für Deutsches Altertum, hg. von E. Schröder und A. Hübner, 73. Band, Berlin 1936, pp. 197-200; auf Robert Petsch, Rätselstudien. I: Zu den Reichenauer Rätseln, Beiträge zur Geschichte der deutschen Sprache und Literatur 41, 1915, pp. 332-346; auf die große

Überblicksdarstellung mit ihrer schier endlosen Zahl von Varianten und Nachweisen zur Textgestalt von Antti Aarne, "Vogel federlos", Folklore Fellows Communications 28, Helsinki 1920.

25 zit. nach V. Schupp, a.a.O., p. 409.

26 M. Hain, a.a.O., p. 24.

27 a.a.O., p. 19.

28 V. Schupp, a.a.O., p. 409.

29 a.a.O., p. 406.

30 a.a.O., p. 409.

31 Cf. P. Feit, Christian Gryphius' Rätselweisheit. Ein Beitrag zur Geschichte der Schuldramen in Schlesien, in: Zeitschrift des Vereins für die Geschichte Schlesiens 41 (1907), pp. 241-271.

32 Georg Philipp Harsdörffer, Frauenzimmer Gesprächspiele, hrsg. von I. Böttcher, Teil 1, Tübingen 1968, pp. 186 f.

33 J. Chr. Gottsched, Versuch einer Critischen Dichtkunst, Leipzig 4. Aufl. 1751, Neudruck Darmstadt 1962, p. 795.

34 zit. bei V. Schupp, a.a.O., p. 417.

35 Georg Wilhelm Friedrich Hegel, Ästhetik. Hrsg. von F. Bassenge, 2 Bände, 2. Aufl. Frankfurt a. Main o. J., 1. Band p. 386.

36 zit. bei V. Schupp, a.a.O., p. 126; dort im übrigen eine reichhaltige systematische Sammlung von (Volks- und Kunst)-Rätseltexten von den Anfängen bis zur Gegenwart.

37 ebd., pp. 141-142.

38 alle zit. bei V. Schupp, a.a.O., pp. 133 und 134.

39 Bruno Arbeiter, Rätsel deutscher Dichter. Potsdam 1939, p. 7.

40 Karl Simrock, Das deutsche Räthselbuch. Erstausgabe 1850, neu herausgegeben von H. Göbel, Dortmund 1979, p. 108.

41 Richard Wossidlo, Mecklenburgische Volksüberlieferungen. Im Auftrage des Vereins für mecklenburgische Geschichte und Altertumskunde, gesammelt und herausgegeben von Richard Wossidlo. Erster Band: Rätsel. Wismar 1897, Vorwort p. IV.

42 Cf. zum Thema selbst sowie zu weiterführender Literatur H. Bausinger, Formen der "Volkspoesie", bes. das Kap. I, das mit dem Unterkapitel "Die Erfindung der 'Volkspoesie'" beginnt. Berlin 2. Aufl. 1980, bes. pp. 11-69.

43 Friedrich Panzer, Vorwort zur Ausgabe der Kinder- und Hausmärchen der Brüder Grimm, Wiesbaden o. J., p. 7.

44 ebd.

45 ebd. p. 9.

46 Cf. dazu beispielsweise die von solchen Problemen unbelastete Volkskunde- und Folklore-Tradition in Italien, etwa bei Giuseppe Cocchiara, Storia del Folklore in Europa, Turin 1977.

47 H. Bausinger, Rätselfragen. in: Rheinisches Jahrbuch für Volkskunde. 17./18. Jg. (1966/67), pp. 48-70, hier pp. 52-53.

48 Adolf Jacoby, Zum Rätsel vom Vogel federlos. in: Schweizerisches Archiv für Volkskunde, Basel, 25. Band (1925), pp. 291-298, hier p. 297-298.

49 O. Sutermeister, Ein Wort über das Räthsel und Räthselmachen. in: Deutsche Jugend. Vierzehnter Band. Leipzig 1879, pp. 187f., zit. bei H.

Göbels, Nachwort zu K. Simrock, Das deutsche Räthselbuch, Neudruck Dortmund 1979, p. 179.

50 zit. nach V. Schupp, a.a.O., p. 162.

51 Sämmtliche Werke, hrsg. von B. Suphan, Bd. XII, Berlin 1880, p. 192.

52 Cf. dazu speziell die Untersuchung von T. J. Elizarenkova/V. Toporov, Zum vedischen Rätsel des Typs BRAHMODYA, in: W. Eismann, P. Grzybek (Hg.), Semiotische Studien zum Rätsel. Simple Forms Reconsidered II. Bochumer Beiträge zur Semiotik 7, Bochum 1987, pp. 39-73.

53 a.a.O., p. 378.

54 L. Schmidt, Die Volkserzählung, Berlin 1963, p. 21.

55 Hermann Bausinger, Rätsel-Fragen. in: Rheinisches Jahrbuch für Volkskunde, 17./18. Jg 1966/67, p. 48.

56 Archer Taylor, Characteristics of German Folklore Studies, in: Journal of American Folklore, Vol. 74 (1961), pp. 293-301, hier p. 301, Anm. 23. Allgemeiner noch, d.h. nicht nur auf Deutschland beschränkt, aber im selben Sinne ebenfalls in A. Taylor, Problems in the Study of Riddles, Southern Folklore Quarterly, II (1938), p.3.

57 Cf. dazu hier die Anmerkung 124.

58 Beide Beispiele zit. nach V. Schupp, Deutsches Rätselbuch, a.a.O., Volksrätsel aus Mecklenburg, p. 17, Nr. 2.

59 In: Journal of American Folklore, Vol. 76 (1963), pp. 11-118.

60 Robert Petsch, Spruchdichtung des Volkes. Vor-und Frühformen der Volksdichtung. Halle 1938.

61 Hg. von K. Weinhold, 11. Jahrgang, 1901, pp. 117-149.

62 a.a.O., p. 126.

63 a.a.O., p. 144.

64 a.a.O., p. 148.

65 Antti Aarne, Vergleichende Rätselforschungen. 3 Bände. Folklore Fellows Communications 26-28. Helsinki 1918-1920, Bd. 1, p. 3.

66 Folklore Fellows Communications 126.

67 Cf. hier Hermann Bausinger, Formen der Volkspoesie, Berlin 1968, 2. verm. und verbess. Auflage 1980, bes. pp. 55-69; Kurt Ranke, Einfache Formen. in: Fischer Lexikon Literatur, 2. Bd. 1965, pp. 184 ff.; ders., Einfache Formen. in: Internationaler Kongreß der Volkserzählungsforscher in Kiel und Kopenhagen. Vorträge und Referate. Berlin 1961, pp. 1-11; Wolfgang Mohr, Einfache Formen. in: RL. 1. Bd., 2. Aufl. 1958, pp. 321-328.

68 Archer Taylor, A Bibliography of Riddles. FFC 126, Helsinki 1939, p. 10.

69 Hermann Bausinger, Rätsel-Fragen, a.a.O., p. 50.

70 ders., Formen der Volkspoesie, a.a.O., p. 56.

71 André Jolles, Einfache Formen, Halle 1929, p. VI.

72 ebd.

73 ebd., p. 222.

74 ebd., p. 225.

75 ebd., p. 6.

76 ebd., p. 7.

77 ebd., p. 10.

78 ebd., p. 238.

79 ebd., p. 240.
80 ebd., p. 129.
81 ebd., p. 23.
82 ebd., p. 45.
83 ebd., p. 44.
84 ebd.
85 ebd.
86 ebd., p. 77.
87 ebd., pp. 245-246.
88 ebd., pp. 141-142.
89 ebd., p. 45.
90 ebd., p. 133.
91 ebd., p. 140.
92 ebd., p. 145.
93 ebd., p. 147.
94 ebd., p. 6.
95 ebd., p. 41.
96 zit. nach Hermann Bausinger, Formen der Volkspoesie, a.a.O., p. 62.
97 Jurij Striedter, Russischer Formalismus, München 3. Aufl., 1981, p. LV.
98 ebd., p. LVI.
99 ebd.
100 ebd.
101 in: Southern Folklore Quarterly II.(1938).
102 in: California Folklore Quarterly, II.(1943), p.129-147.
103 Riddles among the North American Indians, in: Journal of American Folklore, Washington, vol. 57 (1944), pp. 1-15.
104 English Riddles from Oral Tradition. Berkeley and Los Angeles 1951.
105 Archer Taylor, The Riddle, a.a.O., p. 130. Übersetzung CS.
106 a.a.O., p. 113. Übersetzung CS.
107 Kommentierend und ergänzend zu den Ausführungen von Georges/Dundes cf. Charles T. Scott, Persian and Arabic riddles: a language-centred approach to genre definition. International Journal of American Linguistics. 31, The Hague 1965.
108 Zur Bibliographie cf. insbesondere bei David Evans, Riddling and the Structure of Context, in: Jounal of American Folklore, Washington, vol. 89 (1976), pp. 166-188, bes. pp. 167-168, Anm.6.
109 ebd.
110 ebd., pp. 139-165.
111 Solutions to Riddles, in: Journal of American Folklore, ebd. pp. 249-254.
112 Ambiguity, classification and change: the function of riddles. in: MAN. Journal of the Royal Anthropological Society, N.S. 2 (1967), pp. 379-392.
113 ebd., pp. 381-382.
114 Ian Hamnett, Ambiguity, Classification and Change: The Function of Riddles. in: MAN. Journal of the Royal Anthropological Society. N. S. 2 (1967), pp. 379-392, hier p. 381.
115 in: Structural Analysis of Oral Tradition. ed. by Pierre Maranda and Elli Köngäs Maranda, University of Pennsylvania Press, Philadelphia, pp. 189-232.

116 Jornal of American Folklore, Washington, vol. 89 (1976), pp. 127-137.

117 Ohio State University Press, Columbus 1984.

118 erschienen in Western Folklore XXXVIII (1979), No. 1, pp. 3-20, California Folklore Society.

119 Riddles and Riddling, in: Journal of American Folklore, Washington, vol. 89 (1976), p. 129.

120 ebd.

121 Elli Köngäs Maranda, The Logic of Riddles. Structural Analysis of Oral Tradition, edited by Pierre Maranda and Elli Köngäs Maranda. University of Pennsylvania Press, Philadelphia 1971. University of Pennsylvania Pubblications in Folklore and Folklife 3.

122 "... I am convinced that whatever other functions riddles and riddling may have in various cultures, there is a basic, perhaps universal function, which is cognitive.", Elli Köngäs Maranda, Riddles and Riddling, a.a.O., p. 131.

123 ebd.

124 Das sog. "Ilo-Rätsel" ist die bekannteste Form eines "Halslösungsrätsels", wie es von Robert Petsch in seinen "Neuen Beiträgen zur Kenntnis des Volksrätsels", Berlin 1899, bezeichnet wird. Das "Ilo-Rätsel" lautet in der verbreitetsten Fassung, hier zitiert nach V. Schupp, a.a.O., p. 2o: "Auf Ilo geh ich,/ auf Ilo steh ich,/ auf Ilo bin ich hübsch und fein,/ rat't, meine Herren, was soll das sein." In diesem und ähnlichen Rätseln wird ein individuelles Erlebnis in einer verrätselten Form dargestellt (-in diesem Fall, daß das Hündchen Ilo auf dem Weg zum vereinbarten Treffpunkt gestorben ist und aus seinem Fell die Schuhe gemacht wurden, auf denen der Rätselsteller nun "geht" und "steht"-) und soll von einem anderen geraten werden. In der Regel ist an die Lösung des Rätsels die Errettung von einer Strafe, meist von der Todesstrafe, geknüpft, weshalb diese Rätselform "Halslösungsrätsel" genannt wird.

125 Das kleine Rätselbuch. Hg. von Kurt Brzoska, Leipzig o.J. (1936; 1957),Insel-Bücherei Nr. 494 n° 153.

126 München 1987.

127 a.a.O., p. 87. Eigenartigerweise erscheint gerade dieser kurze Passus in der Verlagsankündigung und im Klappentext des Buches selbst beide Male in einer auffallend anderen Übersetzung. Wichtig ist dabei vor allem, daß der Begriff der "Vorstellung" aus dem Buch in den beiden anderen Versionen mit "Darstellung" wiedergegeben wird, was gerade für unser Interesse von Bedeutung ist. Dort lautet der fragliche Passus übereinstimmend: "Wahrheit wird nur dort angemessen erfaßt, ..., wo" - und hier beginnt erst das direkte Zitat aus Agambens Text im Klappentext des Buches - "'ihre Darstellung kurz vor ihrer Entdeckung innehält, und nur die Darstellung ist wahr, die den Abstand, der sie von der Wahrheit trennt, angibt.'"

128 Cf. beispielsweise N. F. Barley, Structural Aspects of the Anglo-Saxon Riddle, in: Semiotica (10) 1974, pp. 143-175, hier bes. die ersten Seiten.

129 Lutz Röhrich, Gebärde - Metapher - Parodie. Studien zur Sprache und Volksdichtung. Düsseldorf 1967, hier bes. pp. 92 ff.

130 W. Eismann/ P. Grzybek (Hg.), Semiotische Studien zum Rätsel. Simple Forms Reconsidered II. Bochumer Beiträge zur Semiotik 7. Bochum 1987, hier pp. 1-37.

131 a.a.O., p. 16.

132 zit. nach V. Schupp, a.a.O., p. 162, aus: "Schleiermacher's Räthsel und Charaden", Berlin 1874.

133 a.a.O., p. 342.

134 G. Agamben, a.a.O., rückseitiger Buchumschlag.

135 Th. A. Green/ W. J. Pepicello, The Folk Riddle: A Redefinition of Terms. in: Western Folklore XXXVIII (1979), No. 1, pp. 3-20, hier p. 13.

136 Cf. Th. A. Green/ W. J. Pepicello, The Folk Riddle ..., ebd. p. 12.

137 "conventional performance", ebd.,p. 143.

138 Gregory Bateson, Steps to an Ecology of Mind, New York 1972.

139 a.a.O.,p. 8.

140 W. J. Pepicello/ Th.Green, The language of riddles. New Perspectives. Ohio State University Press. Columbus 1984. p. 11.

141 "... means must be understood as fully as possible" a.a.O., p. 76.

142 "... we contend that the form must be understood first as linguistic play before speculation on the genre as phenomenology in a new key can be productive." a.a.O., p. 77.

143 a.a.O., p. 14.

144 Walter Benjamin, Der Erzähler. in: Illuminationen. Ausgewählte Schriften. Frankfurt 1977, p. 397.

145 ders., Über die Sprache überhaupt und über die Sprache des Menschen, in: Angelus Novus. Ausgewählte Schriften 2. Frankfurt 1966, p. 11.

146 Pepicello/Green, The language of riddles, a.a.O., p. 144.

147 ebd.

148 "not unique in this regard", ebd.

149 Zu diesem Letzteren verweisen die Autoren auf einen gesonderten Aufsatz: "Sight and Spelling Riddles.", in: Journal of American Folklore (93), 1983, pp. 23-34.

150 The Folk Riddle: A Redefinition ..., a.a.O., p. 14.

151 Deutsche Volksdichtung. Eine Einführung. Hg. von einem Autorenkollektiv unter Leitung von Hermann Strobach - von dem die hier zitierten Passagen stammen -,Leipzig 1987, pp. 81-82.

152 a.a.O., pp. 259-260.

153 a.a.O., p. 397, Anm. 11.

154 Wolfgang Eismann/ Peter Grzybek (Hg.), Semiotische Studien zum Rätsel. Simple Forms Reconsidered II. Bochumer Beiträge zur Semiotik 7. Bochum 1987, p. 5.

155 Robert A. Georges/ Alan Dundes, Toward a Structural Definition of the Riddle., in: Journal of American Folklore, Washington, vol. 76 (1963), pp. 111-118, hier p. 7.

156 Peter Grzybek, Überlegungen zur semiotischen Rätselforschung. in: Wolfgang Eismann/ Peter Grzybek (Hg.), Semiotische Studien ..., a.a.O., p. 9.

157 ebd.

158 ebd., p. 31.

159 ebd., p. 32.

160 André Jolles, Einfache Formen, a.a.O., p. 129.

161 ebd., pp. 134-135.

162 Für die Auflösung und Quelle cf. hier die Anmerkung 249.

163 Peter Grzybek, Überlegungen zur semiotischen Rätselforschung, a.a.O., p. 33.

164 Russischer Formalismus. Texte zur allgemeinen Literaturtheorie und zur Theorie der Prosa. Herausgegeben und eingeleitet von Jurij Striedter, München 1981 (3. Aufl.), p. XXII.

165 Viktor Sklovskij, Die Kunst als Verfahren. in: Russischer Formalismus. Texte zur allgemeinen Literaturtheorie ..., a.a.O., p. 5.

166 ebd.

167 ebd.

168 ebd., p. 27.

169 ebd., p. 11.

170 Sigmund Freud, Der Witz und seine Beziehung zum Unbewußten. Ges. Werke Bd.VI, London 1940, 3. Aufl. 1961, p. 28.

171 ebd., p. 7.

172 ebd.

173 ebd., p. 8.

174 ebd., p. 11.

175 ebd., pp. 28-9.

176 ebd., p. 45.

177 ebd., p. 71, Fn. 1.

178 ebd., p. 101.

179 ebd., p. 110.

180 ebd., p. 111.

181 ebd., p. 113.

182 Walter Benjamin, Der Erzähler. Betrachtungen zum Werk Nikolai Lesskows. in: Illuminationen. Ausgewählte Schriften, Frankfurt 1977, p. 399.

183 ebd., p. 385.

184 Johan Huizinga, a.a.O., p. 16.

185 Walter Benjamin, Der Erzähler, a.a.O., p. 389.

186 Johan Huizinga, a.a.O., p. 17.

187 Walter Benjamin, Der Erzähler, a.a.O., p. 399.

188 ebd., p. 403.

189 ebd., p. 396.

190 Walter Benjamin, Über der Begriff der Geschichte, a.a.O., p. 260.

191 Cf. dazu die Vorbemerkung zu dieser Arbeit.

192 Cf. dazu Mathilde Hain, a.a.O., p. 29 sowie eingehender die Spezialuntersuchung von Arno Schmidt, Studien zum "Straßburger Rätselbuch". in: Deutsches Jahrbuch für Volkskunde 8, 1962, pp. 76-97.

193 A. F. Butsch, Einleitung zum "Strassburger Räthselbuch. Die erste zu Strassburg ums Jahr 1505 gedruckte deutsche Räthselsammlung." Neu herausgegeben von A. F. Butsch. Strassburg 1876, p. III.

194 ebd.

195 ebd., p. X.

196 Hugo Hayn, Die deutsche Rätsel-Litteratur. in: Centralblatt für Bibliothekswesen VII, 1890, Heft 12, pp. 516-556; hier zit. nach Mathilde Hain, a.a.O., p. 31.

197 A. F. Butsch, Einleitung ...,a.a.O., p. IV.

198 Cf. Arno Schmidt, a.a.O.

199 A. F. Butsch, Einleitung, a.a.O., p. V.

200 Mathilde Hain, a.a.O., p. 24.

201 ebd., p. 25.

202 Straßburger Räthselbuch, a.a.O., p. 9, Nr. 81.

203 Mecklenburgische Volksüberlieferungen. Im Auftrag des Vereins für mecklenburgische Geschichte und Altertumskunde, gesammelt und herausgegeben von Richard Wossidlo. Erster Band: Rätsel. Wismar 1897. Vorwort, p. VIII. Diese Sammlung wird im Weiteren nur als 'Wossidlo' zitiert.

204 ebd., p. IV.

205 ebd., p. 64.

206 ebd.

207 Straßburger Räthselbuch, a.a.O., p. VI.

208 Volker Schupp, Deutsches Rätselbuch, a.a.O.

209 "Indovinelli di ieri e di oggi", Mailand 1986.

210 "Indovinelli italiani", Florenz 1977.

211 "400 indovinelli siciliani", Ragusa 1972.

212 Cf. hier die oben zitierte Bemerkung Freuds, daß die guten Witze - und die Rätsel sind in vielem mit ihnen vergleichbar -"geradezu Probleme verbergen, richtiger: an die Lösung von Problemen streifen". S. Freud, a.a.O., p. 101.

213 Auflösung: Der Schatten. Aus: Giuseppe Pitré, Indovinelli, dubbi, scioglilingua del popolo siciliano. Gesammelt und illustriert von Giuseppe Pitré. Torino-Palermo 1897 (Biblioteca delle tradizioni popolari siciliane. vol. XX.) Diese Quelle wird im folgenden nur als "Pitré" zitiert. p. 160, n° 525.
Die deutschen Übersetzungen der zitierten italienischen Rätsel stammen alle, soweit nicht anders angegeben, von der Verfasserin.

214 Auflösung: Die Türflügel. Aus: Pitré, a.a.O., p. 198, n° 648, Übersetzung CS.

215 Auflösung: Die Kuh. Aus: Deutsches Rätselbuch, hg. von Volker Schupp, a.a.O., p. 5, n° 6. Diese Sammlung wird im Folgenden nur noch als 'Schupp' zitiert.

216 Auflösung: Die Kuh. Aus: Das Deutsche Räthselbuch, hg. von Karl Simrock, Dortmund 1979 (photomechanischer Nachdruck der Erstausgabe von 1850), Teil II, p. 6, n° 6. Diese Sammlung wird im Folgenden nur noch als 'Simrock' zitiert.

217 Auflösung: Der Mensch. Aus: Schupp, a.a.O., p. 10, n° 12.

218 Auflösung: Der Ofen. Aus: Simrock, a.a.O., Teil II, p. 11, n° 37.

219 Auflösung: Der Wassereimer. Aus: Das kleine Rätselbuch, Insel-Verlag, a.a.O., n° 181.
Dieses Rätsel ist sehr oft und in verschiedenen Sprachen belegt. Meistens erscheint es, bei gleicher Auflösung, in einer anderen Fassung, ähnlich der sizilianischen:"Wenn's runtergeht, lacht's,/ Wenn's raufkommt, weint's." (Aus: "400 indovinelli siciliani", raccolti, scelti, commentati da Carmelo Assenza, Ragusa o. J., p. 72, n° 14. Diese Sammlung wird im weiteren nur mit 'Assenza' zitiert.) Die hier zitierte Treppen-Version ist nicht nur im Sinn des tatsächlichen Vorkommens untypisch, sondern auch vom konkreten Inhalt her ungewöhnlich. Sie ist hier dennoch vorgezogen worden, weil sie in ihrer so reduzierten sprachlichen Form das Element der Opposition besonders deutlich hervortreten läßt.

220 Auflösung: Die Bodenluke. Aus: Wossidlo, a.a.O., p. 116, n° 341.

221 Auflösung: Der Rotz. Aus: Das kleine Rätselbuch, Insel-Verlag, a.a.O., n° 74.
Dieses Rätsel ist auch bei den Bantu-Völkern in Afrika bekannt. Es ist dort allerdings von Bauer und König auf Eingeborene und Europäer übertragen. Hamnett zitiert es so: "We Basotho just discard it, but the Europeans hoard it up." Die Auflösung ist gleich. cf. I. Hamnett, Ambiguity, Classification and Change: The Function of Riddles. in: "MAN" N. S. 2 ("Journal of the Royal Anthropological Society"), 1967, pp. 379-392, hier p. 388.

222 Auflösung: w.o., bei Wossidlo heißt es "de snappen", a.a.O., p. 122, n° 392.

223 Auflösung: Feuer und Rauch. Aus: a.a.O., n° 26. Auch dieses ist ein sehr weit verbreitetes Rätsel, wie Antti Aarne ausführlich dokumentiert und belegt. Cf. dazu A. Aarne, Vergleichende Rätselforschungen, a.a. O.

224 Auflösung: Der Rauch. Aus: Pitré, a.a.O., p. 92, n° 298.
Hier ist die Originalfassung weit schöner als die Übersetzung, die aufgrund der passiven Verbstruktur des deutschen 'geboren werden' und des dagegen aktiven 'sterben' etwas starr bleibt; im sizilianischen heißt das Rätsel:"Nasci 'n terra, e mori 'n cielu." ebd.

225 Auflösung: Der Schlüssel. Aus: Das kleine Rätselbuch, Insel-Verlag, a.a.O., n° 153.

226 Auflösung: Die Schnecke. Aus: a.a.O., n° 136.

227 Auflösung: Der Ohrring. Aus: Assenza, p. 58, n° 7.

228 Auflösung: Der Knopf. Aus: ebd., p. 59, n° 8.

229 Auflösung: Der Name. Aus: Das kleine Rätselbuch, Insel-Verlag, a.a.O., n° 370. Bei Wossidlo mundartlich: "Dat is mien eegen un anner lüd' bruken dat mihr as ik." a.a.O., p. 123, n° 400. Eine andere, mündlich mitgeteilte und sehr anschauliche Fassung dieses Rätsels über den Namen, der, wie der Rauch, einer der bevorzugten Rätselgegenstände ist, lautet in der deutschen Übersetzung der ursprünglich italienischen Version: "Wenn man geboren wird, hat man es nicht, und trägt es doch ein Leben lang mit sich." Mitgeteilt von Herrn Luigi Longoni, Bergamo.

230 Auflösung: Der Schatten. aus: Wossidlo, a.a.O., p. 122, n° 390. Noch knapper und schärfer die Fassung bei Pitré: "Si vidi e non si tocca." a.a.O., p. 160, n° 524, was übersetzt fast der Fassung bei Wossidlo entspricht: "Man sieht es und faßt es nicht an." Auch der Schatten gehört zu den besonders häufig verrätselten Phänomenen ebenso wie Name, Rauch und Feuer und andere.

231 Auflösung: Der Schatten. Aus: Pitré, a.a.O., p. 160, n° 525.

232 Auflösung w.o., Aus: ebd., n° 526.

233 Auflösung: w.o., Aus: Wossidlo, a.a.O., p. 120, n° 372 b.

234 Auflösung: Die Nähnadel. Aus: ebd., p. 121, n° 385 b.

235 Auflösung: Die Kartoffel. Aus: ebd., n° 385 a.

236 Auflösung: Die Rinde. Aus: ebd., p. 120, n° 375.

237 Auflösung: Die Uhr. Aus: ebd., n° 376.

238 Auflösung: Das Wurstband. Aus: ebd., p. 121, n° 386.

239 Auflösung: Das Ei. Aus: ebd., n° 384.

240 Auflösung: Das Ohr. Aus: ebd., p. 122, n° 389.

241 Auflösung: Ein Loch. Aus: ebd., n° 398.

242 Auflösung: Das Ei. Aus: Das kleine Rätselbuch, Insel-Verlag, a.a.O., n° 118.

243 Auflösung: Der Nebel. Aus: Pitré, a.a.O., p. 154, n° 503. Auch hier ist die nichtübersetzte Fassung besser, schärfer: "La viju di luntanu e di vicinu no." ebd.

244 zit. nach: dtv-Brockhaus-Lexikon, Mannheim und München 1989, Bd. 20, p. 67.

245 Auflösung: "Antwort. ein lauffendt wasser/ so das gefrewert stadt es still. ist vorhin weych unnd schwach/ wirt nun starck und hartt. sein vorhin vil tropffen oder teill. werden nun wenig unnd nür eins. so es gar uber freüwert / unnd ist doch als Wasser etc." Aus: Straßburger Räthselbuch, a.a.O., p. 7, n° 53.

246 Immanuel Kant, Kritik der reinen Vernunft. 4. Nachdruck der Ausgabe von 1956. Darmstadt 1975, p. 163.

247 ebd., pp. 163-164.

248 Walter Porzig, Das Wunder der Sprache. Probleme, Methoden und Ergebnisse der Sprachwissenschaft. Tübingen 1950, 8. Aufl. 1986, p. 18.

249 Auflösung: Der Nebel. Aus: Das kleine Rätselbuch, Insel-Verlag, a.a.O., n° 21.

250 Heraklit, Fragmente. Griechisch und deutsch hg. von B. Snell, München und Zürich 9. Auflage 1986, Fragment B 56, pp. 20-21. Zum Rätsel des Homer cf. auch G. Colli, Die Geburt der Philosophie, Frankfurt 1981, bes. pp. 57 ff.

251 zit. nach Schupp, a.a.O., p. 31. Weitere Fassungen bei R. Petsch, Neue Beiträge zur Kenntnis des Volksrätsels. Palaestra 4. Berlin 1899. Zu den Reichenauer Rätseln cf. Arno Schmidt, Die Reichenauer Rätsel, a.a.O., pp. 197-200.

252 Aus: Straßburger Räthselbuch, a.a.O., p. 17, n° 172.

253 Aus: Simrock, a.a.O., Teil I, p. 16, n° 56.

254 Auflösung: Der Ofen. Aus: Simrock, a.a.O., Teil II, p. 11, n° 37.

255 Auflösung: Der Wurstdarm. Aus: Pitré, a.a.o., p. 28, n° 86.

256 Peter Rühmkorf, agar agar - zaurzaurim. Zur Naturgeschichte des Reims und der menschlichen Anklangsnerven. Reinbek bei Hamburg 1981, p. 62 und pp. 31-2.

257 Auflösung: Die Kuh. Aus: Simrock, a.a.O., Teil II, p. 6, n° 6.

258 Auflösung: w.o., Aus: Wossidlo, a.a.O., p. 102, n° 234.

259 Auflösung: Die Kuh. Badisches Rätsel, aus: Schupp, a.a.O., p. 5, n° 6.

260 Auflösung: w.o. Aus: Italienische Volksrätsel. Gesammelt von Johannes Tschiedel, in: Zeitschrift des Vereins für Volkskunde, VI. Jg., Heft 3, Berlin 1896, pp. 276-283, hier p. 276, n° 5.

261 Auflösung: w.o. Aus: Das kleine Rätselbuch, Insel-Verlag, a.a.O., n° 96.

262 Auflösung: w.o. Rätsel aus der Schweiz, zit. nach Schupp, a.a.O., p. 8, n° 1.

263 Auflösung: w.o. Aus: Wossidlo, a.a.O., p. 80, n° 165 d.

264 A. Aarne, Vergleichende Rätselforschungen. Helsinki 1918-1920. Folklore Fellows Communications 26-8. sowie K. Müllenhoff, Nordische, englische und deutsche Rätsel, in: Zeitschrift für Deutsche Mythologie und Sittenkunde. Begründet von J. W. Wolf, hg. von W. Mannhardt, Dritter Band, Göttingen 1855, pp. 4 ff. und Archer Taylor, A Bibliography of Riddles. Helsinki 1939. Folklore Fellows Communications 126.

265 Auflösung: Der Hahn. Aus: Wossidlo, a.a.O., p. 103, n° 240.

266 Auflösung: Der Ochse. Aus: ebd., p. 102, n° 235.

267 Auflösung: Bauer, Pflug und Ochse. Aus: zit. nach Schupp, a.a.O., p. 20, im Original bei Wossidlo.

268 Auflösung: Meineid. Rätsel von Friedrich Schleiermacher, zit. bei Schupp, a.a.O., p. 162, n° 13.

269 Auflösung: Reiter und Pferd. Aus: Wossidlo, a.a.O., p. 82, n° 166.

270 Auflösung: Mädchen beim Melken. Aus: ebd., n° 167.

271 Auflösung: w.o. Aus: ebd., n° 168.

272 Auflösung: Die Windmühle. Aus: ebd., n° 169.

273 Auflösung: Das Auge. Aus: Italienische Volksrätsel, gesammelt von J. Tschiedel, a.a.O., p. 281, n° 56. Das Rätsel ist ebenfalls in Pitrés Sammlung, unter der n° 514, überliefert. Hier wurde die übersetzte Fassung Tschiedels wiedergegeben.

274 Auflösung: Roß und Reiter. Aus: Das kleine Rätselbuch, Insel-Verlag, a.a.O., n° 84.

275 Auflösung: Die Zunge. Aus: ebd., n° 65.

276 Auflösung: Der Nebel. Aus: ebd., n° 21.

277 Auflösung: Der Palmesel. Aus: Simrock, a.a.O., Teil II, p. 19, n° 89. Dasselbe Rätsel findet sich bei Pitré so: "Wurde geboren und sündigte nicht,/ betete zu Gott und wurde doch nicht erlöst." a.a.O., n° 49.

278 Der Originaltext lautet:"Nascíu e nun piccau,/ Adurau a Ddiu e 'un si sarvau." cf. Pitré, a.a.O., p. 18, n° 49.

279 W. Benjamin, Über den Begriff der Geschichte. in: Illuminationen, a.a.O., p. 252.

280 Simrock, a.a.O., Teil I, p. 41, n° 210.

281 Auflösung: Die Geige. Aus: Das kleine Rätselbuch, Insel-Verlag, a.a. O., n° 310.

282 Auflösung: Die Leiter. Aus: ebd., n° 178.

283 Auflösung: Die Erbse. Aus: Wossidlo, a.a.O., p. 108, n° 278.

284 Auflösung: Der Mensch. Hier zit. nach: Schupp, a.a.O.,p. 20, n° 23. Dort als mecklenburgisches Rätsel angeführt. Cf. zu diesem Rätsel J. B. Friedreich, Geschichte des Rätsels. Dresden 1860, Neudruck Wiesbaden 1969.

285 Der kleine Pauly. Lexikon der Antike in 5 Bänden. Auf der Grundlage von Pauly's Realencyclopädie der classischen Altertumswissenschaft unter Mitwirkung zahlreicher Fachgelehrter bearbeitet und herausgegeben von Konrat Ziegler, Walther Sontheimer und Hans Gärtner. Band 5, Sp. 308.

286 ebd.

287 Cf. dazu den Aufsatz von Dan Ben-Amos, "Solutions to riddles", in: Journal of American Folklore, Washington 1976, vol. 89, pp. 249-254.

288 Klaus Heinrich, Parmenides und Jona. Vier Studien zum Verhältnis von Philosophie und Mythologie. Frankfurt 1966, p. 49.

289 Auflösung: Der Nebel. Aus: Pitré, a.a.O., p. 154, n° 503.

290 Auflösung: Der Mensch. Rätsel aus Baden, zit. nach Schupp, a.a.O.,p. 6, n° 8.

291 Auflösung: Der Mensch. Aus: Simrock, a.a.O., Teil I, p. 66, n° 434.

292 Auflösung: Die Stangenbohne. Aus: Wossidlo, a.a.O., p. 28, n° 37.

293 Auflösung: Das Jahr. Aus: ebd., p. 27, n° 35 c.

294 Auflösung: w. o. Aus: ebd., n° 36 a.

295 Auflösung: w. o. Aus: ebd., n° 36 b.

296 Walter Porzig und André Jolles, "Rätselforschungen" in: Germanica. Eduard Sievers zum 75. Geburtstage. Halle 1925, pp. 646-660.

297 ebd., p. 647.

298 Auflösung: Der Tisch. Aus: Pitré, a.a.O., p. 249, n° 812.

299 Auflösung: Das Bett. Aus: ebd., p. 119, n° 392.

300 Die Auflösung dieses Rätsels ist hier als "Ant.", d.h. Antwort, mitgegeben. Aus: Straßburger Räthselbuch, a.a.O., pp. 18-19, n° 195.

301 Auflösung: Der Mensch. Zu diesem Rätsel kann ich leider die Quelle nicht mehr angeben; es ist hier nach dem Gedächtnis zitiert.

302 Auflösung: Stangenbohne. Aus: Wossidlo, a.a.O., p. 28, n° 38.

303 Auflösung: Gott, die Welt, die Nacht und der Wind. In der Schweiz aus dem Munde von litauischen und palästinensischen Juden aufgezeichnet. Text: I. Olsvanger, Rosinkess mit Mandlen. Aus der Volksliteratur der Ostjuden, Basel 2. Aufl. 1931, hier zit. nach Schupp, a.a.O., p. 26 und ebd. Anmerkung p. 313, wo Schupp einige jiddische Wörter erklärt. Im Anschluß hieran heißt das Rätsel übertragen: "Ein hoher Vater,/ eine breite Mutter,/ eine blinde Tochter,/ ein verrückter Schwiegersohn."

304 Ohne Auflösung. Aus: Straßburger Räthselbuch, a.a.O., p. 4, n° 20.

305 Auflösung: Die Wassermelone. Rätsel aus Pennsylvanien, zit. nach Schupp, a.a.O., p. 14, n°1.

306 Auflösung: Die Turmuhr. Aus: ebd., p. 13, n° 9.

307 Auflösung: Der menschliche Kopf. Aus: Pitré, a.a.O., pp. 256-7, n° 838.

308 Auflösung: Tag und Nacht. Aus: Wossidlo, a.a.O., p. 141, n° 498.

309 Auflösung: w.o. Aus: Pitré, a.a.O., p. 104, n° 339.

310 Auflösung: w.o. Aus: Königsheldenbuch des Firdusi, um 920 v. Chr., zit. nach K. F. Baberadt, Aus dem Irrgarten der Rätselwelt. Westermanns Monatshefte CXLVII (1929-30), pp. 613-617, hier p. 613.

311 Auflösung: Die Monate des Jahres. Aus: Arrigo Balladoro, Domande facete ed indovinelli veronesi. in: "Archivio per lo Studio delle Tradizioni Popolari", vol. XXI, p. 45, n° 40.

312 Auflösung: Der Weg. Aus: Pitré, a.a.O., p. 282, n° 912.

313 Auflösung: Tage, Monate, Jahre. Aus: Pitré', a.a. O., p. 12, n° 26. Es wäre sehr spannend, von hier ausgehend eine Gegenüberstellung dieses Rätsels mit dem so wichtigen mythologischen Motiv von Chronos, der seine Kinder verschlingt, zu unternehmen.

314 Auflösung: Das Heute. Aus: Das kleine Rätselbuch, Insel-Verlag, a.a.O., n° 37.

315 Auflösung: Die Wochentage. Aus: Pitré, a.a.O., p. 104, n° 338.

316 Auflösung: Alt. Aus: Wossidlo, a.a.O., p. 122, n° 396.

317 Auflösung: w.o. Aus: Das kleine Rätselbuch, Insel-Verlag, a.a.O., n° 45.

318 Auflösung: In das Alter. Aus: Wossidlo, a.a.O., p. 122, n° 395.

319 Auflösung: Der Flachs. Aus: Wossidlo, a.a.O., p. 455, n° 77 a.

320 Auflösung: Der Flachs. Aus: ebd., p. 46, n° 77 i.

321 Auflösung: Der Hanf. Aus: Pitré, a.a.O., p. 35, n° 111.

322 Auflösung: Der Zucker. Aus: Das kleine Rätselbuch. Insel-Verlag a.a.O., n° 288.

323 Auflösung: Der Ochse. Aus: Wossidlo, a.a.O., p. 44, n° 76 a.

324 Auflösung: Asche und Feuer. Aus: Pitré, a.a.O., p. 55, n° 171.

325 Auflösung: "Ant. ein vogel tranck uss einen todten kopff eins weydtmans gewest, do fiell d' kopf und bedeckt den vogel dass er also bleiben und sterben must." Aus: Strassburger Räthselbuch, a.a.O., p. 11, n° 99.

326 Auflösung: "Ant. der todt ist ein klümpen schmaltz in eim tiegell, der lebendiger ist ein brennender wich oder docht." Aus: ebd., p. 19, n° 198.

327 "Antwurt. uff dem haupt der strell die lauss oder bürst. etc." Aus: ebd., p. 19, n° 203.

328 Auflösung: Die Trommel. Aus: Pitré, a.a.O., p. 247, n° 808 und 808 c.

329 Auflösung: "I sat in a chair made of my mistress's bones, drank out of her skull and was lighted by a candle made of the substance of her body." Aus: Sammlung Chambers, zit. bei Karl Müllenhoff, Nordische, Englische und Deutsche Räthsel, a.a.O., hier p. 7. In der plattdeutschen Fassung spricht, laut Simrock, "eine Witwe auf dem Sarge ihres Mannes": "Op Leef seet ek,/ Op Leef eet ek,/ Un Leef lücht mi/ Un lickes gru mi." K. Simrock, a.a.O., Teil II, p. 35. Den Text ins Hochdeutsche zu übertragen, ist darum nicht ganz einfach, weil ohne genauere Kenntnisse des Plattdeutschen auch mit der Hilfe der von Simrock beigefügten Erläuterungen unklar bleibt, ob "Leef" mit 'Liebe' oder mit 'Leben' zu übersetzen ist und ob "lickes" richtig mit 'solches' wiedergegeben ist. Derart mit Vorbehalt müßte der Text etwa lauten: "Auf meiner Liebe sitz ich,/ Auf meiner Liebe eß ich,/ Und meine Liebe leuchtet mir (dies letzte allerdings gibt Simrock als "hält mich aufrecht" wieder),/ Und solches graut mir."

330 Auflösung: Der Greis. Aus: Das kleine Rätselbuch, Insel-Verlag, a.a.O., n° 47.

331 Auflösung: Das Gerippe. Aus: ebd., n° 48.

332 Auflösung: Der Strumpf. Aus: Antonio Tiraboschi, Giuochi fanciulleschi - Indovinelli popolari bergamschi. A cura di G. M. Boninelli, Quaderni dell'archivio della cultura di base 9, Bergamo 1987, p. 89.

333 Auflösung: Der Sattel. Aus: Pitré, a.a.O., p. 229, n° 749.

334 Auflösung: w.o. Aus: ebd.,n° 750.

335 Auflösung: w.o. Aus: Wossidlo, a.a.O., p. 51, n° 89 c.

336 Auflösung: Die Eiche. Aus: Wossidlo, a.a.O., p. 46, n° 78 a.

337 Auflösung: "Antwort. ein Eichbaüm der gibt sein frucht den seuwen / wan er abgehauwen und zu den heüsern gemacht wirt / beschirmpt er die menschen. oder so man schiff daraus macht, tregt er die menschen und geet uff den fischen." Aus: Strassburger Räthselbuch, a.a.O., p. 3, n° 12.

338 Auflösung: Leder, Schuster, Schuh. Aus: Pitré, a.a.O., p. 177, n° 584.

339 Auflösung: Die Schwangere. Aus: Pitré, a.a.O., p. 77, n° 246 a.

340 Auflösung: w.o. Aus: ebd. n° 246 b.

341 Auflösung: Die Monate der Schwangerschaft. Aus: ebd., p. 143, n° 469.

342 Cf. dazu insbesondere die dreibändigen Untersuchungen des Kinderpsychoanalytikers und Sexualforschers Ernest Bornemann, Unsere Kinder im Spiegel ihrer Lieder, Reime, Verse und Rätsel. Studien zur Befreiung des Kindes. Bd. 1-3, Frankfurt-Berlin-Wien 1980. Explizit zu den Rätseln cf. Bd.2, pp. 200-226.

343 Antti Aarne, "Vergleichende Rätselforschungen." in: Folklore Fellows Communications 28. Helsinki 1920, pp. 5-59, hier p. 5.

344 Auflösung: Der Schnee und die Sonne. Aus: A. Aarne, ebd.

345 ebd., p. 9.

346 Hier zitiert nach A. Aarne, a.a.O., p. 4. - Zum Rätsel vom "Vogel federlos" selbst cf. im Genaueren die Untersuchungen von Georg Baesecke, Das lateinisch-althochdeutsche Reimgebet (Carmen ad Deum) und das Rätsel vom 'Vogel federlos'. a.a.O.; H. Gaidoz, Devinettes de la météorologie. I. La neige. 1. Une devinette latine du IV° siecle. in: Mélusine. Recueil de mythologie, littérature populaire, traditions e usages. Hg. von H. Gaidoz und E. Rolland, Band III, Paris 1886-1887, pp. 83-84.; Andreas Heusler, Das Rätsel vom Vogel federlos. a.a.O.; Gerhard Eis, Das Rätsel vom 'Vogel federlos', in: Gerhard Eis, Altdeutsche Zaubersprüche, Berlin 1964; Adolf Jacoby, Zum Rätsel vom Vogel federlos. in: Schweizerisches Archiv für Volkskunde, 25. Band, Basel 1925, pp. 291-298; Arno Schmidt, Die Reichenauer Rätsel. a.a.O., pp. 197-200.

347 Hier zitiert nach A. Aarne, a.a.O., p. 5.

348 Strassburger Räthselbuch, a.a.O., p. 15, n°137.

349 Simrock, a.a.O., I. Teil, p. 17, n° 62.

350 Gerhard Wahrig, Deutsches Wörterbuch, München 1986, p. 501.

351 Wossidlo, a.a.O., p. 52, n° 99 a.

352 Cf. Archer Taylor, English Riddles from Oral Tradition. a.a.O.

353 Cf.ebd. n°368.

354 zit. nach Volker Schupp, a.a.O., p. 371.

355 zit. bei Gerhard Eis, a.a.O., p. 71.

356 Peter Rühmkorf, Agar agar ..., a.a.O., pp. 35-36.

357 ebd.

358 Auflösung: Kirchhof, Kirche, Altar. Aus: Das kleine Rätselbuch, Insel-Verlag, a.a.O., n° 302.

359 Auflösung: Die Nase. Aus: mündlich.

360 Cf. dazu Claude Lévy-Strauss, Das wilde Denken. Frankfurt 7. Aufl. 1989, p. 128.

361 Cf. Antti Aarne, Vergleichende Rätselforschungen ..., a.a.O., p. 43.

362 R. von Ranke Graves, Die weiße Göttin. Sprache des Mythos. Reinbek bei Hamburg 1985, p. 22.

363 Auflösung: Der Gedanke. Aus: Wossidlo, a.a.O., p. 58, n° 106 c und 106 a.

364 Auflösung: Der Wind. Aus: Hanes Taliesin. Mabinogion. The Red Book of Hergest. zit. bei R. von Ranke-Graves, a.a.O., p. 31. In der englischen Fassung ebd. p. 593.

365 Auflösung: Schnee und Sonne. Aus: Wossidlo, a.a.O., p. 53, n° 99 d.

366 Auflösung w.o. Aus: ebd. n° 99 e.

367 Auflösung w.o. Aus: ebd. n° 99 k.

368 Auflösung w.o. Aus: ebd. n° 99 l.

369 Gerhard Wahrig, Deutsches Wörterbuch, a.a.O., p. 950.

370 Mit vielen Varianten und parallelen Wortbildungen, mit zwei verschiedenen, immer wiederkehrenden Auflösungen: Teig beim Kneten bzw. Spinnrad. Aus: Wossidlo, a.a.O., p. 43, n° 71 a.

371 Auflösung: Der Floh. Aus: Wossidlo, a.a.O., p. 39, n° 60 n.

372 Auflösung: w.o. Aus: Wossidlo, a.a.O., p. 37, n° 60 a.

373 ebd., p. 37.

374 Auflösung: Der Schlüssel. Aus: Wossidlo, a.a.O., p. 73, n° 145 a.

375 Auflösung w.o. Aus: ebd., n° 145 b.

376 Auflösung: Das Butterfaß. Aus: ebd., n° 144 e.

377 Peter Rühmkorf, agar agar zaurzaurim, a.a.O., pp. 11,33,31.

378 Wossidlo, a.a.O., p. 43, n° 71 a. Varianten zu Zeile 2.

379 Auflösung: Die Zunge. Aus: Wossidlo, a.a.O., p. 42, n° 68 f.

380 Auflösung: w.o. Aus: ebd., n° 68 a. Offenkundig hier, daß die letzten drei Zeilen als eine feste Schlußformel, wie sie aus Märchen und auch aus Rätseln bekannt sind, an ein bestehendes, nicht als vollständig empfundenes Rätsel angehängt wurden.

381 Auflösung: w.o. Aus: ebd., n° 68 b.

382 Auflösung: w.o. Aus: ebd., n° 68 c.

383 Auflösung: Vietsbohne. Aus: Simrock, a.a.O., II. Teil, p. 9, n° 26.

384 Auflösung: verschiedene Auflösungen, hier Apfelbaum. Aus: Wossidlo, a.a.O., p. 91, n° 189 a.

385 Auflösung: Das Auge. Aus: Simrock, a.a.O., Teil I, p. 11, n° 26.

386 Auflösung: Der 'tannura', ein großer, trommelförmiger Kessel, der auf vier Füßen direkt im Kamin steht. Aus: Pitré, a.a.O., p. 89, n° 287.

387 Auflösung: Das Strickzeug. Aus: Wossidlo, a.a.O., p. 68, n° 128 c.

388 Auflösung: Der Pelzmuff. Aus: Wossidlo, a.a.O., p. 42, n° 69. Variantenlos als in dieser Form "allgemein" aufgeführt. ebd.

389 Auflösung: w. o. Aus: Wossidlo, a.a.O., p. 104, n° 244 a.

390 Auflösung: w. o. Aus: Simrock, a.a.O., I. Teil, p. 11, n° 27.

391 Auflösung: w.o. Aus: Wossidlo, a.a.O., p. 104, n° 244 b.

392 Auflösung: Der Dorn. Aus: Simrock, a.a.O., I. Teil, p. 12, n° 30.

393 Auflösung: "eine frau isst krebse; eine katze sitzt unter ihrem stuhl." Aus: Wossidlo, a.a.O., p. 131, n° 432.

394 Auflösung: Der Schlüssel. Rätsel aus Baden. Aus: Schupp, a.a.O., p. 6, n° 14.

395 Auflösung: Der Keks. Aus: Carlo Lapucci, Indovinelli italiani. Firenze 1977, p. 42, n° 27.

396 Auflösung: Der Mehlsack. Aus: ebd., p. 107, n°289.

397 Auflösung: Der Wollstrumpf. Aus: Antonio Tiraboschi, Indovinelli popolari bergamschi, a.a.O., p. 112, n° 85.

398 zit. bei Hubert Göbels, Nachwort zu: Karl Simrock, Das deutsche Räthselbuch, a.a.O., p. 169.

399 Peter Rühmkorf, "Über das Volksvermögen". Exkurse in den literarischen Untergrund. Reinbek bei Hamburg 1969.

400 Auflösung: Die Handmühle. Aus: Morgenländische Spruchweisheit. Arabische Sprichwörter und Rätsel. Aus der mündlichen Überlieferung gesammelt und übertragen von Enno Littmann. in: Morgenland. Darstellungen aus Geschichte und Kultur des Ostens. Leipzig 1937, Heft 29, pp. 47 ff., hier p. 57. Littmann erläutert die Auflösung so: "Die mahlende Frau sitzt mit gespreizten Beinen und nimmt die Handmühle an die Brust; während des Mahlens summt und quietscht die Mühle." ebd.

401 Auflösung: Der gefüllte Kürbis. Aus: ebd., p. 54. Auch hier bedarf es der Erklärung: "Gemeint ist der zum Füllen bestimmte Kürbis, der durch Schaben und Hineinstoßen ausgehöhlt wird." ebd.

402 Auflösung: Die Augen. Aus: Pitré, a.a.O., p. 157, n° 515.

403 Auflösung: Das Spinnrad. Aus: Wossidlo, a.a.O., p. 101, n° 229 h.

404 Auflösung: Die Geige. Aus: Wossidlo, a.a.O., p. 101, n° 230 a und b.

405 Auflösung: Bruder und Schwester. Aus: Pitré, a.a.O., p. 90, n° 292.

406 Cf. auch in Kapitel II.B. 1. (Darstellung der Textgrundlagen).

407 Cf. hierzu Robert Petsch, Neue Beiträge zur Kenntnis des Volksrätsels. a.a.O.

408 Auflösung: Das Handtuch. Aus: mündlich.

409 Auflösung: Der Kachelofen. Aus: Das kleine Rätselbuch, Insel-Verlag, a.a.O., n° 174.

410 Auflösung: Die Türflügel. Aus: Pitré, a.a.O., p. 198, n° 648.

411 Auflösung: Das Auge. Aus: Das kleine Rätselbuch, Insel-Verlag, a.a.O., n° 56.

412 Cf. Claude Lévi-Strauss, Das wilde Denken. a.a.O., p. 303.

413 W. J. Pepicello/ Thomas A. Green, The language of riddles, a.a.O., p. 110.

414 ebd.

415 ebd.

416 Cf. hier das Rätsel mit der Anm. 245.

417 Cf. Francis Ponge, Einführung in den Kieselstein und andere Texte. Französisch und deutsch. Mit einem Aufsatz von Jean-Paul Sartre, Frankfurt 1986.

418 Cf. hier Anm. 236. Auflösung: Die Rinde.

419 Hier ist beispielsweise an die Losung zu denken, die einer der letzten Parteitage der SED zum Thema des Verhältnisses der DDR zur BRD ausgegeben hatte und die lautete: "Überholen, ohne einzuholen!". Wohl gerade weil allgemein die paradoxe Form als ein Gestus höherer Wahrheit realisiert wurde, entstanden in Reaktion darauf eine große Zahl von Witzen, die alle daran knüpften zu erklären, wie denn dieser Widerspruch zu verstehen sei.

420 Es ließen sich zu diesem Aspekt verschiedene Rätsel anführen; beispielhaft soll hier nur eines zitiert werden, das vom Thema des Kindsmords spricht - einem Thema, das offen nicht behandelt werden konnte, da bis in späteste Zeit die Tötung des ungewollten Neugeborenen mit der Todesstrafe belegt war, andererseits aber das Problem, durch alle Schichten hindurch, in besonderer Schärfe aber in den Unterklassen, tausendfach auftauchte. Das Rätsel, aus dem Straßburger Rätselbuch stammend, lautet: "Ein fraw sprach zu einem gesellen sol ich,/ do fragt er bin ich./ sie antwurt ja,/ do sprach er nayn." Und die Antwort: "die fraw hett dem selbigen gesellen ein kindt geborn, fragt ob sie es tödten sollt, do fragt er hon ich und maynt ein son, sie sprach ya, do sagt er nayn." a.a.O., p. 27, n° 299.

421 Cf. das Rätsel mit der Anm. 280.

422 Cf. das Rätsel mit der Anm. 277.

423 Cf. das Rätsel vom Ofen mit der Anm. 218.

424 Cf. hier das Rätsel vom Rotz mit der Anm. 221.

425 Cf. das Rätsel vom Wurstdarm mit der Anm. 255.

426 Cf. beispielsweise das Rätsel von der Eiche mit der Anm. 336.

427 Auflösung: "Antwort. der gast ist ein fisch hamen oder garn" - d.h. ein Fischernetz - "kompt in ein wasser, dz ist des fischs hauss / und das feldt durch den hammen zum löchern auss und bleibt der fisch das ist der wirt in dem hammen." Aus: Straßburger Räthselbuch, a.a.O., p. 12, n° 108.

428 Auflösung: Die Brücke. Aus: Karl Müllenhoff, Nordische, englische und deutsche Rätsel. a.a.O., pp.7-8. Müllenhoff erläutert die Auflösung so, daß unter der Brücke des Fisches, über der Brücke des Vogels Weg geht.

429 Auflösung: Der Samen. Aus: Walter Porzig, Das Rätsel im Rigveda,a.a.O., p. 653.

430 zit. nach: Kindlers Literatur Lexikon, München 1986, Band 8, Spalte 6245.

431 Auflösung: Der Sarg. Aus: Das kleine Rätselbuch, Insel-Verlag, a.a.O., n° 300.

432 Auflösung: w.o. Aus: Pitré, a.a.O., p. 50, n° 158 a.

433 Elias Canetti, Masse und Macht. Hamburg 1960, p. 327. Die Hervorhebungen innerhalb des Zitats finden sich so im Text.

434 ebd., p. 328.

435 Auflösung: Die ABC-Schützen. Aus: Simrock, a.a.O., Teil I, p. 55, n° 342.

436 Cf. Hier Anm. 409.

437 Auflösung: Der Wurstdarm. Aus: Pitré, cf. hier Anm. 255.

438 Auflösung: Der Ohrring. Aus: Assenza, a.a.O., p. 58, n° 7.

439 Auflösung: "Hebstu den hundt bey dem schwantz über sich so hangt der hundt am schwantz, hebst aber den kopf über sich, so hangt der schwantz am hundt." Straßburger Rätselbuch, a.a.O., p. 12, n° 111.

Bibliographie

A. Rätselsammlungen und Quellen

Assenza, Carmelo: 400 indovinelli siciliani. Raccolti, scelti, commentati da Carmelo Assenza. Ragusa 1972.

Das deutsche Räthselbuch: gesammelt von Karl Simrock. Erste Ausgabe 1850, neu herausgegeben von H. Göbels, Dortmund 1979.

Das kleine Rätselbuch: Deutsche Volksrätsel. Herausgegeben von Kurt Brzoska, Leipzig, Insel-Bücherei Nr. 494, 1936; 1957.

Deutsches Rätselbuch: Herausgegeben von Volker Schupp. Stuttgart 1972.

Heinrich, Karin: Kinder, kommt und ratet. Rätselsammlung für den Schulhort. Volkseigener Verlag Berlin 1989.

Italienische Volksrätsel: Gesammelt von Johannes Tschiedel. in: Zeitschrift des Vereins für Volkskunde. VI. Jg., 3. Heft. Berlin 1896, pp. 276-283.

Lapucci, Carlo: Indovinelli italiani. Firenze 1977. 2. Aufl. Milano 1986.

Mari, Alberto,/ Savona, A. Virgilio,/ Straniero, Michele: Sotto la cappa del camino. Ninne nanne, rime per giochi, indovinelli, filastrocche, scioglilingua. Milano 1985.

Morgenländische Spruchweisheit: Arabische Sprichwörter und Rätsel. Aus mündlicher Überlieferung gesammelt und übertragen von Enno Littmann. (Morgenland. Darstellungen aus Geschichte und Kultur des Ostens. Heft 29), Leipzig 1937, pp. 47-64.

Pitré, Giuseppe: Indovinelli, dubbi scioglilingua del popolo siciliano. Gesammelt und illustriert von Giuseppe Pitré, Torino-Palermo 1897 (Biblioteca delle tradizioni popolari siciliane. vol. XX).

Rätselschatz: Sammlung von Rätseln und Aufgaben. Herausgegeben von Dr. E. S. Freund. Leipzig o. J. (Reclam's Universal-Bibliothek Nr. 2091 - 2095.

Strassburger Räthselbuch: Die erste zu Strassburg ums Jahr 1505 gedruckte deutsche Räthselsammlung. Neu herausgegeben von A. F. Butsch. Straßburg 1876.

Symphosius: Aenigmata. In: Anthologia latina. Hg. von A. Riese. Bd. I, 1. Leipzig 1869, pp. 187-207.

Tiraboschi, Antonio: Giuochi fanciulleschi. Indovinelli popolari bergamaschi. Hg. von Giovanni Mimmo Boninelli (Quaderni dell'archivio della cultura di base 9), Bergamo 1987.

Zum Suchen und Sinnen: 110 Bilderräthsel und Räthsel für jung und alt. Luzern und Frankfurt 1977. (Unveränderter Nachdruck der Ausgabe von 1898.)

B. Sekundärliteratur

Aarne, Antti: Vergleichende Rätselforschungen. Folklore Fellows Communications (FFC) 28, Helsinki 1920.

Adorno, Theodor W.: Ästhetische Theorie. Gesammelte Schriften 7. Frankfurt 1972.

Agamben, Giorgio: Idee der Prosa. München 1987.

Baesecke, Georg: Das lateinisch-althochdeutsche Reimgebet (Carmen ad Deum) und das Rätsel vom Vogel federlos. Probleme der Wissenschaft in Vergangenheit und Gegenwart. Hg. von Dr. G. Kropp. Berlin 1948.

Bausinger, Hermann: Rätsel-Fragen. in: Rheinisches Jahrbuch für Volkskunde. 17./18. Jg. (1966/67), pp. 48-70.

Bausinger, Hermann: Formen der "Volkspoesie", 2. verb. und verm. Aufl. Berlin 1980 (Grundlagen der Germanistik 6).

Ben-Amos, Dan: Solutions to Riddles. in: Journal of American Folklore, Washington, vol. 89 (1976), pp. 249-254.

Benjamin, Walter: Angelus Novus. Ausgewählte Schriften 2. Frankfurt 1966.

Benjamin, Walter: Ursprung des deutschen Trauerspiels. Frankfurt 1972.

Benjamin, Walter: Illuminationen. Ausgewählte Schriften. Frankfurt 1977.

Best, Otto F.: Handbuch literarischer Fachbegriffe. Definitionen und Beispiele. Erweiterte Neuausgabe. Frankfurt 1986.

Bettelheim, Bruno: Kinder brauchen Märchen. München (12. Aufl.) 1988.

Bodenheimer, Aron Ronald: Warum? Von der Obszönität des Fragens. Stuttgart 1984.

Burns, Thomas A.: Riddling: Occasion to Act. in: Journal of American Folklore, Washington, vol. 89 (1976), pp. 139-165.

Canetti, Elias: Masse und Macht. Hamburg 1960.

Cocchiara, Giuseppe: Storia del Folklore in Europa. Turin 1977.

Curtius, Ernst Robert: Europäische Literatur und lateinisches Mittelalter. Bern und München (9. Aufl.) 1978.

Der kleine Pauly: Lexikon der Antike in fünf Bänden. Auf der Grundlage von Pauly's Realencyclopädie der classischen Altertumswissenschaft unter Mitwirkung zahlreicher Fachgelehrter bearbeitet und herausgegeben von Konrat Ziegler, Walther Sontheimer und Hans Gärtner. München 1979.

Deutsche Volksdichtung: Eine Einführung. Von einem Autorenkollektiv unter Leitung von Hermann Strobach. Leipzig 1979.

Eco, Umberto: Einführung in die Semiotik. München 1972.

Eggers, Hans: Deutsche Sprachgeschichte II. Das Mittelhochdeutsche. Reinbek bei Hamburg 1974.

Eggers, Hans: Deutsche Sprachgeschichte. Reinbek bei Hamburg 1986.

Eismann, Wolfgang/ Grzybek, Peter(Hg.): Semiotische Studien zum Rätsel. Simple Forms Reconsidered II. Bochumer Beiträge zur Semiotik 7. Bochum 1987.

Evans, David: Riddling and the Structure of Context. in: Journal of American Folklore, Washington, vol. 89 (1976), pp. 166-238.

Freud, Sigmund: Gesammelte Werke. Photomechanischer Nachdruck der Ausgabe von 1940. Band VI : Der Witz und seine Beziehung zum Unbewußten.

Friedreich, Johannes Baptist: Geschichte des Rätsels. Dresden 1860. Unveränderter Neudruck Wiesbaden 1969.

Fromm, Erich: Märchen, Mythen, Träume. Eine Einführung in das Verständnis einer vergessenen Sprache. Reinbek bei Hamburg 1981.

Gaidoz, H.: Devinettes de la météorologie. in: Mélusine. Recueil de mythologie, littérature populaire, traditions et usages. Hg. von H. Gaidoz e E. Rolland. Band III, Paris 1886-1887.

Georges, Robert A./ Dundes, Alan: Toward a Structural Definition of the Riddle. in: Journal of American Folklore, Washington, vo. 76 (1963), pp. 111-118.

Green, Thomas A./ Pepicello, W. J.: The Folk Riddle: A Redefinition of Terms. in: Western Folklore (California Folklore Society), XXXVIII (1979), No. 1 pp. 3-20.

Grimm, Jacob und Wilhelm: Deutsches Wörterbuch. Leipzig 1854-1961.

Hain, Mathilde: Rätsel. Stuttgart 1966.

Hamnett, Ian: Ambiguity, Classification and Change: The Function of Riddles. in: MAN. Journal of the Royal Anthropological Society. 1962, pp. 379-392.

Heinrich, Klaus: Versuch über das Fragen und die Frage. Phil. Diss. Maschinenschriftl. Philosophische Fakultät der Freien Universität Berlin. 1952.

Heinrich, Klaus: Parmenides und Jona. Vier Studien zum Verhältnis von Philosophie und Mythologie. Frankfurt 1966.

Heinrich, Klaus: tertium datur. Eine religionsphilosophische Einführung in die Logik. Frankfurt 1981.

Heraklit: Fragmente. Griechisch und deutsch. Herausgegeben von Bruno Snell. München und Zürich (6. Aufl.) 1986.

Heusler, Andreas: Das Rätsel vom Vogel federlos. in: Schweizerisches Archiv für Volkskunde, Basel, 24. Band (1923), pp. 109-111.

Heusler, Andreas: Die altnordischen Rätsel. in: Zeitschrift des Vereins für Volkskunde. Hg. von K. Weinhold, Berlin 11. Jg., 1901, pp. 117-149.

Huizinga, Johan: Homo ludens. Vom Ursprung der Kultur im Spiel. Hamburg 1956.

Jacoby, Adolf: Zum Rätsel vom Vogel federlos. in: Schweizerisches Archiv für Volkskunde, Basel, 25. Band (1925), pp. 291-298.

Jolles, André: Rätsel und Mythos. in: Rätselforschungen. in: Germanica. Eduard Sievers zum 75. Geburtstag. Halle 1925.

Jolles, André: Einfache Formen. Legende, Sage, Mythe, Rätsel, Spruch, Kasus, Memorabile, Märchen Witz. Halle 1929.

Kant, Immanuel: Kritik der reinen Vernunft. Werke in sechs Bänden. Band 2. Herausgegeben von Wilhelm Weischedel. Darmstadt 1975.

Kindlers Literatur Lexikon im dtv. in 14 Bänden. München 1986.

Köngäs Maranda, Elli: The Logic of Riddles. in: Pierre Maranda/Elli Köngäs Maranda: Structural Analysis of Oral Tradition. University of Pennsylvania Publications in Folklore and Folklife No. 3, Philadelphia 1971, pp. 189-232.

Köngäs Maranda, Elli: Riddles and Riddling. An Introduction. in: Journal of American Folklore, Washington, vol. 89 (1976), pp. 127-137.

Krzyzanowski, Julian: La poétique de l'énigme. in: Poetics/ Poetyka/ Poetika. Hg. Polnische Akademie der Wissenschaften. Band 1 The Hague 1961, pp. 519-524.

Layton, Monique J.: Luba and Finnish Riddles: A double Analysis. in: Journal of American Folklore, Washington, vol. 89 (1976), pp. 239-248.

Lévi-Strauss, Claude: Das wilde Denken. Frankfurt (7. Aufl.) 1989 .

Lieber, Michael D.: Riddles, Cultural Categories , and World View. in: Journal of American Folklore, Washington, vol. 89 (1976), pp. 255-265.

Maranda, Pierre Maranda/ Köngäs Maranda, Elli(Hg.): Structural Analysis of Oral Tradition. University of Pennsylvania Publications in Folklore and Folklife No. 3, Philadelphia 1971.

Moser-Rath, Elfriede: Rätselzeugnisse in barocken Predigtwerken. in: Märchen, Mythos, Dichtung. Zum 90. Geburtstag Friedrich von der Leyens, München 1963, pp. 409-421.

Müllenhoff, Karl: Nordische, englische und deutsche Rätsel. in: Zeitschrift für Deutsche Mythologie und Sittenkunde. begründet von Dr. J. W. Wolf, hg. von Dr. W. Mannhardt. Dritter Band, Göttingen 1855, pp. 1-20.

Ohl, R. T: The Enigmas of Symphosius. Diss. Philadelphia 1928.

Pepicello, W. J./ Green, Thomas A.: The language of riddles. New Perspectives. Ohio State University Press. Columbus 1984.

Petsch, Robert: Studien über das Volksrätsel. Inauguraldissertation Berlin 1898.

Petsch, Robert: Neue Beiträge zur Kenntnis des Volksrätsels. Palaestra IV. Berlin 1899.

Petsch, Robert: Das deutsche Volksrätsel. Straßburg 1917.

Ponge, Francis: Einführung in den Kieselstein und andere Texte. Französisch und deutsch. Mit einem Aufsatz von Jean-Paul Sartre, Frankfurt 1986

Porzig, Walter: Das Rätsel im Rigveda. Ein Beitrag zum Kapitel "Sondersprache". in: André Jolles/ Walter Porzig, Rätselforschungen. in: Germanica. Eudard Sievers zum 75. Geburtstag. Halle 1925.

Porzig, Walter: Das Wunder der Sprache. Probleme, Methoden und Ergebnisse der Sprachwissenschaft. Tübingen (8. Aufl.) 1986.

Propp, Wladimir: Morphologie des Märchens. Herausgegeben von Karl Eimermacher. (Literatur als Kunst. Eine Schriftenreihe, herausgegeben von Walter Höllerer), München 1972.

Ranke-Graves, Robert von: Die weiße Göttin. Sprache des Mythos. Reinbek bei Hamburg 1985.

Rhys Williams, Thomas: The Form and Function of Tambunan Dusun Riddles. in: Journal of American Folklore, Washington, vol. 76 (1963), pp. 95-110.

Röhrich, Lutz: Gebärde - Metapher - Sprache. Studien zur Sprache und Volksdichtung. Düsseldorf 1967.

Rühmkorf, Peter: agar agar - zaurzaurim. Zur Naturgeschichte des Reims und der menschlichen Anklangsnerven. Reinbek bei Hamburg 1981.

Russischer Formalismus: Texte zur allgemeinen Literaturtheorie und zur Theorie der Prosa. Herausgegeben und eingeleitet von Jurij Striedter. München 3. Aufl. 1981.

Schittek, Claudia: Flog ein Vogel federlos. Was uns die Rätsel sagen. München 1989.

Schmidt, Arno: Die Reichenauer Rätsel. in: Zeitschrift für Deutsches Altertum. Hg. von E. Schröder und A. Hübner., Berlin, 73. Band (1936), pp. 197-200.

Schultz, Wolfgang: Rätsel. in: Pauly's Realencyclopädie der classischen Altertumswissenschaft. Hg. von Pauly, Wissowa und Krolls, 2. Reihe, 1. Halbband, Stuttgart 1914, Sp. 62-125.

Simmons, Donald C.: Cultural Functions of the Efik Tone Riddle. in: Journal of American Folklore, Washington, vol. 71 (1958), pp. 123-138.

Sklovskij, Viktor: Die Kunst als Verfahren. in: Russischer Formalismus. Thexte zur allgemeinen Literaturtheorie und zur Theorie der Prosa. Hg. und eingeleitet von Jurij Striedter. München (3. Aufl.) 1981.

Taylor, Archer: A Bibliography of Riddles. (Folklore Fellows Communications n° 126) Helsinki 1939.

Taylor, Archer: The literary Riddle before 1600. Berkeley und Los Angeles (University of California Press) 1948.

Taylor, Archer: The varieties od Riddles. in: Thomas A. Kirby/Henry Bosley Woolf (Hg.), Philologica: The Malone Anniversary Studies. Baltimore 1949, pp. 1-8.

Taylor, Archer: English Riddles from Oral Tradition. Berkeley und Los Angeles 1951.

Taylor, Archer: An Annotated Collection of Mongolian riddles. (Transactions of the American Philosophical Society. N.S. 44,3) Philadelphia 1954.

Taylor, Archer: Characteristics of German Folklore Studies.in: Journal of American Folklore, Washington, vol. 74 (1961), pp. 293-301.

Thurnwald: Rätsel. in: Reallexikon der Vorgeschichte. Hg. von Max Ebert, Berlin 1927/28, Band 11, pp. 27-31.

Utley, Francis Lee: Folk Literature - An Operational Definition. in: Journal of American Folklore, Washington, vol. 74 (1961), pp. 193-206.

Weber-Kellermann, Ingeborg: Über das Volksrätsel. Ein monographischer Abriß. In: Beiträge zur sprachlichen Volksüberlieferung. Festschrift für Adolf Spamer. Berlin 1953, pp. 106-120.

GPSR Compliance

The European Union's (EU) General Product Safety Regulation (GPSR) is a set of rules that requires consumer products to be safe and our obligations to ensure this.

If you have any concerns about our products, you can contact us on ProductSafety@springernature.com

In case Publisher is established outside the EU, the EU authorized representative is:

Springer Nature Customer Service Center GmbH
Europaplatz 3
69115 Heidelberg, Germany

Batch number: 10578186

Printed by Printforce, the Netherlands